高等学校信息管理与信息系统专业系列教材

信息检索与利用

陈 氢 陈梅花 主编
刘海梅 陈善礼 姜 敏 副主编

清华大学出版社
北京

内 容 简 介

本书是一本信息素质教育类通用教材。本书基于 PBL(基于问题的学习)教学模式,按照人们认识问题和解决问题的逻辑流程编排教学内容,便于学习者系统地掌握信息检索与利用的知识与技能。本书内容包括信息资源概述、信息检索原理、馆藏信息资源的利用、国内主要的中文数据库、常用的国外全文/文摘数据库、网络信息资源检索、信息的综合利用等。

本书可作为各类高等院校信息检索类课程的教材或教学参考书,也可供信息管理人员、科技人员及其他感兴趣的读者阅读参考。

为方便教学,本书编者制作了配套的电子教案、教学课件和教学大纲,向本教材的授课教师免费提供,请从清华大学出版社网站(www.tup.com.cn)下载。

本书封面贴有清华大学出版社防伪标签,无标签者不得销售。
版权所有,侵权必究。举报: 010-62782989,beiqinquan@tup.tsinghua.edu.cn。

图书在版编目(CIP)数据

信息检索与利用/陈氢,陈梅花主编.—北京:清华大学出版社,2023.9
高等学校信息管理与信息系统专业系列教材
ISBN 978-7-302-64256-5

Ⅰ.①信… Ⅱ.①陈… ②陈… Ⅲ.①情报检索—高等学校—教材 Ⅳ.①G252.7

中国国家版本馆 CIP 数据核字(2023)第 135597 号

责任编辑:贾 斌
封面设计:常雪影
责任校对:韩天竹
责任印制:丛怀宇

出版发行:清华大学出版社
    网 址:http://www.tup.com.cn,http://www.wqbook.com
    地 址:北京清华大学学研大厦 A 座 邮 编:100084
    社 总 机:010-83470000 邮 购:010-62786544
    投稿与读者服务:010-62776969,c-service@tup.tsinghua.edu.cn
    质量反馈:010-62772015,zhiliang@tup.tsinghua.edu.cn
    课件下载:http://www.tup.com.cn,010-83470236
印 装 者:三河市东方印刷有限公司
经 销:全国新华书店
开 本:185mm×260mm 印 张:13.75 字 数:338 千字
版 次:2023 年 9 月第 1 版 印 次:2023 年 9 月第 1 次印刷
印 数:1~1500
定 价:59.00 元

产品编号:097562-01

前　言

　　信息社会的到来引发了信息环境的巨大变化，信息素质成为信息社会中人们生存与发展必须具备的基本素质，成为信息社会对人才的基本要求。信息素质是可以培养的，高校开设信息检索课程是提升大学生信息素质、培养大学生适应信息社会发展的最直接、有效的途径。

　　信息检索课程是集理论与实践教学于一体的课程，学生学习的自主性对教学效果影响很大。参加本书编写工作的均为具有多年信息检索课程教学经验的高校资深教师，在多年的教学实践中，我们不断进行教学改革，针对该课程的特点，采用基于问题的学习（Problem-Based Learning，PBL）教学模式，取得了较好的效果。PBL模式将学习与任务或问题挂钩，通过学习者的自主探究与合作来理解和解决预设问题，学习隐含在问题背后的科学知识，提高自主学习和解决问题的能力。

　　本书基于PBL教学模式，遵循实用性、科学性、系统性的原则，按照人们认识问题和解决问题的逻辑流程进行内容编排，从信息意识、信息能力、信息道德3方面全面培养学习者的信息素质，并通过对该内容流程的教学使学生系统地掌握信息检索与利用的技能。

　　本书第1、2及第8章由陈氢编写，第3、4章由陈梅花编写，第5章由姜敏编写，第6章由陈善礼编写，第7章由刘海梅编写。全书由陈氢统稿和定稿。为方便教学，本书编者制作了配套的电子教案、教学课件和教学大纲，免费向本教材的授课教师提供，请从清华大学出版社网站（www.tup.com.cn）下载。全书配套资源由陈氢、陈梅花、刘海梅、陈善礼和姜敏制作。

　　编者在撰写和统稿过程中虽竭尽全力，但由于水平有限，书中难免会出现纰漏或欠妥之处，敬请读者赐教指正。

编　者
2023年4月

目　　录

第 1 章　绪论 … 1
　1.1　信息社会与信息环境 … 1
　　1.1.1　基本概念 … 1
　　1.1.2　信息社会及其特征 … 6
　　1.1.3　信息环境及其特征 … 7
　1.2　信息素质 … 9
　　1.2.1　信息素质的概念 … 9
　　1.2.2　信息素质的构成 … 9
　　1.2.3　信息素质教育的意义 … 10
　1.3　信息资源的构成 … 11
　　1.3.1　按文献的载体形式分 … 11
　　1.3.2　按文献的加工程度分 … 12
　　1.3.3　按文献的出版形式分 … 13
　1.4　信息资源的特征 … 16
　　1.4.1　传统信息资源的特征 … 16
　　1.4.2　网络信息资源的特征 … 17
　思考题 … 18

第 2 章　信息检索原理 … 19
　2.1　信息检索的概念及类型 … 19
　　2.1.1　信息检索的概念 … 19
　　2.1.2　信息检索的类型 … 21
　2.2　检索途径与检索语言 … 22
　　2.2.1　检索途径 … 22
　　2.2.2　检索语言 … 23
　2.3　检索系统与检索方法 … 26
　　2.3.1　检索系统 … 26
　　2.3.2　检索方法 … 27
　2.4　检索技术与检索效果 … 29
　　2.4.1　常用的检索技术 … 29
　　2.4.2　检索效果 … 33
　2.5　检索步骤与检索策略 … 35
　　2.5.1　检索步骤 … 35
　　2.5.2　检索策略 … 37

思考题 ··· 39
第 3 章　馆藏信息资源的利用 ·· 40
　3.1　图书馆馆藏资源 ··· 40
　3.2　图书的整序及查检方法 ··· 40
　　3.2.1　图书的整序方法 ·· 41
　　3.2.2　图书的查检方法 ·· 41
　3.3　图书馆的服务 ··· 44
　3.4　数字图书馆 ··· 45
　　3.4.1　数字图书馆概述 ·· 45
　　3.4.2　我国主要的数字图书馆 ·· 48
　3.5　综合检索实例及分析 ··· 50
　　思考题 ··· 53
第 4 章　国内主要的中文数据库 ·· 54
　4.1　中国知网 ··· 54
　　4.1.1　CNKI 资源 ··· 54
　　4.1.2　CNKI 检索功能 ··· 56
　　4.1.3　CNKI 检索结果的显示 ··· 59
　4.2　万方数据知识服务平台 ··· 61
　　4.2.1　万方数据资源 ·· 61
　　4.2.2　万方数据检索功能 ·· 63
　　4.2.3　万方数据检索结果的显示 ······································ 64
　4.3　维普期刊资源整合服务平台 ··· 66
　　4.3.1　维普资讯资源 ·· 66
　　4.3.2　维普资讯检索功能 ·· 67
　　4.3.3　维普资讯检索结果的显示 ······································ 68
　4.4　超星数字图书馆及读秀学术搜索 ····································· 69
　　4.4.1　超星数字图书馆 ·· 69
　　4.4.2　读秀学术搜索 ·· 70
　4.5　多媒体学习库或考试库 ··· 71
　4.6　综合检索实例及分析 ··· 72
　　思考题 ··· 76
第 5 章　常用的国外全文数据库 ·· 77
　5.1　电子图书 ··· 77
　　5.1.1　EBSCO eBook Collection 电子图书 ····························· 77
　　5.1.2　Ebrary 电子图书 ··· 79
　　5.1.3　Safari 电子图书 ··· 80
　　5.1.4　SpringerLink 电子图书 ······································· 82
　　5.1.5　John Wiley 电子图书 ··· 84

		5.1.6 不列颠百科全书	85
	5.2	电子期刊	87
		5.2.1 Elsevier SDOS 电子期刊	87
		5.2.2 SpringerLink 电子期刊	89
		5.2.3 EBSCO 电子期刊	92
		5.2.4 Wiley-Blackwell 电子期刊	95
		5.2.5 Emerald 电子期刊	97
		5.2.6 IEEE/IEE Electronic Library(IEL)全文数据库	100
		5.2.7 世界著名周刊 Science 和 Nature	102
	5.3	国外学位论文数据库	104
		5.3.1 ProQuest 学位论文数据库	104
		5.3.2 NDLTD 学位论文数据库	106
	5.4	美国及欧洲专利数据库	107
		5.4.1 美国专利数据库	107
		5.4.2 欧洲专利数据库	109
		5.4.3 德温特专利(DII)数据库	111
	5.5	国外标准数据库	113
		5.5.1 NSSN 数据库	114
		5.5.2 Techstreet 工业标准库	115
		5.5.3 其他标准数据库	115
		5.5.4 国际及区域组织标准文献检索	116
		5.5.5 主要国家标准文献检索	120
	5.6	综合检索实例及分析	121
	思考题		124
第6章	常用的国外文摘数据库		125
	6.1	美国《科学引文索引》	125
		6.1.1 概述	125
		6.1.2 Web of Science 简介	126
		6.1.3 SCIE 的检索	127
		6.1.4 检索结果的显示与管理	129
	6.2	美国《工程索引》	130
		6.2.1 《工程索引》发展概况	130
		6.2.2 EI 网络数据库简介	131
		6.2.3 EI 网络数据库的检索	131
		6.2.4 检索结果的显示与管理	135
	6.3	ISI Proceedings	136
		6.3.1 数据库简介	136
		6.3.2 数据库检索	137

6.4 INSPEC ………………………………………………………………………… 138
　　　　6.4.1 《科学文摘》概况 ……………………………………………………… 139
　　　　6.4.2 网络版 INSPEC 数据库简介 …………………………………………… 140
　　　　6.4.3 INSPEC 数据库的检索 ………………………………………………… 140
　　6.5 美国《化学文摘》………………………………………………………………… 142
　　　　6.5.1 美国《化学文摘》简介 ………………………………………………… 142
　　　　6.5.2 SciFinder 的资源 ……………………………………………………… 143
　　　　6.5.3 SciFinder 的检索 ……………………………………………………… 143
　　　　6.5.4 检索结果的显示与处理 ………………………………………………… 146
　　6.6 美国《生物学文摘》……………………………………………………………… 147
　　　　6.6.1 BA 的发展概况 ………………………………………………………… 147
　　　　6.6.2 BIOSIS Previews 简介 ………………………………………………… 147
　　　　6.6.3 BP 的检索 ……………………………………………………………… 148
　　　　6.6.4 检索结果的显示与管理 ………………………………………………… 150
　　　　6.6.5 保存检索历史创建跟踪服务 …………………………………………… 150
　　6.7 综合检索实例及分析 …………………………………………………………… 150
　　思考题 ………………………………………………………………………………… 153

第7章 网络信息资源检索 …………………………………………………………… 154
　　7.1 网络信息资源与信息组织 ……………………………………………………… 154
　　　　7.1.1 网络信息资源 …………………………………………………………… 154
　　　　7.1.2 网络信息组织 …………………………………………………………… 156
　　7.2 网络信息检索工具与检索方法 ………………………………………………… 159
　　　　7.2.1 网络信息检索工具 ……………………………………………………… 159
　　　　7.2.2 网络信息检索方法 ……………………………………………………… 161
　　7.3 网络搜索引擎的应用 …………………………………………………………… 162
　　　　7.3.1 网络搜索引擎的工作原理 ……………………………………………… 162
　　　　7.3.2 网络搜索引擎的类型 …………………………………………………… 163
　　　　7.3.3 常用的网络搜索引擎 …………………………………………………… 164
　　7.4 免费学术信息资源的分布与获取 ……………………………………………… 172
　　　　7.4.1 免费学术信息资源的分布 ……………………………………………… 172
　　　　7.4.2 免费学术信息资源的获取 ……………………………………………… 173
　　　　7.4.3 开放存取信息资源 ……………………………………………………… 176
　　7.5 看不见的网络及其检索利用 …………………………………………………… 181
　　　　7.5.1 看不见的网络及其成因 ………………………………………………… 181
　　　　7.5.2 看不见的网络的类型 …………………………………………………… 182
　　　　7.5.3 看不见的网络的功能 …………………………………………………… 183
　　　　7.5.4 看不见的网络的利用 …………………………………………………… 184
　　7.6 综合检索实例及分析 …………………………………………………………… 188

思考题 ·· 190
第 8 章　信息的综合利用 ·· 191
　8.1　信息的搜集、整理与分析 ·· 191
　　8.1.1　信息的搜集 ·· 191
　　8.1.2　信息的整理 ·· 192
　　8.1.3　信息的分析 ·· 193
　8.2　学术论文的撰写 ·· 195
　　8.2.1　学术论文的主要表现形式 ·· 196
　　8.2.2　学术论文的选题 ··· 196
　　8.2.3　学术论文的撰写规范与要求 ··· 197
　　8.2.4　撰写学术论文的一般程序 ·· 199
　8.3　文献综述及开题报告的撰写 ··· 200
　　8.3.1　文献综述的撰写 ··· 200
　　8.3.2　开题报告的撰写 ··· 202
　8.4　学术规范与合理使用 ··· 203
　　8.4.1　学术规范 ·· 203
　　8.4.2　合理使用 ·· 205
　8.5　个人文献管理软件 ·· 205
　思考题 ·· 208
参考文献 ·· 209

第1章 绪 论

现在人们已经步入了信息社会,进入了信息时代。随着信息社会的发展,信息越来越成为社会各领域中活跃且具有决定性的因素之一。在信息社会信息素质不仅是人们自身生存的基本能力,更是学习型社会的必备特征之一。互联网的飞速发展改变了传统的信息交流与信息传播的方式,它把各国的信息资源网络系统聚集在一起,使全世界的信息资源共享变成了现实,但它在给人们带来浩如烟海的网络信息的同时也使人们在查询自己所需的信息时陷入迷惘,因此只有掌握好信息检索的理论和技巧才能更好地利用信息资源。

1.1 信息社会与信息环境

1.1.1 基本概念

1. 信息

1) 信息的含义

信息是当今世界使用频率最高的流行词语,诸如"信息资源""信息技术""信息产业""信息经济""信息时代""信息社会"等,不胜枚举。

信息的含义十分广泛,世间万物的运动、人间万象的更迭都离不开信息的作用。信息的含义也是十分普遍的,客观世界中存在着各种各样的信息现象,自然的演化需要信息,生命的进化也需要信息,人类的生活更需要信息。没有信息,千变万化的事物之间就没有了联系,也就没有了大千世界的统一。

我国汉语中很早就有"信息"这个词。早在一千多年前,唐朝诗人李中在《暮春怀故人》中写下"梦断美人沉信息,目穿长路倚楼台"的佳句;唐朝诗人杜牧也在《寄远》中喟叹"塞外音书无信息,道旁车马起尘埃"。这里的"信息"即指消息和音信。

信息作为科学的概念,首先是在信息论中得以专门研究的。信息论作为一门严密的科学,主要归功于贝尔实验室的香农(C. E. Shannon),他于1948年发表的《通信的数学理论》一文轰动全球,标志着信息论的诞生。香农指出"信息是用来消除不确定性的东西"。也就是说,信宿(信息接收方)在未收到消息前不知道信源(信息产生方)发出什么信息,只有在收到消息后才能消除信源的不确定性。简单地说,信息是指有新内容、新知识的消息。消息是信息的载体,其形式是具体的,如语言、文字、图像等,而信息是指包含在具体消息中的抽象内容。在接收方看来,信息必须是其事先不知道内容的新消息。信息的这一定义用在信息科学的通信领域是恰当的,但它没有体现出信息的本质特征。

几乎与香农同时,控制论的创始人、美国科学家维纳(N. Wiener)对信息的含义做了进一步阐述。他在《控制论》一书中表明:"信息是人们在适应外部世界并使这种适应反作用于外部世界的过程中同外部世界进行相互交换的内容的名称。"维纳的信息概念是从信息在发送、传输和接收的过程中客体和接收（认识）主体之间的相互作用来定义的。显然，维纳把人与外部环境交换信息的过程看成一种广义的通信过程。

由此可见，在通信领域对信息的研究取得了重大进展。但是，随着科技的发展和计算机的出现，信息的概念也在不断地拓展和丰富。

随着互联网的迅速普及和利用，信息进入了人类社会生产生活的每一个领域，人们对信息的理解包括在网络上传输的一切数据、符号、信号、资料，是一个庞大的集合体。

所谓信息，并非指事物本身，而是指用来表现事物特征的一种普遍形式。实际上，信息的概念是有层次的。在信息概念的诸多层次中最重要的两个层次：一个是没有任何约束条件的本体论层次，另一个是受主体约束的认识论层次。从本体论层次上来考察，信息是一种客观存在的现象，是事物的运动状态及其变化方式，即"事物内部结构和外部联系的状态以及状态变化的方式"。世间一切事物都在不停地运动，因此都在不断地产生着本体论意义上的信息。站在主体的立场来考察信息的概念就会引出认识论层次上的信息定义：信息就是主体所感知或所表述的事物运动状态及其变化方式，是反映出来的客观事物的属性。

维纳在《控制论》中指出："信息就是信息，不是物质，也不是能量。"维纳在这里强调了信息的特殊意义。信息与物质、能量是有区别的，同时信息与物质、能量之间也存在着密切的联系。

信息与物质的关系。首先，信息是一切物质的基本属性。认知主体对于客观世界的反映都是通过信息来实现的。其次，物质是信息存在的基础。信息不是物质，也不是意识，而是物质与意识的中介，信息的产生、表述、存储、传递等都要以物质为基础，但物质具有质量，遵循质量守恒定律，而信息本身没有质量，也不服从守恒定律；信息对物质有依附性，任何信息都离不开物质，都要以物质为载体，但信息内容可以共享，其性质与物质载体的变换无关。

信息与能量的关系。能量是信息运动的动力。信息的传递、转换、获取、利用过程都要耗费一定的能量。信息必须与能量结合才具有活力，但信息效用的大小并不由其消耗的能量决定；各种形式的能量或信息在传递过程中都可以互相转换，但能量的传递与转换过程遵循能量守恒定律，而信息在传递与转换过程中并不服从守恒定律；信息的传递与获取离不开能量，能量的驾驭和转换又需要信息。

我国国家标准对信息的概念定义：信息是物质存在的一种方式、形态或运动状态，也是事物的一种普遍属性，一般指数据、消息中所包含的意义，可以使消息中所描述事件的不确定性减少。这一定义涵盖了信息的属性（客观存在性）、信息的作用（消除不确定性）、信息的形式（数据、消息等事实）3方面的内容。

2）信息的特征

所谓信息的特征，就是指信息区别于其他事物的本质属性。信息的基本特征如下。

（1）客观性。信息不是虚无缥缈的事物，它的存在可以被人们感知、获取、传递和利用。信息是客观存在的，是现实世界中各种事物运动与状态的反映，其存在是不以人的意志为转移的，客观、真实是信息最重要的本质特征。

（2）普遍性。信息是事物运动的状态和方式，只要有事物存在和事物运动，就会有其运动的状态和方式，就存在着信息。无论是在自然界、人类社会还是在人类思维领域，绝对的

"信息真空"是不存在的,绝对不运动的事物也是没有的。因此,信息是普遍存在着的。信息与物质、能量一起构成了客观世界的三大要素。

(3) 时效性。由于事物在不断变化,那么表征事物存在方式和运动状态的信息也必然会随之改变。在现代社会中,信息的使用周期越来越短,信息的价值实现取决于对其及时地把握和运用。如果不能及时地利用最新信息,信息就会贬值甚至变得毫无价值,这就是信息的时效性,即时间与效能的统一性。它既表明了信息的时间价值,也表明了信息的经济价值。

(4) 传递性。信息依附于一定的物质载体后,其传递和流通便成为可能。信息的传递性是指信息从信源出发,经过信息载体的传递被信宿接收并进行处理和利用的特性。不同载体的信息可以通过计算机、人际交流、文献交流或大众传媒等手段传递给信息用户,这种跨越时空的传递性是实现信息资源共享的基础,是将信息最大化利用的保证。

(5) 共享性。同一信息可以同时或不同时被多个用户使用,而信息的提供者并不因此而失去信息内容的信息量。信息的共享性可以提高信息的利用率,人们可以利用他人的研究成果进一步创造,避免重复研究,节约资源。

(6) 增值性。信息通过人脑思维或人工技术的综合、加工和处理不断积累丰富,提高其质量和利用价值。信息交换的结果是信息的增值。

2. 知识

1) 知识的含义

知识是人类在改造客观世界的实践过程中的科学总结,是人们对客观事物的理性认识。知识来源于人们在实践活动中获得的大量信息,是人脑对客观事物所产生的信息加工物。信息被人脑感受,经理性加工后成为系统化的信息,这种信息就是知识。

知识是人们对自然和社会的认识和描述的总和。知识是从不相关或相关的信息中变化、重构、创造而得到的,是信息的一部分,是由信息提炼、转化而成的,是经过人类认识、挑选、系统和深化了的信息。

2) 知识的分类

根据经济合作与发展组织(OECD)出版的《以知识为基础的经济》报告,知识可分为以下4类。

(1) 知事(Know-what)。关于事实方面的知识,也可理解为 Know-when、Know-where,即在什么样的时间(Know-when)、什么样的地点或条件下(Know-where)能解决什么样的问题。

(2) 知因(Know-why)。自然原理和规律方面的科学理论,知识的生产是在专门的研究机构(如实验室和大学)完成的。

(3) 知道怎样做的知识(Know-how)。做某些事情的技艺和能力,被称为技术情报和商业秘密,其典型是企业开发和保存于其内部的技术诀窍或专有技术。

(4) 谁以及是怎样创造知识的(Know-who)。侧重于对创造思想、方法、手段、过程以及特点等的了解。

此外还有一种分类方法,即把知识分为显性知识(Explicit Knowledge)和隐性知识(Tacit Knowledge)。

显性知识是指经过人的整理和组织后可以编码化和度量，并以文字、公式、计算机程序等形式表现出来；还可以通过正式的、系统化的方式（如出版物、计算机网络等）加以传播，便于其他人掌握的知识。典型的显性知识主要是指以专利、科学发明和特殊技术等形式存在的知识，它是有载体的、可以表达的。显性知识对应的是 OECD 分类中的"知事"和"知因"。

隐性知识是与人结合在一起的经验性知识，很难将其编码化、文字化或者公式化，它们本质上以人为载体，因此难以通过常规的方法收集到它，也难以通过常规的信息工具进行传播。隐性知识往往是个人或组织经过长期积累而拥有的知识，通常不易用语言表达，也不可能传播给别人或传播起来非常困难。例如，技术高超的厨师或艺术家可能达到世界水平，却很难将自己的技术或技巧表达出来，从而将其传播给别人或与别人共享。隐性知识对应的是 OECD 中的关于 Know-how 和 Know-who 的知识，其特点是不易被认识到、不易衡量其价值、不易被其他人所理解和掌握。

3）知识的来源

第一类知识存在于人脑中，即主观意识，只有当以一定的形式、通过一定的载体表达时才能为其他人所感知。

第二类知识存在于实物中，如古文物、样品、样机、物品等，人们可以通过研究实物而获得某种知识。

第三类知识用文字、图形、代码、符号、音频、视频等技术手段记录在一定的载体上，例如刻在甲骨上、印在纸张上等，这就是文献。

4）知识的特征

（1）实践性。知识来源于实践，又指导实践。任何知识都离不开人类的实践活动，即使是从书本上获得的知识，也是前人实践经验的总结。

（2）继承性。任何知识既是实践经验的总结，又是对前人知识的继承和发展，知识是一种"实践—认识—再实践—再认识"无限循环的发展过程。

（3）科学性。知识的本质就是对客观事物运动规律的科学概括。离开对事物运动规律认识的科学是一种伪科学，不能称其为知识；对事物运动规律掌握得不够的认识过程是知识不断完善、不断更新的过程，只有对客观事物有了完全科学的认识才算是真正的知识。

3. 文献

1）文献的含义

我国国家标准对文献的定义是"记录有知识的一切载体"。可见，文献有 3 个基本要素，即知识、载体和记录。知识反映了文献的信息内容，没有知识内容的物质不能称为文献。载体是文献的外部形式，是知识的包装或运载方式，常称为媒体，没有记录在物质载体上的知识不能称为文献。记录是信息的一种人工编码，通过人工、机械及声、光、电、磁等技术生成多种包含知识信息内容的符号（如文字、图形、数字代码、音频、视频等），以一定的形态出现，形成各种媒体的文献类型。

2）信息、知识、文献的关系

信息、知识、文献之间的关系是事物发出信息，信息经过人脑加工而形成知识。只有将自然现象和社会现象的信息进行加工,上升为对自然和社会发展规律的认识,才能构成知识,即知识是能够正确反映客观事物的有用信息。知识信息被记录在一定的物质载体上,形成文献。文献与知识既是不同的概念,又有着密切的联系,文献必须包含知识内容,而知识只有记录在物质载体上才能构成文献。信息、知识、文献的关系如图1.1所示。

图1.1 信息、知识、文献的关系

4. 信息源

信息源是人们获取信息的来源。联合国教科文组织(UNESCO)在其出版的《文献术语》中将信息源定义为"个人为满足其信息需要而获得信息的来源"。这是从信息使用者的角度来说的。从绝对意义上看,只有信息产生的"源头"才能称为信息源。信息是物质的普遍属性,一切事物的存在方式和运动状态都会形成某种信息,因此自然界和人类社会实践活动都是信息源的最终"源头"。从信息采集的角度出发,信息源一般是指在信息采集工作中借以获取信息的来源,通常包括个人信息源、实物信息源、文献信息源、数据库信息源、组织机构信息源,下面介绍前三种。

1) 个人信息源

人是信息的创造者,是最富活力的信息源。人类具有功能独特的信息感知、传递、处理与存储器官,并且在长期的社会实践活动中形成了独有的信息交流方式,借助符号、语言等表示方式能不断地创造与传播各种最新信息。参与社会信息交流活动的每个人都是一个独立的信息源,因为个人信息源的信息获取方式主要是口头交流,故也称口头信息源。个人信息源在社会信息交流系统中具有重要的地位和作用。

个人信息源具有以下特点。

(1) 及时性。通过与个人直接接触和交谈获取信息的速度最为快捷,而且可以及时得到信息反馈。

(2) 新颖性。人们交谈的信息内容多为对方不知道或不清楚的事物,其内容往往具有较强的新颖性,有时甚至可以得到一些不宜公开的内部信息。

(3) 强化感知性。面对面地获取信息除接收到语言信息外,还可根据信息发出者的声调、语气、体语以及环境气氛等感受其"言外之意",进行推理和判断,加深理解。

(4) 主观随意性。人们在口头信息交流过程中往往按照自己的好恶对信息进行加工取舍,或根据个人意志对客观事物进行曲解和割裂,这种主观随意评价易导致信息失真。

(5) 瞬时性。口头信息生存时间短、更新速度快,因其极易流变,必须记录转化在其他信息载体上方可长期保存。

2) 实物信息源

一切物质实体都蕴涵着丰富的信息,一切事物的发展变化都与其存在的场所密切相关。无论是自然物质还是人工制品,抑或事物发生的现场,均可视为实物信息源,实物信息源给人们提供了充分认识事物的物质条件。这类信息源的特点如下。

(1) 直观性。实物的最大优势就是直观、生动、全面、形象。它能提供全方位、多角度的信息,供人们根据各自的需要去分析研究。

(2) 真实性。实物信息源是客观存在的东西,人们可从中获取第一手的完整可靠的信息,因而具有较高的真实性和可信度。

(3) 隐蔽性。实物信息源中包含的信息往往是潜在的、隐蔽的,不易被完全发现,因此要求信息采集人员必须有强烈的信息意识、敏锐的洞察能力和一定的分析研究水平,必要时要通过实地考察和反推工程等方法才能剖析出来。

(4) 零散性。实物信息源的时空分布十分广泛、散乱、混杂,无一定的规律可循,因此人们很难对其进行加工整理。

3) 文献信息源

文献信息源是指用一定的记录手段将系统化的信息内容存储在某种物质载体上而形成的一类信息源。文献的基本功能包含两方面:存储信息和传播信息。如果把存储看作沿时间轴上的传播,那么文献就是在人类生产和社会生活的实践活动中产生的一种信息传播工具。文献是社会信息交流系统中的重要成分,它是社会文明发展历史的客观记录,是人类思想成果的存在形式,也是科学与文化传播的主要手段。正是借助于文献,科学研究才得以继承和发展,社会文明才得以发扬光大,个人知识才能变成社会知识。作为现代社会最常用、最重要的信息源,这类信息源具有以下特点。

(1) 系统性。文献所记载的信息内容往往是经过人脑加工的知识型信息,是人类在认识世界、改造世界的过程中所形成的认知成果,经过选择、比较、评价、分析、归纳、概括等一系列思维的信息加工活动,并以人类特有的符号系统表述出来。因此大多比较系统深入、易于表达抽象的概念和理论更能反映事物的本质和规律。

(2) 稳定性。文献信息是通过文字、图形、音像或其他代码符号固化在纸张、化学材料或磁性材料等物质载体上的,在传播使用过程中具有较强的稳定性,不易变形、不失真,从而为人们的认识与决策活动提供了准确、可靠的依据。

(3) 易用性。由于文献信息源不受时空的局限,利用也比较随意。用户可根据个人需要随意选择自己感兴趣的内容,决定自己利用文献的时间、地点和方式,遇到问题可以有充分的时间反复思考,并可对照其他文献进行补充印证。

(4) 可控性。文献信息的管理和控制比较方便。信息内容一旦被编辑出版成各种文献就很容易对其进行加工整理,控制其数量和质量、流速和流向,达到文献信息有序流动的目的。

(5) 时滞性。由于文献生产需要花费一定时间,因而出现了文献时滞问题。文献时滞过长将导致文献内容老化过时,丧失其作为信息源的使用价值。

1.1.2 信息社会及其特征

1. 信息社会的概念

信息社会不同于农业社会和工业社会,信息社会是以知识和信息为基础来促进社会高速发展的一种社会形态。它以现代信息技术的出现和发展为技术特征，以信息经济发展为社会进步的基石。

在农业社会和工业社会中，物质和能源是主要资源，所从事的是大规模的物质生产。而在信息社会中，信息成为比物质和能源更为重要的资源，以开发和利用信息资源为目的的信息经济活动迅速扩大，逐渐取代工业生产活动而成为国民经济活动的主要内容。

2. 信息社会的特征

1) 经济领域的特征

（1）劳动力结构出现根本性的变化，从事信息职业的人数与其他部门职业的人数相比已占绝对优势。

（2）在国民经济总产值中，信息经济所创产值与其他经济部门所创产值相比已占绝对优势。

（3）能源消耗少，污染得以控制。

（4）知识成为社会发展的巨大资源。

2) 社会、文化、生活方面的特征

（1）社会生活的计算机化、自动化。

（2）拥有覆盖面极广的远程快速通信网络系统以及各类远程存取快捷、方便的数据中心。

（3）生活模式和文化模式的多样化、个性化的加强。

（4）可供个人自由支配的时间和活动的空间都有较大幅度的增加。

3) 社会观念上的特征

（1）尊重知识的价值观念成为社会的风尚。

（2）人们具有更积极地创造未来的意识倾向。

1.1.3 信息环境及其特征

信息环境是指与信息交流和信息活动有关的各种要素的总和。随着人类社会的不断进步与发展，信息资源无限膨胀，信息技术一日千里，社会的信息化程度也随之不断提高，这一切在给人们的工作、学习和生活提供更多机会与便利的同时，也使人们明显感受到社会信息流动总量已经大大超出人们的信息处理能力。另外，信息内容的复杂性也大大超过了以前所有社会发展阶段的情形。信息环境的复杂性甚至可以用"恶化"来形容。社会信息环境问题日益突出，成为全球性问题，主要表现在信息超载严重、信息失衡明显、信息污染成灾、信息障碍加剧、信息犯罪增多等。

1. 当代信息环境的特征

1) 信息超载严重

信息超载又称信息泛滥或信息爆炸。它是指在信息时代伴随着科学技术的迅速发展出现的数据爆炸、信息平庸化以及噪音化趋势，人们无法根据自己的需要和当前的信息能力选择并消化自己所需要的信息。

2) 信息失衡明显

信息失衡是对由于各国经济水平、科技水平和其他多种相关因素的影响,不同国家、不同地区以及不同阶层的人群在信息占有水平以及利用程度上存在极大差距的描述。当今世界,由于信息资源分布不均,已经出现了信息富国与信息穷国、信息富人与信息穷人的两极分化,而且这种分化还会因"马太效应"的作用进一步加大。

3) 信息污染成灾

信息污染是指社会信息流中充斥或伴随着的许多不利于人们健康而有效地进行工作、学习、生活的不良信息,危害人类信息环境、影响人们对有效信息予以及时而正常地吸收及利用的社会现象。信息污染主要包括陈旧信息、重复信息、干扰信息、虚假信息、错误信息、有害信息等。

4) 信息障碍加剧

信息障碍是指在信息交流过程中,一方面由于各种原因阻碍了信息的正常流通;另一方面由于信息用户各自的生活经历、文化背景等存在很大差异,妨碍了其信息利用的有效性而产生信息交流障碍与信息利用障碍。现代社会信息交流中常见的信息障碍主要包括自然语言障碍、交流体制障碍、文化传统障碍、认知心理障碍和信息能力障碍等。

5) 信息犯罪增多

信息犯罪是信息社会中的一种新的犯罪类型,它一般是指运用信息技术故意实施的严重危害社会、危害公民合法权益并应负刑事责任的行为。信息犯罪是有意识的、破坏性的,甚至是反社会的活动,其危害极其严重。信息犯罪具有智能性、隐匿性、跨国性等特点。随着互联网利用的日益普及,信息犯罪活动也在不断增多。

2. 解决信息环境问题的措施

面对信息环境的种种严峻现实,国内外众多有识之士对信息环境问题的治理与社会控制展开了积极的对策研究,并提出了各种解决问题的方案和措施,归纳起来主要有以下几点。

(1) 对现代信息环境从政策与法规方面予以调节和控制:通过对信息政策与信息法规的制定与不断完善,对信息环境中出现的各种问题进行引导、协调、控制和管理,引导信息环境变动的方向,调控由于信息环境变动而引起的各种矛盾,对信息产业的各个环节进行科学而严格的管理。

(2) 宣传并教育人们树立正确的信息伦理及信息道德观念:促使人们在信息开发、信息传播、信息管理和信息利用等方面自觉遵守正确的伦理要求、伦理规则,认识和理解与信息技术相关的文化、伦理和社会等问题,负责任地使用信息技术。

(3) 强化技术手段以保障信息安全及净化信息环境:借助高新技术,如各种加密技术、认证技术、防病毒技术、防火墙技术、过滤技术等,使信息环境问题得到有效的预防与治理。

(4) 鼓励人们积极探索、勇于创新:不断丰富人类精神文明资源,大力推进先进文化的传播,净化信息环境,努力消除不文明、不健康、不利于人们接受有益信息或降低人们信息利用效果的任何信息垃圾,消除信息污染。

(5) 加强信息教育,努力提高信息素质:争取不断提高人们的信息意识、信息知识水平及信息能力(包括信息检索能力、识别能力、处理能力、组织能力、评价能力、吸收能力及创造能力)和提高人们的信息道德及遵守信息法律规范的自觉性。

1.2 信息素质

1.2.1 信息素质的概念

信息素质又称信息素养。美国图书馆协会对信息素质的定义是:"信息素质是人们能够敏锐地察觉信息需求,并能对信息进行检索、评价和有效利用的能力。"这一定义在学术界被广泛接受。

美国提出的大学生信息素质能力标准主要有以下 5 方面。

(1) 信息需求方面。学生应能够明确自己的信息需求,并能鉴别各种形式和类型的信息资源。

(2) 信息获取方面。学生应具备高效获取所需信息的能力。具体指标包括选择合适的检索方法和信息检索系统;构造和实施有效的检索策略,高效地检索到自己所需的信息,尤其强调利用现代信息技术和技能获取信息的能力。

(3) 信息评价方面。学生能客观、审慎地评价信息与信息源,并将其纳入信息库与评价系统。具体指标包括具有从获取信息中提炼主题的能力,为评估信息与信息源形成最初的标准;能通过对新旧知识的比较而确定信息的增加值;能确定新的知识对个人价值体系的影响,并使其融入个人的价值体系中;能通过与个人、领域专家及其他人员的交流对信息的有效性加以判断;决定是否有必要修订初始的查询。

(4) 信息利用方面。学生能够有效地利用信息来完成特定的任务。具体指标包括能够利用各种可获得的信息完成计划,并产生特定的信息产品或成果;有效地将信息产品和成果与他人交流。

(5) 信息道德方面。了解有关信息使用的经济、法律和社会准则,获取、使用信息要符合道德与法律规范。具体指标包括了解信息与信息技术使用的相关法律、道德伦理和社会准则;在存取和使用信息资源时能够遵守法律法规、信息资源提供的规定以及约定俗成的规则;向引用的成果致谢。

通过信息素质 5 方面的训练,可以使人们了解知识和信息是怎样组织的,进而知道如何探求知识信息,并对索取的知识信息进行评价,使之融入自己的知识结构,最终利用信息解决具体问题。

1.2.2 信息素质的构成

信息素质是信息社会中人们必须具备的素质,也是当今素质教育的一个重要方面,其包含信息意识、信息能力和信息道德 3 方面。

1. 信息意识

信息意识是指人对各种信息自觉的心理反应,包括对于信息科学正确的认识及对自身信息需求的理解。它是人们利用信息系统获取所需信息的内在动因,具体表现为对信息的敏感性认识和对自身信息需求的理解。有无信息意识决定着人们捕捉、判断和利用信息的自觉程度;同样重要的信息有的人善于抓住,有的人却漠然视之,这是由于每个人的信息意识强弱不同,而信息意识的强弱对能否挖掘出有价值的信息和文献获取能力的提高起着关键的作用。

2. 信息能力

信息能力是指寻求有关新知识的能力,包括信息技术应用能力,信息查询、获取能力,信息组织加工、分析能力,信息的有效利用、评估、传播能力等,具体表现为以下 6 方面。

(1) 明确任务。了解问题的症结,确定所需信息和目的,分清任务的轻重缓急。

(2) 信息查询策略。了解各种信息源,能够做出评价并确定优先查找的次序。

(3) 查找和检索。确定信息藏址,从信息源中找出信息。

(4) 信息利用。能够读懂(或听懂、理解)查出的信息,了解信息在满足需求中的特定价值。

(5) 信息综合。能够组织信息,提供信息产品(论文、报告等)。

(6) 信息评价。评价查找结果和解决问题的过程(效率)。

3. 信息道德

信息道德是指人们在信息活动中应遵循的道德规范。无论是信息生产者、加工者、传递者还是使用者都必须自觉遵守和维护信息道德规范。

1.2.3 信息素质教育的意义

1. 信息素质教育是时代发展的需要

在新时期,高等教育正在进行着重大的变革,就是从塑造型教育变成服务型教育,以顺应时代发展,信息素质教育是其改革的重要部分。在信息社会和知识经济时代,信息已经成为社会发展的决定力量和主导因素,信息素质是人们在信息社会中生存与立足的必备条件。大学生是祖国的栋梁之材,肩负着建设祖国的重任,接受信息素质教育可以培养良好的信息意识,具有较强的信息能力和一定的信息道德,才能适应这个时代的发展。

在信息社会里,信息素质教育成为学校教育和终生教育的基本构成,成为科学技术和知识经济发展的基础。信息素质教育直接关系到人们如何立足于社会、建设信息社会这一基本点。只有加强信息素质教育,教育的职能才能充分发挥,信息社会才能得以全面实现。

2. 素质教育是大学生自身必备和终生学习的需要

在信息时代,知识和信息的产出急剧增长,信息瞬间产生,但传递周期很短,大学生所学的基础知识很快就会过时。因此,大学生在校期间除了强化课堂知识外,还应不断地开阔视野,拓宽自己的知识面,吸收和发掘大量的课外信息,灵活地掌握和运用现代化的知识信息,提高实践操作能力,这样才能在激烈的竞争中立于不败之地。正因为如此,我国的高等教育将信息素质教育作为其重要组成部分,要求变"授人以鱼"为"授人以渔",使大学生在思想上变"学会知识"为"会学知识",提高大学生的综合素质、信息分析和信息判断能力,使其不断接受新理论,并走向成功。

3. 信息素质教育有利于大学生创新能力的培养

要培养大学生的创新意识,必须将信息素质教育作为高等教育的重要组成部分,改变传统的教育模式,教会学生如何获取知识信息。在当今科学迅猛发展的信息社会,要有所发明和有所发现,除了必备的基本专业知识和技能外,还必须具备较强的信息分析、加工、开发能力及接受相关学科的信息创新能力;必须了解当前的知识,这样才能在创新中有所鉴别、有所参与,少走弯路。拥有良好的信息素养才能成为具有创新能力的高素质人才。

1.3 信息资源的构成

在人类社会及自然界的发展、运动过程中不断产生着各种各样的信息,各个学科、各种领域、各类事件以及各种形式的信息层出不穷,人们把各种客观存在的、可供人们直接或间接开发与利用的信息的集合称为信息资源。

1.3.1 按文献的载体形式分

1. 印刷型文献

印刷型文献又称纸质文献、印本文献,是以手写、打印、印刷等为记录手段将信息记载在纸张上形成的文献。它是传统的文献形式,也是现代文献信息资源的主要形式之一。其优点是便于阅读与流传,符合人们的阅读习惯;缺点是存储的信息密度低,收藏和管理需要较大的空间和较多的人力。

2. 缩微型文献

缩微型文献是以感光材料为载体,采用光学缩微技术将文字或图像记录、存储在感光材料上而形成的文献,如胶卷、缩微胶片。其主要特点如下。

(1) 存储密度高:文献存储量高达22.5万页的全息缩微胶片目前已经问世。
(2) 体积小、重量轻:缩微型文献的重量和体积仅为印刷型的1/1000和1/100。
(3) 便于保存和传递:世界上许多文献信息服务机构都将长期收藏的文献制成缩微制品加以保存。
(4) 生产速度快、成本低:缩微型文献的生产成本只有印刷型文献的1/15~1/10。
(5) 设备投资大,需要借助阅读机才能阅读。

缩微型文献的缺点是阅读起来不太方便,使用时必须借助阅读机,不像印刷型文献随时可看。

3. 声像型文献

声像型文献是采用磁录技术和光录技术(如录音、录像、摄像、摄影等)手段将声音、图像等多媒体信息记录在光学材料、磁性材料上形成的文献,主要包括唱片、录音带、录像带、电影胶片、幻灯片及激光视盘等。其主要特点是存储信息密度高,用有声语言和图像传递信息,内容直观、表达力强、易于被人接受和理解,尤其适用于难以用文字、符号描述的复杂信息和自然现象,但也需要专门设备对其进行制作和阅读。

4. 机读型文献

机读型文献又称电子型文献、数字信息资源。它是一种通过编码和程序设计把文字、资料转化成数字语言和机器语言,并以磁性材料为存储介质,采用计算机等高新技术为记录手段,将信息存储在磁盘、磁带或光盘等载体中而形成的多种类型的电子出版物。其优点是存储密度高、存取速度快、查找方便、寿命长;不足之处是必须配备计算机等设备才能使用,相应设备的投入较大,短期内难以更新。机读型文献按其载体材料、存储技术和传递方式的不同又可分为联机型文献、光盘型文献和网络型文献。网络信息资源是机读型文献中非常重要的一种文献类型。

1.3.2 按文献的加工程度分

1. 零次文献

零次文献也称灰色文献,是指非正式出版物或非正式渠道交流的文献,未公开于社会,只为个人或某一团体所用。例如,文章草稿、私人笔记、会议记录、未经发表的名人手迹,甚至包括口头言论和思想教育。

零次文献不仅在内容上有一定的价值,而且能弥补一般公开文献从信息的客观形成到公开传播之间费时甚多的弊病,其新颖程度为诸多学者所关注。

2. 一次文献

一次文献也称原始文献。凡是以著者本人的经验、研究或研制成果为依据而撰写的原始文献,经公开发表或交流后称为一次文献。一次文献是文献的主体,是最基本的信息源,是文献检索的对象。它一般包括期刊论文、专著、研究报告、会议文献、学位论文、专利说明书、技术标准、技术档案、科技报告等。

一次文献不仅具有创造性的特点,还具有原始性和分散性的特点,一般论述比较具体、详细和系统,有观点、有事实、有结论。一次文献的创造性是指作者根据工作和科研中的成果而撰写的具有创造性劳动的结晶。它包含新观点、新发明、新技术、新成果,具有直接参考、借鉴和使用的价值。一次文献的原始性是指作者的原始创作和首次发表。因此,它既有可靠的一面,又有不成熟的一面。一次文献的分散性是指它根据自己的成果个别形成的,因此其在内容上不够系统、比较零散,在形式上有研究报告、论文等。

3. 二次文献

二次文献也称检索文献,是信息部门将分散的、无组织的一次文献用一定的方法经过加工整理、归纳、简化,把文献的外表特征和内容特征著录下来,使之成为有组织、有系统的检索工具,如书目、题录、文摘、索引等。二次文献是对一次文献的浓缩和有序化,主要作用是存储和报道一次文献线索、提供查找的途径。因此,它是用于查找一次文献的检索工具,是重要的指示性信息源。

二次文献不仅具有汇集性的特点,还具有检索性和系统性的特点。二次文献的汇集性指它是在大量的分散性的基础上加工整理形成的,汇集了某个特定范围的文献,因此它能比较完整地反映出某个情报信息部门、学科、专题等的文献概况。二次文献的检索性是指它所汇集的不是一次文献本身,而是某个特定范围的一次文献的线索。它的重要性在于给人们提供了一次文献信息的线索。因此,它是人们打开一次文献信息知识宝库的一把钥匙,从而大大减少了人们查找一次文献信息所花费的时间。

4. 三次文献

三次文献也称参考性文献,是在二次文献的基础上选用一次文献的内容进行分析、概括、综合研究和评价所编写出来的文献。它可以分为综述研究和参考工具两种类型。前者如动态综述、学科总结、专题述评、进展报告等;后者如年鉴、手册、大全、词典、百科全书等。三次文献源于一次文献又高于一次文献,属于一种再创造性文献。三次文献主要是信息研究的产物和成果,是一次文献的浓缩。

三次文献不仅具有综合性的特点,还具有价值性和针对性的特点。三次文献的综合性是指它在大量有关文献的基础上经过综合、分析、研究而形成的,它把大量分散的有关特定课题的文献、事实和数据进行综合、分析、评价、筛选等,以简练的文字叙述出来,其内容十分概括。三次文献的价值性是指它将大量的有关特定课题的文献中所包含的知识、素材、事实和数据进行综合、分析、研究后编写出来,可以直接提供使用、参考、借鉴,有很高的使用价值。三次文献的针对性是指它大多都是为特定的目的而编写。在通常情况下,它是信息部门受用户的委托而从事信息研究的成果。

对于以上4级文献,零次文献是一次文献的素材,一次文献是二次、三次文献的来源和基础,二次、三次文献是对一次文献进行组织、加工、综合后形成的,它们的编写目的明确,专指性强。所谓"文献检索",主要是对二次、三次文献的检索。从一次文献到二次文献再到三次文献,是一个由博到略、由繁到简、由分散到集中、由无组织到系统化的过程。文献内容有很大的变化,它们所包含的信息的质和量是不同的,对于改善人们的知识结构所起到的作用也是不同的。零次文献和一次文献是最基本的信息源,是文献信息检索和利用的主要对象;二次文献是一次文献的集中提炼和有序化,是文献信息检索工具;三次文献是把分散的零次文献、一次文献、二次文献按照专题或知识的门类进行综合加工而成的成果,是高度浓缩的文献信息,它既是文献信息检索和利用的对象,又可作为检索文献信息的工具。二次文献和三次文献的产生并没有增加知识总量,但对于一次文献的形成和再生产有很大的推动作用。

1.3.3 按文献的出版形式分

1. 图书

图书大多是对已发表的科技成果、生产技术知识和经验通过选择、比较、核对、组织而成的。该类型文献内容成熟、定型,论述系统全面、可靠。但图书出版周期较长,知识的新颖性不够,时效性较差,所提供的知识比其他类型的文献晚,传递信息的速度慢。图书一般包括专著、丛书、教科书、词典、手册、百科全书等类型,主要依据著录项中的ISBN号、出版社名称、地址、出版年、页数、字数等识别。

2. 期刊

期刊又称杂志,是指定期或不定期地连续出版,每期有固定的名称和统一形式,有连续序号,发表多位作者的多篇文章,由专门的编辑机构编辑出版的一种连续出版物。期刊上刊登的论文大多数是原始文献,包含许多新成果、新水平、新动向,其特点是连续出版、出版周期短、报道文献速度快、内容新颖、发行及影响面广、能及时反映国内外发展水平等。据统计,65%的科技情报来源于期刊。期刊按内容可分为学术性期刊、通信性期刊、消息性期刊、综述与评述性期刊、资料性期刊和检索性期刊等;按出版时间长短可分为月刊、周刊、双月刊、季刊、年刊等。其主要依据著录项中的ISSN号、刊名、年、卷、期号、页码等加以识别。

3. 报纸

报纸是期刊的特殊形式,以报道新闻为主要内容,有统一的名称、常设的编辑机构,定期连续出版,每期汇编多篇文章、报道、资料、消息等。但它出版的周期更短,常常当天发生的事情都可以见到消息。它可分日报、早报、晚报、双日报、周报、旬报等。其特点是涉及的范围较广、出版周期较短、散装折叠形式、文字通俗、提供最新情报信息快。

4. 学位论文

学位论文是高等学校、科研机构的毕业生、研究生为获得学位所撰写的论文,可分为学士论文、硕士论文和博士论文。学位论文具有内容比较专一、阐述较为系统、详细等特点。它一般不公开出版,因而要取得原件比较困难,可从学位、论文名称、颁发学位的单位及其地址、授予学位的时间等方面加以识别。

5. 会议文献

会议文献是指在国内外重要学术会议上发表的论文和报告,也包括一些非学术性会议的报告。会议文献的特点如下。

(1) 文献针对性强。每个会议都有其特定的主题,因而会议文献所涉及的专业领域集中、内容专深。

(2) 信息传递速度快。一些重要的研究成果或新的发现,通常首先通过会议文献向社会公布。

(3) 能反映具有代表性的各种观点。学术会议通常带有研讨争鸣的性质,要求论文具有独到的见解,这有助于与会人员了解有关领域的新发现、新动向和新成就。其主要依据著录项中的会议名称、时间、地址、会议录出版单位及其地址、出版年份、会议录提供单位及其地址、页码等加以识别。

6. 专利文献

专利文献是指在专利形成过程中产生的一系列官方文件和有关出版物的总称。广义的专利文献是指专利局出版的与专利有关的各种文献,如专利公报、专利文摘、分类表、专利索引、说明书以及与专利有关的法律文献等。狭义的专利文献仅指专利说明书。专利检索的主要对象是专利说明书。专利文献在形式上具有统一的格式;在文字上它是一种法律文件,文字较简练,特别要求阐述保护权利的范围;在内容上具有广泛性、详尽性、实用性、新颖性、独创性,以及较强的系统性、完整性和报道的及时性等特点。其主要依据著录项中的专利号、专利国别、专利权人、专利优先日期(公开日期)、出版时间等加以识别。

7. 标准文献

标准文献是经过权威机构批准的,用文件形式表达的统一规定,是反映标准的技术文献。它主要是对工农业产品和工程建设的质量、规格、检验方法等方面所做的技术规定,分为国际标准、区域性标准、国家标准、专业性标准、行业标准、企业标准。标准文献具有一定的制定、审批程序;适用范围明确专一;编排格式、叙述方法严谨统一;对有关各方有约束性,在一定条件下具有某种法律效力;有一定的有效时间,需要随着技术发展而不断修订、补充或废除;一个标准只解决一个问题,文字比较简练。其主要依据著录项中的标准号加以识别。

8. 科技报告

科技报告是科技人员围绕某一专门研究取得的成果所撰写的正式报告,或者是研究过程中每个阶段的进展情况的实际记录。其特点是内容详尽专深,有具体的篇名、机构名称和统一的连续编号(报告号),一般单独成册。科技报告的种类有技术报告、札记、论文、备忘录、通报等。在流通范围上,科技报告仅有小部分可以公开发表。其主要依据报告号加以识别。著名的科技报告有美国的 AD、PB、NASA、DOE 四大报告,英国的 ARC 报告,法国的 CEA 报告,德国的 DVR 报告等。

9. 政府出版物

政府出版物是由政府机构,包括国际组织(如联合国、国际联盟、欧洲联盟、世界贸易组织等)和各国中央政府及省或州、市、乡等地方政府组织,以及它们所拥有的官方或半官方机构及其所属的专门机构所发表、出版的各种文献资料。其内容可以分为行政性文件(如政治法律文件、政府决议报告等)和科技文件(如统计资料、科普资料等)两类。该类文献有助于人们了解国家和地区的政策与演变。

10. 产品资料

产品资料主要是指各国厂商为了推销产品而出版发行的一种商业性宣传资料,包括厂商介绍、产品目录、产品样本和产品说明书等。其特点在于技术上比较成熟,数据比较可靠,有较多的外观照片和结构图,直观性强。它对科技人员进行造型和设计、引进国外设备仪器都有参考价值。产品资料一般都要涉及产品的性能、结构、原理、用途、用法、维修、保管等各方面的技术问题,具有一定的技术信息价值。产品资料可从公司的名称、地址、产品名称等方面加以识别。

11. 其他文献

除上述出版类型外,其他文献还包括技术档案、工作札记、广播、电视、剪报复印资料等大众传媒、卫星资料。技术档案是指在生产建设和科研部门技术工作中形成的、有一定的工程对象的技术文件,如任务书、协议书、技术指标、审批文件、研究计划、方案大纲、技术措施、有关的技术调查材料等,它们具有重要的信息价值,有较强的保密性和内部控制使用的特点,一般不公开。

1.4 信息资源的特征

1.4.1 传统信息资源的特征

1. 文献数量大,增长速度快

随着科学技术的飞速发展,人类知识的总量在增长。作为存储、传播知识载体的文献,其数量随着知识量的增长也在激增,而且增长速度很快。特别是近20年来,原有的学科不断分化,新学科不断涌现,产生了大量有特定研究对象的分支学科、边缘学科、交叉学科、综合性学科,这使得记录科学知识的文献更加复杂。文献的产出率大于人们对文献的吸收率。文献数量的激增一方面表明文献信息资源的丰富,另一方面也给人们有效地选择、利用、获取文献信息造成了一定的困难。

2. 文献分布集中又分散

随着现代科学技术的日益综合与细化,各学科之间的严格界限日趋淡化,学科之间的相互联系、交叉渗透逐渐增强,这使文献的分布呈现出集中又分散的现象,即某一专业的大部分文章发表在少量的专业性期刊中,而另外一部分文章刊载在大量的相关专业甚至不相关专业的杂志中。英国文献计量学家布拉德福发现:如果将载有某一学科相关论文的期刊按载文量多少排列,并等分为几个区,这几个区的期刊数量分别为$n_1,n_2,n_3,\cdots$,则$n_1:n_2:n_3:\cdots\approx 1:a:a^2:\cdots$(其中$a$是与学科有关的常数,$a\approx 5$)。例如,利用英国《科学文摘》统计了"日本光纤通信"方面的论文322篇,共发表在66种杂志上,发现有107篇文章发表在3种杂志(核心期刊)上,约有33%的文章发表在12种期刊(相关期刊)上,还有近1/3的文章发表在其他51种期刊(边缘期刊)上。文献的这种分布现象是普遍存在的,它提示人们在收集文献信息时应首先选择本专业的核心期刊。

所谓核心期刊,比较一致的定义是:"在某一学科中,少数期刊覆盖了该学科的大部分最有参考价值的文献,而多数期刊仅包含该学科的少量最有参考价值的文献,这少数期刊就是该学科的核心期刊,它集中了学术研究的前沿信息,是必不可少的文献信息源。"

3. 文献时效性增强

科技的迅速发展使得新知识、新技术、新产品等层出不穷,这种现象加速了知识的新陈代谢,随之也加速了文献的新陈代谢,使文献老化加速。有人统计了各类文献的平均寿命:

图书 10~20 年,科技报告 10 年,学位论文 5~7 年,期刊 3~5 年,标准文献 5 年。通常用文献的"半衰期"来描述文献的老化状况。所谓"文献的半衰期",是指某学科领域目前尚在使用的全部文献中较新的一半所出版的年限。"文献的半衰期"不是针对个别文献或某一组文献,而是针对某一学科或专业领域的文献总和而言的。国外有人统计了不同学科文献的半衰期:地理学 16.1 年、地质学 11.8 年、数学 10.5 年、植物学 10 年、化学 8.1 年、生理学 7.2 年、机械工程 5.2 年、社会科学 5 年、化工 4.8 年、物理学 4.6 年、冶金学 3.9 年、生物医学 3 年。由于各国的科技发展水平不同,相应的文献寿命也不相同。

4. 文献内容交叉重复

现代科技综合交叉、彼此渗透的特点导致知识的产生和文献的内容也相互交叉、彼此重复,具体表现为以下 3 点。

(1) 同一内容的文献以不同文字发表。据统计,当前世界上每年的翻译图书约占图书出版总量的 10%;一些重要的核心期刊被译成多种文字在不同国家出版;同一项发明可以向多个国家申请专利,使专利说明书的内容出现严重重复现象。根据世界知识产权组织统计,世界各国每年公布的专利说明书的重复率高达 65%~70%。

(2) 同一内容的文献以不同形式出版。据调查,会议论文有 40% 在会后经过整理、修改发表在期刊上;有相当数量的科技报告后来发表在期刊上,如美国的 NASA 报告有 80%、AD 报告有 60%、美国科学基金会报告有 95%、美国农业部的科技报告有 80%,既出版单行本又发表在期刊上。随着新型载体文献的普及应用,许多文献既出版印刷型的又有缩微版、电子版等,如《纽约时报》《泰晤士报》《读卖新闻》等既有印刷版又有缩微版,《中国大百科全书》《不列颠百科全书》《工程索引》《科学文摘》《科学引文索引》等既有印刷版又有电子版。

(3) 在激烈的商业竞争中许多畅销书内容雷同,选题重复,再版、改版文献数量不断增多。

5. 文献载体及语种增多

随着声、光、电、磁等技术和新材料的广泛应用,新型文献载体不断涌现。传统的印刷型文献已失去了一统天下的局面,多种载体文献相互依存、相互补充、共同发展已成为趋势。新型的非印刷型文献如缩微型、机读型、声像型等,或增大了信息存储密度,延长了保存时间;或加快了信息传递与检索速度,实现了资源共享。各国文献所用语种不断增多,目前在全世界出版的期刊中所用语种多达 80 种。

1.4.2 网络信息资源的特征

1. 数量巨大,来源广泛

互联网集各个部门、各个领域的各种信息资源于一体,网络信息资源每天都在急剧增长、不断变化。互联网每天发布的信息在 700MB 以上,发布信息不仅局限于出版社,任何政府、研究结构、大学、公司、社会团体、个人都可以在网上发布信息。大约每隔半小时就有一个新网站与互联网相连,互联网的迅猛扩展导致网上信息呈爆炸性增长,仅仅以 WWW 方式提供的信息平均每过 53 天就翻一番。

2. 分散无序，缺乏组织

网络信息资源在不同学科专业领域、不同行业、不同地理位置上的分布差异很大，数量和质量的差别也很大。例如，比较靠近科技前沿的信息在网络上非常多，而关于基础性学科的信息在网上并不多见。互联网存在巨大的开放性，它本身就是一个无专门机构进行管理的事物，上网者存储和发布信息时有很大的自由度，缺乏必要的过滤和质量控制。

3. 更新加快，信息污染严重

受信息的时效性以及各种不定型因子的干扰和影响，网络信息资源往往表现出波动性和无规律性，其内容、所在地址、链接关系处于动态变化之中，网络上的信息资源每天都在更新，浏览者今天看到的网页也许第二天就消失了，甚至几小时后就已更迭了。生产、更迭和消亡情况一般难以预料。这也是互联网的极不稳定因素，并且由于其更新速度快，资源也难以达到统一规划，大量冗余、粗制滥造乃至伪劣的信息在无"主管"的网络上迅速膨胀，给用户带来很多不便。

4. 内容丰富，信息质量参差不齐

在互联网上，信息资源的内容十分丰富。人类生产、生活、娱乐以及其他社会实践活动中产生的各种信息资源皆可经过电子化处理后投入网上。这些资源涉及很多语种、学科（专业）领域，在表现形态上更是多种多样。网络共享性与开放性使得人人都可以在互联网上获取和存放信息，由于没有质量控制和管理机制，有用信息与无用信息混为一体，精加工的高质量信息与未经任何过滤的低质量信息混为一体，信息质量良莠不齐，形成了一个纷繁复杂的信息世界，给用户选择、利用网络信息带来了影响。

5. 类型齐全，形式多样

网络信息资源包括各种不同层次的信息，既有原始论文、电子报刊等一次文献，又有文摘、题录、索引、综述、评论等二次、三次文献，还有网上会议、聊天等零次文献。此外，网络信息资源的传播引入了多媒体形式，可以是文本、图像、音频、视频、软件、数据库等多种形式存在，涉及领域从经济、科研、教育、艺术到具体的行业和个体，包含的文献类型从电子报刊、电子工具书、商业信息、新闻报道、书目数据库、文献信息索引到统计数据、图表、电子地图等。

思 考 题

1. 信息、知识、文献的概念及相互关系是什么？
2. 信息环境问题主要体现在哪些方面？
3. 信息素质的内涵包括哪些内容？
4. 按文献的载体形式、出版形式可将文献分为哪几种类型？
5. 按文献的加工程度可将文献分为哪几种类型？它们之间的关系是什么？

第 2 章 信息检索原理

2.1 信息检索的概念及类型

2.1.1 信息检索的概念

1. 信息检索的含义

对信息检索概念的理解一般有狭义和广义之分。

狭义的信息检索(Information Retrieval)是指依据一定的方法从已经组织好的大量有关信息集合中查找并获取特定的相关信息的过程。这里的信息集合往往指关于文献或信息的线索,得到检索结果后一般还要通过检索命中的文献或信息线索索取原始文献或信息。

广义的检索包括信息存储和检索(Information Storage and Retrieval)两个过程。信息存储是将大量无序的信息集中起来,根据信息源的外部特征和内容特征,经过整理、分类、浓缩、标引等处理,使其系统化、有序化,并按一定的技术要求建成一个具有检索功能的数据库或检索系统,供人们检索和利用。检索是指运用编制好的检索工具或检索系统查找出满足用户要求的特定信息。

2. 信息检索的实质

从信息检索的含义可知,信息检索的全过程应包括以下两个主要方面。

(1) 信息标引和存储过程。标引是用检索语言和分类号、主题词表示信息,通过对大量无序的信息资源进行标引处理,使之有序化,并按科学的方法存储组成检索系统,这是组织检索系统的过程。

(2) 信息的需求分析和检索过程。分析用户的信息需求,利用组织好的检索系统,按照系统提供的检索方法和途径检索有关信息,这是检索系统的应用过程。

因此,信息检索的实质是将描述用户所需信息的提问特征与信息存储的检索标识进行比较,从中找出与提问特征一致或基本一致的信息。提问特征就是对信息的需求进行分析后从中选出能代表信息需求的主题词、分类号或其他符号。例如,要查找"硅藻土在塑料工业中的应用"方面的信息,根据信息需求的范围和深度,可选择"硅藻土"和"塑料"为第一层的提问特征,"硅藻土"和"通用塑料、工程塑料、特种塑料等"为第二层的提问特征,"硅藻土""聚氯乙烯、聚乙烯、聚丙烯、聚酰胺、聚酰亚胺、聚酯、玻璃钢"等塑料品种名称作为第三层的提问特征。检索标识是信息存储时对信息内容进行分析提出能代表信息内容实质的主题词、分类号或其他符号,硅藻土、通用塑料、工程塑料、特种塑料、聚氯乙烯、聚乙烯、聚丙烯、聚酰胺、聚酰亚胺、聚酯、玻璃钢等都是检索标识。在检索时将提问特征与检索标识进行对比匹配,若达到一致或部分一致,即为所需信息。

可以用一句话概括信息检索的基本原理：信息检索是对信息集合与需求集合的匹配与选择。也就是检索提问标识与存储在检索工具中的文献标引标识进行比较，两者一致，或信息标引的标识包含检索提问标识，则具有该标识的信息就从检索系统中输出，输出的信息就是检索命中的信息。

（1）需求集合。人们为了满足某种需求时，感到需要补充知识，因此产生了对信息的需求。

（2）信息集合。有关某一领域的文献或数据的集合体，它是一种公共知识结构，可以弥补用户的知识结构缺陷。

（3）匹配和选择。匹配和选择是一种机制，负责把需求集合和信息集合进行比较，然后根据一定的标准选出需求的信息。

3. 信息检索的作用

1）避免重复研究或走弯路

科学技术的发展具有连续性和继承性，闭门造车只会重复别人的劳动或者走弯路。研究人员在选题开始时就必须进行信息检索，了解别人在该项目上已经做了哪些工作，哪些工作目前正在做、谁在做、进展情况如何等，这样就可以在他人研究的基础上进行再创造，从而避免重复研究、少走或不走弯路。

2）节省学习者的时间

科学技术的迅猛发展加速了信息的增长，加重了信息用户搜集信息的负担。信息检索是研究工作的基础和必要环节，成功的信息检索无疑会节省大量的时间，使研究人员能用更多的时间和精力进行科学研究。

3）获取新知识的捷径

大学生在校期间已经掌握了一定的基础知识和专业知识，但是"授之以鱼"只能让其享用一时。如果掌握了信息检索的方法便可以无师自通，找到一条吸收和利用大量新知识的捷径。

4. 信息存储与信息检索的关系

信息存储与信息检索是密不可分的两个过程，同时又是互逆的。存储是为了检索，而检索必须先要存储，没有存储检索就无从谈起。这是存储与检索相辅相成、相互依存的辩证关系。

然而，由于职业、知识水平、个人素质甚至习惯等因素的差异，信息存储人员（标引者）与信息检索用户（检索者）对同一信息的分析、理解也会存在不同。例如《计算机在生物化学中的应用》一文，标引者可能将其归入"生物化学"类，而检索者可能在"计算机"类查找该文。这样，标引者与检索者之间发生了标引错位，存储的信息就无法检索到。

怎样才能保证信息存得进又取得出呢？那就是存储与检索所依据的规则必须一致，也就是说，标引者与检索者必须遵守相同的标引规则。这样，无论什么样的标引者，对同一篇文献的标引结果一致，不论谁来检索，都能查到这篇文献。

信息存储与检索共同遵循的规则称为信息检索语言（详见2.2.2节）。只要标引者和检索者用同一种检索语言来标引要存入的信息特征和要查找的检索提问，使它们变成一致的标识形式，信息的存储过程与检索过程就具备了相符性。相应地，存入的文献也就可以通过信息检索工具（系统）检索出来。如果检索失败了，那么就要分析检索提问是否确切地描述了待查课题的主题概念。在利用检索语言标引时是否出了差错，从而导致检索提问标识错误？只有当检索提问标识和信息特征标识一致时相关的文献才能被检索出来。

信息检索正是以信息的存储与检索之间的相符性为基础的（图2.1），如果两个过程不能相符，那么信息检索就失去了基础。检索不到所需的信息，存储也就失去了意义。

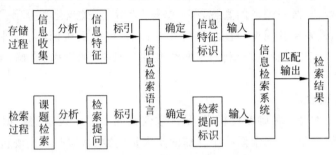

图2.1 信息存储与信息检索的关系

2.1.2 信息检索的类型

1. 按检索方式分

1）手工检索

手工检索简称"手检"，是指人们通过手工的方式检索信息，其使用的检索工具主要是书本型、卡片式的信息系统，即目录、索引、文摘和各类工具书。其检索过程是由人以手工的方式完成的。

2）计算机检索

计算机检索简称"机检"，是指人们利用数据库、计算机软件技术、计算机网络及通信系统进行的信息检索，其检索过程是在人机的协同作用下完成的。

3）综合检索

综合检索指在文献信息检索的过程中既使用手工检索方式，又使用计算机检索方式，也就是同时使用两种检索方式。

2. 按检索内容或检索目标分

1）文献型信息检索

文献型信息检索是指利用检索工具或检索系统查找文献的过程，包括文献线索检索和文献全文检索。文献线索检索是指利用检索工具或检索系统查找文献的出处，检索结果是文献线索。它包括书名或论文题目、著者、出版者、出版地、出版时间等文献外部特征。用于检索文献线索的检索工具有书目、索引、文摘及书目型数据库和索引、题录型数据库。文献全文检索是以文献所含的全部信息作为检索内容，即检索系统存储的是整篇文章或整本图书的全部内容。在检索时可以查到原文及有关的句、段、节、章等文字，并可进行各种频率统计和内容分析。全文检索主要是用自然语言表达检索课题，较适用于某些参考价值大的经典性文章,如各种典籍、名著等。文献全文检索是当前计算机信息检索的发展方向之一。

2) 事实型信息检索

事实型信息检索是以特定的客观事实为检索对象,借助于提供事实检索的检索工具与数据库进行检索。其检索结果为基本事实。如某个字、词的查找,某一诗词文句的查找,某一年、月、日的查找,某一地名的查找,某一人物的查找,某一机构的查找,某一事件的查找,某一法规制度的查找,某一图像的查找,某一数据、参数、公式或化学分子式的查找等。一般来说,事实型信息检索多利用词语性和资料性工具书,包括字典词典、百科全书、类书政书、年鉴、手册、名录、表谱、图录等,也利用某些线索性工具书,如索引、文摘、书目,以及利用学科史著作、科普读物等。

3) 数据型信息检索

数据型信息检索是一种确定性检索,是以数值或图表形式表示的数据为检索对象的信息检索,又称"数值检索"。检索系统中存储的是大量的数据,这些数据既包括物质的各种参数、电话号码、银行账号、观测数据、统计数据等数字数据,也包括图表、图谱、市场行情、化学分子式、物质的各种特性等非数字数据。

3. 按系统中信息的组织方式分

1) 全文检索

全文检索是指检索系统中存储的是整篇文章乃至整本图书。用户根据个人的需求从中获取有关的章、节、段、句等信息,并且可以做各种统计和分析。

2) 超文本检索

超文本结构类似于人类的联想记忆结构,它采用了一种非线性的网状结构组织块状信息,没有固定的顺序,也不要求读者必须按照某个顺序来阅读。采用这种网状结构,各信息块很容易按照信息的原始结构或人们的"联想"关系加以组织。超文本检索基于信息的超文本结构,利用超文本技术,实现快捷灵活的信息检索。

3) 超媒体检索

多媒体信息被引入超文本中,从而产生了多媒体超文本,即超媒体。超媒体检索是对超文本检索的补充,其存储对象超出了文本范畴,融入了静态、动态图像及声音等多媒体信息。信息存储结构从单维发展到多维,存储空间范围不断扩大。

2.2 检索途径与检索语言

2.2.1 检索途径

检索途径与文献信息的特征相关。文献的基本特征由文献的外部特征和内容特征两部分组成。文献的外部特征包括题名、著者、出版发行项、代码等;文献的内容特征主要是指文献内容所属学科范围及所包含的主题,常用分类号、主题词等来描述。根据文献的外部特征和内容特征,信息检索途径分为两类。

1. 以文献的外部特征为检索途径

1）题名途径

文献题名是指文献的名称,如图书的书名、期刊的刊名、报纸的报纸名称、光盘的光盘名称等。它是认识一篇文献的起点。通过题名途径可查找图书、期刊、单篇文献。检索工具中的书名索引、会议名称索引、书目索引、刊名索引等都提供了从题名进行文献检索的途径。

2）著者途径

文献著者是指对文献内容负有责任的个人或机关团体,也就是人们常说的作者、编者、译者等。著者途径也是人们检索文献经常使用的一条途径,包含个人著者、团体著者、专利发明人、专利权人、合同户、学术会议主办单位等。利用责任者途径检索文献,主要利用的是作者索引、作者目录、个人作者索引、团体作者索引、专利权人索引等。

3）代码途径

很多文献因其本身特点有特定序号,如科技报告号、专利号、标准号、信息收藏单位的入藏号、ISBN、ISSN 等。代码途径就是依据文献信息出版时所编的代码顺序来检索文献信息的途径。这些序号往往具有唯一性,可以据此识别特定的文献信息。依据这些序号数字顺序可编制序号索引,提供序号检索途径。同时,许多检索系统利用事物本身具有的某种符号代码编制成分子式、元素符号、结构式等索引,提供从特定符号代码顺序进行检索的途径,如化合物索引。

2. 以文献的内容特征为检索途径

文献的内容特征是指文献所载的知识信息中隐含的、潜在的特征,如分类、主题等,内容特征作为检索途径更适宜检索未知线索的文献。

1）分类途径

分类途径是以课题的学科属性为出发点,按学科分类体系来查找文献信息,以分类作为检索点,利用学科分类表、分类目录、分类索引等按学科体系编排的检索工具来查找有关某一学科或相关学科领域的文献信息。它能满足族性检索的需求。在检索时,若课题所需信息的范围较广,应选用分类途径,这样可以比较准确地检索到与课题相关领域的资料。

2）主题途径

主题途径是利用信息的主题内容进行检索的途径,即利用从自然语言中抽象出来的或者经过人工规范化的、能够代表信息内容的标引词来检索。它冲破了按学科分类的束缚,使分散在各个学科领域中的有关同一课题的信息集中于同一主题,在使用时就如同查字典一样方便、快捷。其最大优点是把同性质的事物集中于一处,使用户在检索时便于选取,而且将同类事物集中在一起的方法符合人们的工作和生活习惯,直接而准确。当课题所需信息的范围窄而具体时,以选用特性检索功能较强的主题途径检索为宜。

2.2.2 检索语言

1. 检索语言的含义

语言是一种人们用以交流沟通的重要工具,用于人与人之间的通信活动。人与计算机对话需要有计算机语言,人与检索系统对话来实施检索则需要有检索语言。

检索语言是根据信息检索的需要而创造的专供信息存储和信息检索使用的一种人工语言。文献的揭示与组织是以文献的外部特征和内容特征为依据的,是通过检索语言表达出来的。对任何一种语言而言,沟通是其最基本的功能。检索语言是在文献信息检索过程中使用的特定语言形式,它的作用在于促成信息检索系统与检索用户的沟通。借助检索语言的功用,检索系统与检索用户所有的双向交流才能成为可能。检索语言是由一整套概念及其相应的符号表示的标志系统构成的,包括描述文献外部特征的语言和描述文献内容特征的语言。

2. 检索语言的类型

1) 描述文献外部特征的语言

(1) 题名语言。按文献题名排检。

(2) 著者语言。按著者姓名排检。

(3) 代码语言。按文献代码(如专利号、标准号、报告号、ISBN 号、ISSN 号等)排检。代码语言是用代表文献某一方面特征的代码对相关文献进行标引与组织的检索语言形式,如化合物的分子式、环状化合物的环结构等。代码语言用于从特定代码入手检索特定的文献。

2) 描述文献内容特征的语言

(1) 分类语言。"类"是指具有共同属性的事物的集合。每一种事物都有多种属性,用其某一种属性作为划分依据来对一事物进行划分就称为分类。分类是人类逻辑思维的一种最基本的形式。分类语言是用分类号表达学科体系的各种概念,将各种概念按学科性质进行分类和系统排列。具体地说,它是以学科分类为基础,按照概念划分的原理,将知识概念从一般到具体、从简单到复杂、从低级到高级逐级划分。每划分一次形成一批并列的概念,即下位概念,它们同属于一个被划分的概念,即上位概念。例如,"固体力学"这个类可以划分为"材料力学""结构力学""弹性力学""塑性力学"等子类,"固体力学"为被划分的类即上位类,它所划分出的几个子类,即下位类。这几个下位概念之间体现的是平行关系,而上下位类之间是隶属关系。每个类目都用分类号作为标识,每个分类号就代表特定的知识概念,体现这种分类体系的就是图书分类法(表)。

分类法种类很多,比较有影响的是《中国图书馆分类法》(简称《中图法》)、《国际十进制分类法》和《杜威分类法》等,《中图法》作为我国文献分类标引工作的国家标准被我国图书情报单位广泛应用。

《中图法》按照学科体系将各种学科门类的文献信息划分为 5 大部类(①马列主义、毛泽东思想、邓小平理论;②哲学;③社会科学;④自然科学;⑤综合性图书)及 22 个概括性类目,分别用 22 个大写字母代表类目名称,并按类名进行排序,以此使分属于各个学科或各种专业的文献都能归属于其应有的类目,从而使所有学科门类的文献信息有序化。《中图法》一级类目及排序情况如表 2.1 所示。

下面以经济类的部分内容为例展示《中图法》按学科属性排列的更为详细的类目,如图 2.2 所示。

表 2.1 《中图法》一级类目及排序情况

A	马克思主义、列宁主义、毛泽东思想、邓小平理论	N	自然科学总论
B	哲学、宗教	O	数理科学和化学
C	社会科学总论	P	天文学、地球科学
D	政治、法律	Q	生物科学
E	军事	R	医药、卫生
F	经济	S	农业科学
G	文化、科学、教育、体育	T	工业技术
H	语言、文字	U	交通运输
I	文学	V	航空、航天
J	艺术	X	环境科学、安全科学
K	历史、地理	Z	综合性图书

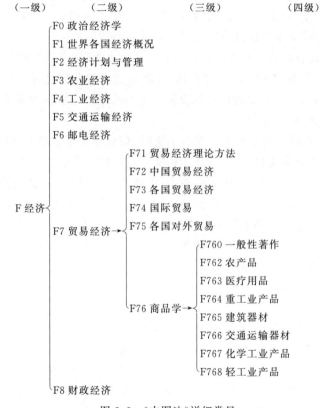

图 2.2 《中图法》详细类目

（2）主题语言。主题是一组具有共性事物的总称，用于表达文献所论述和研究的具体对象和问题，即文献的"中心内容"。每种文献都包含若干主题，研究或阐述一个或多个问题。

主题词就是表达主题概念的词汇。狭义的主题词仅指叙词。叙词是指收入《汉语主题词表》等词表中可用于表达文献主题概念的、经过规范化处理的词或词组。通常叙词被称为主题词。广义的主题词可以分为规范词汇和自由词汇，包括关键词、主题词、标题词、叙词。

规范词汇是从待检数据库的叙词表或主题词表中选取的规范化的、能表达文献中心内容的词或词组,词表是数据库和检索者必须共同遵循使用的检索语言。如果查询者不了解主题词表,会因为选词不准而影响查询结果。自由词汇是论文主题中新技术、新学科中新产生的尚未被主题词表收录的名词术语或在叙词表中找不到的词。

2.3 检索系统与检索方法

2.3.1 检索系统

1. 检索系统的概念

信息检索系统是为满足信息用户的检索需求而建立起来的以提供信息检索为目的的信息存储与检索系统。信息检索系统的建立是以对所收录信息的组织为基础的,信息的组织对象为文献、信息单元,抽取特定文献、信息的基本特征进行组合,形成可支持文献、信息特征的逻辑系统,这是对无序的信息源进行可获得性控制的手段。

检索系统一般具有存储与检索两方面的职能。一方面,把有关文献的特征著录下来,成为一条条文献线索,并将它们进行系统排列,这就是文献的存储过程;另一方面,检索工具能够提供一定的检索手段,使检索者可以按照一定的检索方法随时从中查找出所需要的文献线索,这就是文献的检索过程。

可以说,一个信息检索系统便是一定范围文献、信息的全部记录的有序集合。由于信息检索系统对所收录的全部文献、信息的外部特征与内容特征进行了客观的描述,使所收录的全部文献、信息处于一个有序化的组织体系中,因此它可为文献、信息的使用者提供识别与确认某一文献是否符合需要的依据,提供从各种特征检索文献、信息的入口。文献、信息的特征在检索系统中是作为检索标志存在的,因而对特定文献、信息而言具有唯一性。通过它,用户在特定检索方法的支持下能快速地对目标文献、信息进行锁定。这一特点让信息检索系统具有可检索性。

2. 检索系统的类型

目前检索系统的种类很多,不同种类的检索系统有不同的特点,人们可根据自己不同的信息需求加以选择。从不同角度可以将检索系统分为多种类型。

(1) 按加工手段和技术设备的不同,可将检索系统分为手工检索系统、机械检索系统、计算机检索系统,其中手工检索系统主要包括书本式检索系统和卡片式检索系统;机械检索系统包括穿孔卡片等检索系统;计算机检索系统包括单机、光盘、联机和网络检索系统。

(2) 按载体形式不同,可将检索系统分为卡片式、书本式、缩微式、磁性材料式等检索系统。

(3) 按著录格式不同,可将检索系统分为目录、题录型、文摘型、索引型、全文检索系统。

① 目录检索系统。目录检索系统是对一些相关的文献(主要是单位出版物,如图书、期刊等)加以整理、分编,并按一定顺序组织起来形成的一种检索系统,主要记录这些出版物的出版单位、收藏单位及其他外部特征。它往往以一个或一些出版或者收藏单位出版或收藏的文献作为选取标准,主要著录文献的名称、著者、文献出处等。目录的种类很多,对于文献

检索来说有国家书目、联合目录、馆藏目录等类型。

② 题录型检索系统。题录型检索系统是以单篇文献为基本著录单位,将书刊、会议录等出版物中大量相关的单篇文献选出,对文献的外部特征(如文献题名、著者姓名、文献出处等)加以描述,并按一定的顺序编排起来提供文献线索的检索系统,不收录内容摘要,一般用于快速报道文献信息。

③ 文摘型检索系统。文摘型检索系统是在文献题录的基础上加上文献篇首的摘要,或由标引人员以简练、准确的语言将文献信息的研究目的与方法、主题思想与基本观点、框架结构、实验结果与结论等摘录下来形成文摘,并按一定的方法著录、标引、组织起来的检索系统。

④ 索引型检索系统。索引型检索系统是将收录范围内的文献中的题名、主题、人名、地名等名词术语以及其他有关款目抽出,注明出处,并按一定的排检方式组织而成的一种检索系统。与目录检索系统相比,它有利于人们进行更深入的检索。

⑤ 全文检索系统。全文检索系统是在题录或文摘的基础上加上完整出版物的全部内容,按一定的方法著录、标引、组织起来的检索系统。这种检索系统往往对文献全文中的词、词组及其位置等做更深入的加工、处理,一般采用自然语言进行自动标引,不仅方便人们一次性获取文献全文,而且提供更多的检索途径,如用户可以用文中的句子、段落等进行检索,另外还方便人们对文献信息做更深层次的研究,如进行各种统计、分析等。

2.3.2　检索方法

针对某检索目的,为实现该检索计划或方案所采取的具体操作方法称为检索方法。信息检索的方法有多种,分别用于不同的检索目的和检索要求。归纳起来,常用的信息检索方法有常用法、追溯法、循环法。

1. 常用法

常用法是利用检索工具查找信息的一种方法,因为这种方法是目前查找信息中最常使用的,故也称常用法。常用法根据时间范围又分为顺查法、倒查法和抽查法。

(1) 顺查法。按年代由远及近的顺序进行查找的方法。如检索"电视文化"这一课题,首先要弄清起始时间,即"电视文化"产生的时间是哪一年,然后从这一年开始查起,一直查到当前"电视文化"方面的相关信息为止。这样,"电视文化"课题就检索完毕。这种方法的查全率和查准率都较高,但是检索整个课题较费时、费力。

(2) 倒查法。按年代由近及远的逆时间查找方法。这种方法多用于新课题、新观点、新理论、新技术的检索,检索的重点在近期信息上,只需查到基本满足需要时为止。使用这种方法可以最快地获得新资料,而且近期资料总是既概括、引用前期的成果,又反映最新的水平和动向,因此这种方法比较省力,但查全率不高。

(3) 抽查法。一种针对学科发展特点,抓住该学科发展迅速、信息发表较多的年代(信息的高峰期),抽出一段时间(几年或十几年),再进行逐年检索的方法。这种方法费时较少,获得的信息较多,检索效率较高。但是这种方法的成功率和有效率必须建立在查询者熟悉学科发展特点的基础上。也就是说,只有在对该学科或课题的发展熟悉的情况下才适合使用。

常用法主要依赖检索工具,而没有收入检索工具的信息显然不能获取。所以,利用此法的关键是选择好检索工具,否则会影响检索效果。

2. 追溯法

追溯法是一种跟踪查找的方法,即以文献后面所附的参考文献为线索,逐一追溯查找相关文献的方法。在没有检索工具或检索工具不齐全的情况下,利用此法能够获取一些所需要的文献资料。

因信息后所附的参考文献总是有限的,不可能列出所有的有关信息,且信息的引用具有随机性,故相关信息的漏检和误检的可能性较大,检索效果不是很好;同时,在一般情况下,科研活动需要追溯的是较新的信息,所以只采用此方法显然具有很大的局限性。

3. 循环法

循环法是常用法和追溯法的结合。在检索时先利用检索工具查出一批文献,然后选择出与检索课题相关且针对性较强的文献,再按文献后所附的参考文献回溯查找,不断扩大检索线索,分期分段地交替进行,循环下去,直到满意为止。

4. 检索方法的选择原则

上述各种检索方法各有优点,在什么情况下采用什么检索方法主要由检索条件、检索要求和检索课题的学科特点3方面决定。

(1) 检索条件。主要考虑当时有无检索工具可供利用。在没有检索工具可供利用的前提下,采用追溯法较为实际。虽然检索效率不高,比较费时、费力,但比逐年翻查原始信息要快得多。在本单位或本地区原始信息收藏比较丰富的前提下,使用这种方法可查得一批有用的信息。但是,在有成套检索工具可供利用时以采用工具法为佳。它的检出率要比追溯法高,所以工具法是最常用的检索方法。

(2) 检索要求。信息检索的一般要求是花费的检索时间要短,检索出的信息要多,参考价值要大,即广、快、精、准。但是,由于各种课题的检索目的存在差异,所选择的检索方法也必然不同。例如,若课题检索的目的在于系统收集信息,进行综合分析和研究,这样就需要评论性、战略性的信息,以便供决策某一问题参考,即普查型检索。这种情况对信息系统的全面性要求较高,既要广,又要精,一般不能有重大遗漏。在检索时间比较宽裕时可以采用顺查法,利用检索工具进行检索。如果检索的目的是解决与某一课题有关的关键性技术问题,即攻关型检索,这种情况要求既快又准地提供关键性信息。由于时间比较紧迫,不能采用顺查法,宜用倒查法迅速查得最新技术信息。

(3) 检索课题的学科特点。选择检索方法还需要考虑检索课题的学科特点。新兴学科起始年代不长,又有准确的可供查考的起始年代,一般采用顺查法,也可以采用倒查法;年代久远的学科,起始年代较早,或无法查考,则只能采用倒查法。但是一般历史悠久的传统学科,其发展过程总是波浪起伏地向前发展而不是直线上升。有时由于理论上或技术上有了新的突破,学科发展突飞猛进,在一定年代中处于兴旺时期,信息发表较多;有时由于发展缓慢,或停滞不前,信息发表就相对较少,学科处于稳定阶段。在检索信息时,可重点抽查学科发展的高峰时期,可以在较短的时间段中查到较多的有用信息,效果较好。当然,这种考虑学科特点的检索原则同样适用于专业特点、行业特点或技术特点的情况。

2.4 检索技术与检索效果

计算机信息检索,即用户根据自己的检索要求向系统发出含有提问特征的检索式,系统自动地将自己存储的相关信息集合中的标引标识及其逻辑组配关系与之比较、匹配并进行逻辑运算,自动给出与特征标识相符的记录的过程。检索技术一般是指将标引标识与提问标识进行类比、匹配和逻辑运算的技术。下面介绍几种常用的检索技术。

2.4.1 常用的检索技术

1. 布尔逻辑检索

利用布尔逻辑算符进行检索词的逻辑组配是现代大多数信息检索系统都支持的一种检索语法。常用的布尔逻辑算符有 3 种,即逻辑与、逻辑或和逻辑非。许多计算机检索系统,包括绝大部分搜索引擎,允许用户利用这些逻辑算符组配检索词形成检索提问式,用户输入提问式后,系统将它与自己存储的记录进行匹配,当两者相符时该记录即为命中结果。也就是说,布尔逻辑算符的作用是将代表单一概念的检索词组配在一起,以充分表达信息需求。进行必要的逻辑运算可以确保系统输出的检索结果更为准确。

1) 逻辑与

逻辑与(AND 或"*")是反映概念之间交叉和限定关系的一种组配方式,用于缩小检索范围,减少输出结果,提高查准率。

A AND B 表示同时含有 A、B 两检索项的才为检索结果。如计算机 AND 因特网,表示查找既含有"计算机"又含有"因特网"的文献信息。又如 car AND CAD 用于查找关于"车辆的计算机辅助设计"方面的文献。

2) 逻辑或

逻辑或(OR 或"+")是反映概念之间并列关系的一种组配方式,使用它相当于增加检索词主题的同义词与近义词,可扩大检索范围,增加输出结果,提高查全率。

A OR B 表示文献信息中凡含有检索词 A 或者检索词 B 或者同时含有检索词 A 和 B 的即为命中结果。如计算机 OR 因特网,表示查找含有"计算机"或含有"因特网"或两词都包含的文献信息。

注意:有些检索词表达的概念存在整体与部分的关系。在检索中,这类关系如果处理不好,就不能得到满意的检索效果。对此,一般原则是如果检索词涉及表达整体的概念,就要针对具体情况分别列出每一个表达部分概念的检索词,否则将出现漏检。例如,检索关于欧洲能源问题的文献,检索逻辑式可表达为 EUROPE AND ENERGY,如果用这个提问式去检索,显然会出现相关文献大量漏检的情况。因为在地理上,当人们提到欧洲时,它包括英国、法国、意大利、西班牙等具体国家,然而在检索式中,"欧洲"作为一个检索词,只代表它本身,无法代表英国、法国、意大利、西班牙等。因此,如果要查全该课题的相关文献,检索式应改为（EUROPE OR BRITAIN OR FRANCE OR ITALY OR SPAIN OR…）AND（ENERGY OR COAL OR PETROLEUM OR…）。

3）逻辑非

逻辑非（NOT 或"－"）可以用来排除不希望出现的检索词，它与逻辑与的作用类似，能够缩小命中信息的范围，提高检索的查准率。

A NOT B 用于从包含 A 的文献信息范围中减去含有 B 的内容。如计算机 NOT 因特网，表示查找含有"计算机"而不含"因特网"的文献信息。

注意：在检索逻辑中使用 NOT 能排除含有由 NOT 指定的检索词的文献，协助检索出更准确的文献。但是，用户使用 NOT 必须慎重。因为如果两个关系紧密的检索词同在一个检索逻辑中，对其中一个使用 NOT 逻辑会导致含另一个词的文献也被排除。例如，检索（COMPUTER AND SOFTWARE）NOT HARDWARE，在这个例子中，检索计算机软件方面的文献是检索的主要目的，但由于使用了 NOT 逻辑，将同时包含软件、硬件的相关文献也排除了。

用布尔逻辑算符表达检索要求既要考虑要检索的课题，也要熟悉算符本身的特点，而且要注意不同的运算次序会产生不同的检索结果。这些逻辑算符在运算中的优先次序一般为 NOT→AND→OR。可以用括号"（）"改变它们之间的运算顺序。例如，（A OR B）AND C，根据优先次序，AND 运算应当先进行，但用括号将"A OR B"括起来后就应先处理"A OR B"，再将该检索结果与 C 做逻辑与运算。

在网络信息检索中，几乎所有的搜索引擎都会提供一定的逻辑运算功能。但是运算符以及空格的使用有很大的不同，在使用时用户一定要多加注意才能起到应有的作用。例如，逻辑与一般表示为"AND""＆""＋"，逻辑或往往用"OR""｜""，"或空格来表示，逻辑非功能的表示方法为"NOT""！""－"等，也有一些系统不提供逻辑非功能。另外，各系统默认的组配方式也不相同，有的是逻辑或，有的是逻辑与。

2. 截词检索

截词检索主要是利用检索词的词干或不完整的词形进行非精确匹配检索，凡含有词的这一部分的所有字符或字符串的文献信息均被认为是命中结果。截词方法可单独使用，也可与其他方法配合使用。

截词检索是计算机检索系统中应用非常普遍的一种技术。由于西文的构词特性，用户在检索中经常会遇到名词的单复数形式不一致；同一个意思的词，英、美拼法不一致；词干加上不同性质的前缀和后缀就可以派生出许多意义相近的词等情况。为了保证查全，就需要在检索式中加上这些具有各种变化形式的相关意义的检索词，这样就会出现检索式过于冗长，输入检索词的时间太久等问题。截词检索就是为了解决这个问题而设计的，它既可保证不漏检，又可节约输入检索式的时间。所谓截词，就是指在检索词的适当位置截断，保留相同的部分，用相应的截词符代替可变化部分，计算机会将所有含有相同字符部分词的记录全部检索出来。不同的检索系统其截词符的表示形式和截词检索的方式是不同的。

1）从截断字符的数量看，截词可分为无限截词和有限截词

（1）无限截词。其常用表示符号为"＊"，一个无限截词符可代表多个字符，表示在检索

词的词干后可加任意个字符或不加字符。其常用于检索同一类词,如使用"employ＊"可检索到 employ、employer、employers、employment 等词。

（2）有限截词。一个有限截词符只代表一个字符,其常用符号为"?""＊",代表这个单词中的某个字母可以任意变化。在检索词词干后可加一个或一个以上的有限截词符,一般有限截词符的数量有限制,其数目表示在词干后最多允许变化的字符个数。例如,"solut???"可检索到包含 solution、solute 和 soluting 等词在内的信息。

有时可以混用两种截词方式,以取得所要的检索结果,如使用"psych＊ist?",可以检索到诸如 psychologist、psychologists、psychiatrist、psychiatrists 等词。

2）根据截断的位置,截词可以分为后截词、前截词和中截词

（1）后截词。后截词最常用,即将截词放在一个字符串之后,用于表示后面有限或无限个字符,不影响其前面检索字符串的检索结果。如 physic＊,可检出的词汇有 physic、physical、physician、physicist、physics 等。

不难看出,截词检索具有隐含的 OR 运算特性。

归纳起来,后截词主要使用在以下 4 方面。

① 词的单复数。例如,book?、potato??。
② 年代。例如,198?（80 年代）、19??（20 世纪）。
③ 作者。例如,用 Lancaster＊可检出所有姓 Lancaster 的作者。
④ 同根词。例如,用 biolog＊可检出 biological、biologist、biology 等同根词。

（2）前截词。前截词将截词符号置于一个字符串的前方,以表示其前方有限或无限个字符,不会影响后面检索字符串的检索结果。

（3）中截词。中截词又称中间屏蔽,指将检索字符置于一个检索词中间,不影响前后字符串的检索结果。具体地说,就是在一串字符中插入一个或几个屏蔽符号"?",表示在问号的相应位置上可转换数目相当的字符。

对于一些单、复数变化异常的词和英、美拼法不同的词,利用中截词可进行一次性选词,提高检索效率。例如,wom?n 可一次性检出包含 women 和 woman 的文献信息。

3. 限制检索

1）检索系统中的限制检索

在检索系统中,使用缩小和限定检索范围的方法称为限制检索。限制检索条件多种多样,主要且常用的是字段限制。它是制定检索词必须在数据库记录中规定的字段范围内出现的信息方为命中信息的一种检索方法。通常数据库中可供检索的字段分为主题字段和非主题字段。其中,主题字段如题名（Title）、叙词（Descriptor）、标识词（Identifier）、文摘（Abstract）等,非主题字段如作者（Author）、文献类型（Document Type）、语种（Language）、出版年份（Publication Year）等。

在进行字段检索时,可以利用后缀符对主题字段进行限制,利用前缀符对非主题字段进行限制。例如,查找 2000 年出版的关于小型机或个人机的英文文献,并要求"小型机"一词在命中文献的叙词字段出现,"个人机"一词在命中文献的标识词字段出现,则检索提问式为"（minicomputer/DE,TI OR personal computer/ID）AND PY＝2000 AND LA＝English"。

注意,各个检索系统所设立的字段是互不相同的,即使使用同一字段,也可能采用不同的字段代码,因此用户在进行字段检索时应事先参阅系统及有关数据库的说明。

2) 搜索引擎中的限制检索

搜索引擎中的字段检索多表现为前缀符限制形式,其中,表示内容特征的主题字段有 Title、Keywords、Subject、Summary 等,表示外部特征的非主题字段限制有 image、text、applet 等。此外,搜索引擎还提供了带有典型网络检索特征的字段限制类型,如主机名限制(host)、URL 限制(url)、E-Mail 限制(from)、域名限制(domain)、新闻组限制(newsgroups)、Link 限制(link)、网址限制(site)等。这些字段限定了检索词在记录中出现的位置,用来控制检索结果的相关性。

4. 位置检索

布尔逻辑算符只是规定几个检索词是否需要出现在同一记录中,不能确定几个词在同一记录中的相对位置,所以单靠布尔逻辑算符往往不足以表达复杂的概念。当需要确定检索词的相隔距离时可以使用位置算符。

位置算符用于表示词与词之间的相互关系和前后的次序,通过对检索词之间位置关系的限定进一步增强选词指令的灵活性,提高检索的查全率与查准率。常见的位置算符如下。

(1) W 算符(With)。通常写成 A(nW)B,表示词 A 与词 B 之间最多可以插入 n 个其他的词(往往包括系统禁用词),同时 A、B 保持前后顺序不变。

其中,(W)也可写成(),表示 A、B 必须相邻,中间不可有其他词或字母,但有些系统允许有空格、标点符号。如 CD(W)ROM,表示 CD ROM 或 CD-ROM 等,而用 control(1w) system 则可检出含有 control system、control of system、control in system 等内容的文献信息。

(2) N 算符(Near)。通常写成 A(nN)B,表示 A 与 B 之间最多可以插入 n 个其他的词,同时 A、B 不必保持前后顺序。如 control(1n)system,除可得到 control system、control of system 等外,还可得到 system of control 等结果。

(3) F 算符(Field)。通常写成 A(F)B,表示 A、B 必须同时出现在记录的同一字段中,如出现在篇名字段中,两词的次序、A 与 B 间加词的个数不限。如 digital(F)library/TI、AB 表示两词同时出现在题名和文摘字段中的均为命中文献。

(4) S 算符(Subfield)。通常写成 A(S)B,表示 A 与 B 必须同时在一个句子中或同一子字段内出现,但次序可随意变化,且各词间可加任意个词。例如,用 computer(s)design 检索,可得到 computer design、computer aided design 等结果。

常用的位置算符不少于 10 种,不同的检索系统对其所采用的位置算符有自己的规定,用户应注意参看检索系统的使用说明。

5. 多媒体检索

随着多媒体计算技术的迅猛发展,各种音频、图像、视频信息层出不穷,人们已不再满足于传统的文字检索,提出了对多媒体信息的检索需求,因此基于内容的多媒体信息检索应运而生。

基于内容的检索是指根据媒体和媒体对象的内容及上下文联系在大规模多媒体数据库中进行检索。它的研究目标是提供在没有人参与的情况下能自动识别或理解声音、图像、视频重要特征的算法。

基于内容的声频检索包括以语音为中心，采用语音识别技术的语音检索；以音乐为中心，采用音乐音符和旋律等音乐特征的音乐检索；以波形声音为对象的音频检索。基于内容的音乐检索系统主要研究音高、音长、音强等音乐特征的提取、识别和检索，包括音乐特征的规范化和提取、用户输入识别及特征提取、音乐特征的匹配检索及输出、相关反馈等。

基于内容的图像信息检索的主要工作集中在识别和描述图像的颜色、纹理、形状、空间关系上，对于视频数据，还有视频分割、关键帧提取、场景变换探测以及故事情节重构等问题。由此可见，这是一门涉及面很广的交叉学科，需要利用图像处理、模式识别、计算机视觉、图像理解等领域的知识作为基础，还需从认知科学、人工智能、数据库管理系统、人机交互、信息检索等领域引入新的媒体数据表示和数据模型，从而设计出可靠、有效的检索算法、系统结构以及友好的人机界面。

基于内容的多媒体检索技术日益成熟，它不仅创造出巨大的社会价值，而且将改变人们的生活方式。因为它与传统数据库技术相结合，可以方便地实现海量多媒体数据的存储和管理；与传统Web搜索引擎技术相结合，可以用来检索HTML网页中丰富的多媒体信息。

6. 超文本检索

超文本是一种信息的组织方法，它把不定长的基本信息单元存放在节点上，这些基本信息单元可以是单个字、句子、章节、文献，甚至是图像、音乐或录像，节点以链路方式链接，链路可以分为层次链、交叉引用链、索引链等，构成网状层次结构。超文本的特点是以联想式的、非线性的链路的网状层次关系，允许用户在阅读过程中从其认为有意义的地方入口，直接快速地检索到所需要的目标信息。

超文本检索时其内容排列是非线性的，按照知识（信息）单元及其关系建立起知识结构网络，操作时用鼠标单击相关的知识单元，检索便可追踪下去，进入下面各层菜单。这种检索方式常用在多媒体电子出版物中，这类出版物不仅采用超文本，而且常采用超媒体，提供文本和图形接口，Internet上的Web便是典型的例子。

2.4.2 检索效果

1. 检索效果评价

1）检索效果评价的指标

检索效果是指检索系统检索信息的有效程度，反映了检索系统的检索能力。检索效果包括检索的技术效果和经济效果。技术效果是由检索系统完成其功能的能力确定，主要指性能和质量。经济效果是由完成这些功能的价值确定，主要指检索系统服务的成本和时间。对信息检索效果的评价主要从质量、费用和时间3方面来衡量。

（1）质量标准。质量标准主要通过查全率和查准率进行评价（这是主要标准）。

（2）费用标准。用户为检索课题所投入的费用。

(3) 时间标准。花费的时间,包括检索准备时间、检索过程时间、获取文献时间等。

对于检索效果的评价,首先必须考虑的是对检索结果进行评价。其具体标准有两个,一是用户是否得到了他所需要的信息;二是他得到的信息是否全面、准确。

对于第一个问题的评判方法简单而且比较明确。而第二个问题在实际评判中往往显得比较困难,因为它指的是人工价值判定与使用中反映成功程度的等级尺度。尽管困难,但是在信息检索效果的评价中却必不可少。"查全率"和"查准率"是用于判定信息检索效果的两个常用标准。有关检索效果的评价如表 2.2 所示。

表 2.2 检索效果评价 2×2 表

系统判定	用户判定		
	相关信息	非相关信息	总计
已检出信息	a	b	$a+b$
未检出信息	c	d	$c+d$
总计	$a+c$	$b+d$	$a+b+c+d$

其中:

a 表示检出的相关信息数;

b 表示检出的非相关信息数,为误检的信息;

c 表示未检出的相关信息数,为漏检的信息;

d 表示未检出的非相关信息数,为系统根据检索提问正当拒绝的信息。

2) 查全率和查准率

(1) 查全率(Recall Ratio)。查全率是指检索出的相关信息量与系统中的相关信息总量之比。当用户要全面检索某一信息时,检索效果可用检出的所有相关信息在检索系统所有相关信息中所占的比例来表示。这种对检索系统检索全面性的测量指标即为查全率,可定义为

$$R = \frac{检索出的相关信息量}{检索系统中的相关信息总量} \times 100\% = \frac{a}{a+c} \times 100\%$$

例如,要利用某个检索系统查某课题,假设在该系统中共有相关文献 100 篇,而只检索出来 70 篇,那么查全率就等于 70%。

(2) 查准率(Precision Ratio)。查准率是指检索出的相关信息量与检索出的信息总量之比。当用户要对检索到的结果进行分析时,检出的相关信息量在所有检出信息中所占的比例往往成了较重要的评判指标。这种对检索结果中的相关信息的测量指标即为查准率,可定义为

$$P = \frac{检索出的相关信息量}{检索出的信息总量} \times 100\% = \frac{a}{a+b} \times 100\%$$

例如,如果检出的文献总篇数为 60 篇,经审查确定其中与项目相关的只有 45 篇,另外 15 篇与该课题无关,那么这次检索的查准率就等于 75%。

在上述公式中,前者是衡量系统检索出与课题相关信息的能力,后者是衡量系统拒绝非相关信息的能力,两者结合起来即表示信息系统的检索效率。最理想的检索效果是查全率和查准率均为 100%,但实验表明这是不可能的,因为查全率和查准率之间在某种程度上存在反比关系,提高其中一个指标会降低另一个指标的数值。例如,要提高查全率,必然会扩

大检索范围,减少有关限制,这样做的同时检索结果中不相关的文献信息量就会增加。因此,用户在每次检索时要结合信息需要和检索要求在这两者之间做出适当的取舍。

2. 检索效果的优化

影响检索效果的因素是多方面的,检索效果的优化需要针对影响查全率、查准率、检索速度等因素从多方面进行改进。

(1) 提高检索系统的质量。检索系统收录信息内容的范围不仅要广泛,而且要切合课题检索的要求;著录的内容详细、精准,辅助索引完备;具有良好的索引语言的专指性与网罗性及其标引质量等。

(2) 提高用户利用检索系统的能力,使之具备一定的检索语言知识,能选取正确的检索词,并能合理使用逻辑组配符完整地表达信息需求的主题;能灵活运用各种检索方法和检索途径等使检索工具最大限度地发挥作用。例如,全面准确地表达检索要求,合理使用信息、检索点。根据不同检索课题的需要适当调整对查全率和查准率的要求。

(3) 制订优化的检索策略,尽量准确地表达检索要求,合理调整查全率和查准率。由于查全率和查准率是互逆的,所以需要根据课题的具体要求来合理调整两者的比例关系。若需了解某项研究的概况,则要求查全率高;若需了解某项研究的最新进展,则要求有较高的查准率。

① 提高查全率的方法。为了提高查全率,往往提高检索词的泛指度,选全同义词、近义词,多用截词符;减少使用逻辑与、逻辑非运算符,增加使用逻辑或运算符;取消某些限制符,在多字段或全文中检索;采用分类号检索等。

② 提高查准率的方法。为了提高查准率,往往提高检索词的专指度,增加或者使用下位词及专指性较强的自由词,少用截词符;增加使用逻辑与、逻辑非运算符,减少使用逻辑或运算符;多用限制符或限制字段;用文献的外部特征限制等。

2.5 检索步骤与检索策略

2.5.1 检索步骤

1. 分析检索课题

课题分析是信息检索的基础,分析得是否全面、透彻是本次检索能否取得成功的关键。分析课题首先应分析信息需求、确定检索要求。

信息需求是检索的出发点,是否满足信息需求也是判断检索效果的标准。信息需求不同,检索要求不同,对检索效果的评价标准也不同。例如为申请专利、公布某一重要发现或开始一项新的研究而进行检索,对查全率的要求就很高,必须全面收集相关信息,需要进行回溯检索,如果漏查重要信息可能导致重复劳动,白白浪费大量的时间、经费和精力;而在工作中遇到某一关键问题需要解决,例如计算机操作中遇到某一疑难问题无法继续操作时,查准率的要求相对来说就较高,只要能帮助解决这一问题,一个或几个检索结果就足够了;另外,想了解本领域的最新动态,对新颖性的要求往往高于查全率和查准率。

分析课题主要是分析该课题的学科范围、主题内容、目的，了解背景知识和课题涉及的各种名词术语及其相互关系，确定检索结果的时间范围、文献类型、文种和需要的数量等，如果是正在进行的课题，还要划分出已知情报，确定自己所要检索的范围。

2. 选择检索系统

目前检索系统种类繁多、各具特色，它们的收录范围各有侧重。用户只有平时了解常用检索系统所涉及的学科和主题，收录的时间范围、文献类型、文献来源、国别、语种，读者对象、更新周期、系统中的文献著录格式或记录格式，以及检索途径、指令系统、系统支持的运算符、在检索结果输出的方法和格式等各个方面，在检索时才能准确选用。如果平时不是非常了解，那么除了在熟悉的检索系统中选择以外，可能还要通过系统的简介和帮助文件、各种"指南"以及图书馆的参考指导信息等来指导选择。

如果是事实或数据型检索，更多地选择参考工具书和事实、数据型检索系统；如果是科技查新等对查全率要求很高的文献检索，需要结合使用综合性、专业性以及特种文献的检索系统；如果与新工艺、新技术相关，可选择使用专利文献检索系统；若检索的专业性要求较强，可使用某一类专业性检索系统；若要系统查询化学方面的文献信息，除了使用CAS的化学文摘（CA）等大型专业数据库服务以外，还可以查找美国化学会、英国皇家化学会与专业出版商、美国专利与商标局、欧洲专利局等共同提供的化学期刊全文及专利服务（http://www.chemport.org/），以及实验室指南及化学品目录等。

综上所述，用户应当在课题分析的基础上根据课题的特点、信息需求、检索目的选择专业对口、覆盖范围广、更新及时、内容准确权威、检索功能完备的检索系统，手工检索还要考虑检索工具的著录项目、标引深度、辅助索引、排检方法等，必要时应选用多个检索系统。

3. 确定检索途径和检索方法

一般信息检索系统都提供多种检索途径，包括分类、主题、著者、机构等，在检索时可以根据需要结合使用几种方法，以提高查全率；也可以综合运用各种检索方法，以期达到更好的检索效果。

4. 构建检索式

检索词要准确、全面地表达课题内容，不能太大也不能太小；如果检索系统使用的是规范化检索语言，应当依据该检索系统采用的词表或分类法将需要检索的概念用规范化的语言表达出来，这样才能保证提问标识与系统的标引标识相一致。系统如果是采用自然语言标引的，应当尽量全面地选取相关的词与词组作为检索词，以免漏检。当检索课题包含较复杂的主题内容时，应明确所需检索的概念及其相互关系，在确定检索词后，根据检索词之间的关系，用系统支持的算符以及提供的各种选项将这些词组配起来形成检索提问式，以充分表达信息需求。

5. 检索并调整检索策略

在检索过程中需要不断调整检索策略，当经过前述检索步骤得到检索结果时应判断检索是否已达到检索目的。当对检索结果不满意时应调整检索策略,重新检索,直至得到满意的结果,例如,结果数量过多或过少时,应在前次检索结果的基础上缩小或扩大检索范围。

6. 获取原文

各种检索系统的检索结果不同,有些检索系统(如全文数据库)的检索结果包括原始文献全文,另一种检索结果不包含全文,而只有引导用户查找文献信息的线索,往往还要通过其他途径索取原文。如文摘、题录型数据库的检索结果只能查到文摘、题录及文献出处,包括出版物名称、卷期号、页码、出版日期、出版者、ISBN号等。对于使用后面这类检索系统的用户来说,查找到文献线索,文献检索还不算真正完成,因为如果找不到原始文献,仅凭题录、文摘往往不足以解决问题。随着计算机技术的迅速发展、网络服务的日益普及,馆际互借、文献传递等逐渐成为重要的原文获取途径。

2.5.2 检索策略

检索策略有广义和狭义之分。从广义上看,检索策略是为实现检索目标而制订的全部检索计划,即在对课题进行全面、实质分析的基础上选择检索系统、检索途径和检索词,明确各词之间的逻辑关系,并根据各检索词之间的关系和系统允许使用的各种算符、限定字段等组建检索式,确定检索步骤。狭义的检索策略指检索提问式。

检索策略的好坏直接影响检索结果的满意度,用户能否构造一个最佳的检索策略将直接影响检索的查全率、查准率。

1. 检索词

检索词就是简明、准确地概括检索要求的词语。检索词是表达用户信息需求和检索课题内容的基本元素,也是计算机检索系统进行匹配的基本单元。

检索词的选择必须符合两个要求:一是能准确反映课题的检索要求;二是必须根据所选择的检索途径选择检索系统允许输入作为检索词的词,如用叙词进行检索,就要选用系统使用的叙词词表中的词。不同的检索系统提供的检索途径不完全相同,在确定使用某个检索系统之后必须了解它的检索途径,并根据其要求选择检索词及其表达形式。

在选择检索词时要注意考虑提问中没有直接反映出来,但根据其含义或逻辑关系可以推断出来的相关词。有时必须找出提问隐含的意义,并确定表达这种含义的词作为检索词,而当检索结果数量太少时可以按检索词的等级关系向上取其上位词。

2. 检索式

检索式又称检索提问式,是检索策略的某种具体体现。在计算机信息检索中,检索式指在课题分析的基础上根据所要检索的概念及其相互关系确定检索词,并用系统支持的各种算符和其他连接符对检索词进行逻辑组配而形成的全面表达检索提问的逻辑表达式。

检索式要满足检索要求,体现检索策略。例如,要提高查准率,可选择与检索提问同样专指的词;但当命中结果太少或要提高查全率时,也可减少提问中的一些要素。

检索式的质量直接影响到检索结果的质量,好的检索式应能获得高效、准确的检索结果。面对一个课题,人们不应该只从现成的课题名称中抽取检索词或词组,而应对课题名称进行切分、删除、替换、补充和组合,生成检索式,从而达到最佳检索效果。

(1) 切分。对课题包含的词进行最小单元的分割。如对课题"条形糖果包装机的设计"进行词的最小单元切分:

条形糖果包装机的设计
↓ 切分
条形　糖果　包装机　的　设计

注意,如果有的词拆分后将失去原来的意思,则不应拆分,如"北京大学"不可拆分为"北京"和"大学"。

(2) 删除。对过分宽泛或过分具体的词、无实质意义的连词、虚词予以删除。如"条形糖果包装机的设计"中的"的"和"设计"。另外,也要删除那些存在蕴藏关系的词,如"心脏病患者的治疗"中的"患者"。

(3) 替换。对表达不清晰或容易造成检索误差的词予以替换。如"绿色包装"中的"绿色"应替换成"环保""可降解"等表达明确、不易造成混淆的词。

(4) 补充。将课题筛选出的词进行同义词、近义词、相关词的扩充,这些词加入检索式会避免检索过程中的许多漏检情况。

(5) 组合。把检索词用逻辑符连接组合成检索式。这个过程应注意逻辑符使用得当,检索词运算顺序、排列顺序都会对检索结果产生影响。

总而言之,对检索式的制定要符合以下要求:
(1) 应完整而准确地反映课题检索的主题内容。
(2) 要满足所检数据库的索引体系和检索用词规范。
(3) 要符合检索系统的功能和限制条件的规定及组配原则。
(4) 检索式应尽量简化。

3. 检索策略的制订和调整

(1) 检索策略的制订。随着现代科学技术的发展,不仅文献信息数量猛增,内容越来越艰深,学科交叉与综合的现象越来越显著,而且检索系统的形式、种类也越来越多,较好的检索策略(检索式)不仅应使检索提问标识与信息需求、检索要求保持一致,而且应当与检索系统的特征标识保持一致。所以,在制订检索策略时不仅要全面、准确地对课题进行概念分析,确定概念单元和概念间的关系,而且要熟悉有关的检索系统,这样才能将概念单元转换成系统能够接受的检索词,并选择合适的方式组配起来,完整地表达自己的检索要求。另外,用户还要掌握各种检索方法和途径,适当地运用到检索过程中,这样才能取得较好的检索效果。

(2) 检索策略的调整。从检索结果的数量上看,计算机信息检索经常会出现检索结果过少或过多的现象,这时应及时调整检索策略,扩大或缩小检索范围,以增加或减少命中结果,提高查全率或查准率。从质量上看,由于计算机信息检索中标引标识和提问标识的类比和匹配是由计算机完成的,所以在系统自动输出检索结果后用户必须根据系统显示的结果自己判断该次检索是否成功。也就是说,用户在每一次检索中都需根据系统显示的命中记录的内容和数量判断自己的检索要求是否已得到满足,如果尚未得到满足,还应调整检索策略再次检索。另外,在一个持续时间较长的检索过程中,例如,为某个科研课题服务,也要在研究的不同阶段根据研究人员不同时期的信息需求不断调整检索策略。

思 考 题

1. 文献的外部特征和内容特征分别有哪些?
2. 检索方法及各自的优缺点有哪些?
3. 常用的检索技术有哪些?
4. 简述布尔逻辑算符 AND、OR 和 NOT 在编制检索提问式中的作用。
5. 为检索课题"航空或航天发动机的设计和制造"编制检索式。
6. 在一个具有 1000 篇文献的检索系统中检索某课题,用一特定检索策略查该课题时输出文献 60 篇。经分析评估,发现该系统中共有该课题相关文献 50 篇,检出的文献中实际相关文献只有 30 篇,求查全率、查准率。

第3章 馆藏信息资源的利用

图书馆是人类的知识宝库,存储着丰富的文献信息资源,正是那取之不尽、用之不竭的馆藏资源深深吸引着人们。

数字图书馆时代的馆藏资源,其概念的外延有了很大的扩展,内涵也得到了很大的丰富,馆藏资源已从囿于某一馆的实体资源发展成为馆藏实体资源与网络虚拟资源共存一体的多维资源。在网络环境下,图书馆的信息收集、传播和利用较多地依托网络进行,图书馆不再是一个孤立的个体,而是整个网络信息世界的一个信息点。因此,在新形势下重新认识馆藏资源的含义,加强图书馆馆藏资源建设,充分利用好图书馆馆藏资源尤为重要。

3.1 图书馆馆藏资源

图书馆馆藏资源主要是指包括馆藏实体资源和网络虚拟资源在内的文献信息资源,由图书馆收集、整理、加工、组织、保管、开发并为读者利用的所有文献信息资源总和。

从文献存在的形态上来说,馆藏资源是馆藏实体资源与网络虚拟资源、馆藏印刷型资源与电子型资源共存一体的多维资源;从文献类型上来说,馆藏资源包括图书、连续出版物、科技报告、会议文献、学位论文、专利文献、标准文献、政府出版物、产品资料、技术档案等文献资源;从文献载体形式划分,馆藏资源包括印刷型文献资源、缩微型文献资源、视听型(声像型)文献资源、机读型文献资源;从文献的加工程度上来划分,馆藏资源包括一次文献、二次文献、三次文献。

1. 馆藏实体资源

馆藏实体资源是指本馆在物理上所拥有的印刷文献资源、声像资料、缩微资料、光盘文献以及装载在本馆服务器和存储设备上的各类文献数据库资源。

2. 网络虚拟资源

网络虚拟资源是指本馆不具有所有权,但拥有使用权,即借助计算机系统、通信网络所使用的本馆以外的电子信息资源。

3.2 图书的整序及查检方法

走进图书馆,浩如烟海、琳琅满目的中外图书便会映入眼帘,人们会感叹:人生短暂,书海无涯! 如此丰富、海量的图书,如果不加以科学整序,而是杂乱无章地堆放,会使读者无法找寻需要的图书。因此,要使馆藏资源得以有效利用,就必须科学整理、加工图书,将其有序存放在合适的位置。

3.2.1 图书的整序方法

图书馆对藏书的整序工作是依据图书分类法进行的。

图书分类就是按照图书内容的学科属性及其他特征将图书分门别类地、系统地进行组织的一种手段。它的主要特点就是按学科、专业属性集中图书,并且从知识分类的角度揭示各种图书在内容上的区别和联系,提供从学科分类查找图书的途径。我国最常用的图书分类法是《中国图书馆分类法》。

图书分类工作是图书馆的一项重要的基础工作。分类工作人员根据图书馆采用的分类法对新采购的图书进行分析、归类、给分类号、配书次号、著录、加工,最后把图书典藏分流到各个书库提供给读者使用。此项工作的主要作用有组织分类排架、编制分类编目数据。

分类排架是将藏书按照图书分类法的组织体系进行排列的方法。它的最大优点是能将内容相同的书排在同一个书架上,内容相近的图书也能集中在相邻的书架上,这对于图书馆的工作人员和读者直接利用图书资料来说是比较方便的。尤其是读者,在开架书库中,读者可亲自在书架中查找自己所需要的书,甚至可以选择更适合自己的图书,这样读者不仅可以得其所需,而且可以扩大视野,了解各学科类目中有哪些图书,取得触类旁通的效果。

图书馆的藏书,无论是在书库中还是在阅览室里,都是按索书号(分类号+书次号)排架的,即先按分类号排序,分类号相同再按书次号排序。图书馆通常把藏书的索书号贴在书脊的下方,如某种藏书的索书号编号为 G252.7/197,G252.7 为分类号,197 为种次号。种次号是书次号的一种,是按分到同一个分类号下的不同品种图书到馆的先后顺序排序的,用阿拉伯数字表示。

3.2.2 图书的查检方法

目前,图书馆检索图书一般采用联机公共查询目录(On-line Public Access Catalogue,OPAC)进行检索。

OPAC 主要用于查询馆藏目录和读者个人借阅信息,可以在互联网任何一台计算机上使用。通过各图书馆的 OPAC 系统,人们可以知晓每个图书馆有什么藏书,这是图书馆资源共享的有效途径。

下面以南京市江苏汇文软件有限公司的汇文 OPAC 系统为例进行介绍。该系统具有书目检索、热门推荐、分类浏览、新书通报、期刊导航、读者荐购、学科参考、信息发布、我的图书馆、简单检索、多字段检索、全文检索、热门检索词、热门图书、热门借阅等功能,主要功能介绍如下。

1. 书目检索

馆藏书目简单检索界面如图 3.1 所示,检索字段有题名、责任者、主题词、ISBN/ISSN、订购号、分类号、索书号、出版社、丛书名、题名拼音、责任者拼音。

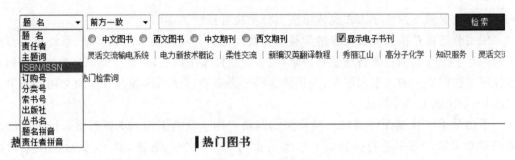

图 3.1　馆藏书目简单检索界面

馆藏书目全文检索界面如图 3.2 所示，运用了布尔逻辑检索等检索技术，还可以用空格区分多个并列条件。例如"Oracle 数据库 sql"，检索结果命中的是"Oracle""数据库""sql"同时包含的图书。检索要求完全匹配可以在检索词前后加上双引号。

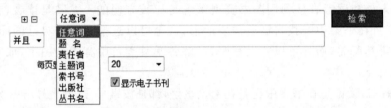

1. 空格区分多个并列条件。例：Oracle 数据库 sql，只检索包含"Oracle"且"数据库"且"sql"的记录。
2. 完全匹配请前后加上双引号("")。例："oracle 数据库"，将不匹配"oracle数据库"。
3. 可使用通配符 ?（一个任意字符）与 *（多个任意字符）进行检索。不得出现在检索项的开头。
4. 可手动输入逻辑条件AND, OR, NOT（必须为大写）进行检索。如：（oracle OR "sql server"）AND 数据库。

图 3.2　馆藏书目全文检索界面

馆藏书目多字段检索界面如图 3.3 所示。

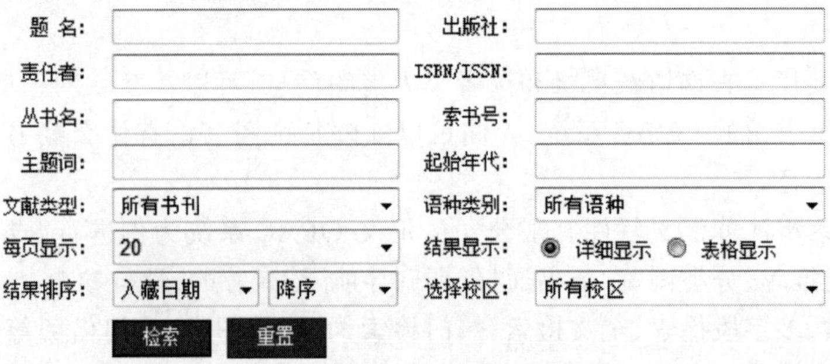

图 3.3　馆藏书目多字段检索界面

2. 新书通报

新书通报界面如图 3.4 所示。

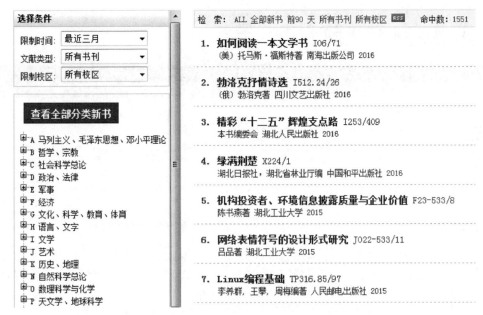

图 3.4　新书通报界面

3. 信息发布

信息发布功能可发布图书馆常规服务信息,如预约到书、委托到书、超期催还、超期欠款信息等,如图 3.5 所示。

图 3.5　信息发布

如果读者所借图书已临近归还日期,则可以通过"我的图书馆"进入书刊借阅信息中,单击"续借"按钮,在网上办理续借手续。

4. 我的图书馆

通过身份认证进入我的图书馆,其界面如图 3.6 所示,可以提供读者的证件信息、当前借阅、借阅历史、荐购历史、预约信息、委托信息、我的书架、书刊遗失、读者挂失、账目清单、违章缴款、我的书评、检索历史等。

如果读者通过馆藏书目检索到某种图书均外借出馆,则可以进行预约图书,单击"读者预约"按钮,在网上办理预约手续,待有读者归还后到图书馆办理借阅手续即可。

图 3.6 我的图书馆

3.3 图书馆的服务

1. 外借服务

外借服务是满足读者将藏书借出馆外阅读的一种服务方式,是图书馆的一项最基础的服务内容。读者根据需要借出自己挑选的书刊,在规定的借期内享受使用权利,承担保管义务,自由安排阅读时间,充分利用所借书刊。图书馆开展了个人外借、集体外借、预约借书和续借、馆际互借等多种服务方式。

2. 阅览服务

阅览室有舒适的桌椅、充足的光线、安静的气氛和整洁的环境,当读者走进阅览室时就会被浓厚的学习气氛所感染。图书馆有印刷型书刊阅览室和电子阅览室。

3. 网络信息资源服务

图书馆建立数字图书馆,每天为读者提供 24 小时不间断的网络信息资源服务。读者可以非常方便地检索、下载、打印、传送文献。网络信息资源服务也成为了读者利用率最高的服务项目。

4. 信息咨询服务

信息咨询服务是图书馆利用各种参考工具书和馆藏文献,通过个别解答的方式有针对性地向读者提供参考答案、信息知识和查询途径方法的服务。图书馆开展了当面咨询、电话咨询、邮箱咨询、网络虚拟参考咨询工作,可在网上实时解答咨询。

5. 文献检索与文献传递服务

文献检索服务是图书馆针对读者研究课题的需要，利用文献信息资源和检索系统查找出对课题有参考价值的资料的服务。

文献传递服务是文献资源共享的一种重要方式，指读者需要某本书或某篇文献而本馆没有该馆藏时图书馆通过一定的方式把用户所需的文献源提供给用户的一种服务。

开展文献检索与文献传递服务的目的是节省科研人员查找资料的时间，弥补本馆资源的不足。

6. 定题服务与信息推送服务

定题服务是图书馆根据读者特定研究课题的需要，围绕该课题进行文献资料的收集、筛选、整理加工，定期或不定期地连续提供给读者。定题服务目标明确，选取文献信息的范围固定，针对性强，目前图书馆通过数字图书馆的服务功能开展了信息推送服务。

7. 科技查新服务

科技查新是国家科技部为避免科研课题重复立项和客观正确地判断科研成果的新颖性、先进性而设立的一项工作，具有科技查新资质的图书馆开展了该项工作。

8. 用户辅导与培训服务

用户辅导的内容有解答读者各种疑难问题，辅导读者有效利用图书馆、使用网络信息资源，不定期举办各类专题讲座，开展与组织读书活动。在学校教务部门的安排下，大学图书馆分层次全面系统地担负起了文献检索与利用课的教学工作。

9. 文献复制、打印服务

文献复制、打印服务是以文献复制为手段，提供流通和传递使用文献资料的一种服务方法，它是传统的外借、阅览服务的延伸。

3.4 数字图书馆

数字图书馆(Digital Library)是用数字技术处理和存储各种图文并茂文献的图书馆，实质上是一种用多媒体制作的分布式信息系统。它把各种不同载体、不同地理位置的信息资源用数字技术存储，以便于跨越区域、面向对象的网络查询和传播。它涉及信息资源加工、存储、检索、传输和利用的全过程。通俗地说，数字图书馆就是虚拟的、没有围墙的图书馆，是基于网络环境下共建共享的可扩展的知识网络系统，是超大规模的、分布式的、便于使用的、没有时空限制的、可以实现跨库无缝链接与智能检索的知识中心。

3.4.1 数字图书馆概述

数字图书馆是对以数字化形式存在的信息进行收集、整理、保存、发布和利用的实体，其形式可以是具体的社会机构或组织,也可以是虚拟的网站或者任何数字信息资源集合。

数字图书馆不是图书馆实体,是借鉴图书馆的资源组织模式、借助计算机网络通信等高新技术以存取人类知识为目标,创造性地运用知识分类和精确检索手段,有效地进行信息整序,使人们不受空间和时间限制,方便快捷获取信息资源的信息空间与知识中心。

数字图书馆服务是以知识概念引导的方式,将文字、图像、声音等数字化信息,通过互联网传输,从而做到信息资源共享。每个拥有任何计算机终端的用户只要通过联网,登录相关数字图书馆的网站,都可以在任何时间、任何地点方便快捷地享用世界上任何一个"信息空间"的数字化信息资源。

数字图书馆既是完整的知识定位系统,又是面向未来互联网发展的信息管理模式,可以广泛地应用于社会文化、终身教育、大众媒介、商业咨询、电子政务等一切社会组织的公众信息传播。

"数字图书馆"概念一经提出,就得到了广泛的关注,世界各国纷纷组织力量进行探讨、研究和开发,进行各种模型的试验。

1. 数字图书馆的特征

数字图书馆不同于传统意义上的图书馆,数字图书馆通过信息技术的应用以新的方式执行图书馆的功能,并表现出其区别于传统图书馆的特征。

1)信息资源数字化

传统图书馆的基础是书刊文献资料,而数字图书馆的基础则是数字化的信息资源,因此,数字图书馆的首要特征就是信息资源的数字化存储。只有数字化的资源才能为用户提供高效、方便的信息服务。在数字图书馆时期,可提供服务的数字信息资源的数量仍然是一个重要的评价指标,只有具备丰富的、海量的信息资源,才能吸引更多的用户。数字图书馆中信息资源的类型是多样化的,包括文本、图像、音频、视频、超链接、多媒体等各种类型,各种文件格式与资源类型相一致。

2)信息组织网状化

对于数字图书馆的信息资源来说,仅仅对其进行数字化是远远不够的,还需要图书馆的专业人员对信息的内容进行再加工,根据数字对象的内容和特征进行标引、加工、分类、限制等。通过这种加工过程,使系统记录下数字对象之间的关联关系。这样,当用户访问某个资源时,系统就可以根据资源之间的相互关系,指引用户找到与需求相关的其他资源。在数字图书馆中,信息组织的形式从原来的顺序型、直线型的方式转变为可直接定位的、网状化的方式。

3)信息传播网络化

如果说数字化是数字图书馆的基础,那么网络化就是数字图书馆的手段。数字图书馆的一切服务都将通过网络来实现,可以说数字图书馆依附于网络存在。用户只要进入网络,就可以在任何时间、任何地点对数字图书馆进行访问。假如不对访问用户进行权限限制,那么用户就可以对数字图书馆的资源进行任意方式的浏览和利用,这在传统图书馆中是根本无法实现的。网格技术的基本思路就是将全球的数字图书馆通过网络连接在一起,成为一个巨型的全球数字图书馆,实现对全球所有信息资源的整体利用。

4) 信息资源共享化

资源共享是数字图书馆产生和发展的优势之一,这也完全符合传统图书馆公益服务的宗旨。由于任何传统图书馆都不可能采集到所有的文献资料,因此,为了达到资源共享的目的,发展了馆际互借功能,但是馆际互借传递周期长,操作手续烦琐,在实际操作中具有一定的困难。然而在数字图书馆中,信息共享操作非常简单,抛开知识产权和经济利益问题不谈,仅从技术上讲,数字图书馆完全可以实现彻底的资源共享与利用。

5) 信息检索智能化

简单的关键词、题名或布尔检索等远远不能满足数字图书馆对信息检索的要求。数字图书馆的智能检索就是通过智能化的搜索引擎、智能化的交互工具,让读者从各种数据库和知识库中获取有组织的、连续性的、真正所需的信息资源。数字图书馆智能检索以人工智能为基础,通过与用户的不断交互,逐步缩小搜索目标,并对检索到的结果进行知识化关联,以达到最终为用户提供最确切的信息的目的。

6) 信息服务个性化

数字图书馆的服务模式以用户为中心,可以使用户方便地、灵活地获取和使用其所需要的信息。数字图书馆可以为用户建立个人信息系统,并根据用户的个人信息向其提供预设的信息与服务。数字图书馆的服务力图实现根据用户的教育背景、知识结构、信息需求、行为方式等,有的放矢地为具体用户创造符合其个性需求的服务环境。

2. 数字图书馆的功能

数字图书馆有如下基本功能:各种文献内容数字化;数字化文本、图像、视频、音频的存储与管理;数字对象的查询与检索;数字化信息的发布与传输;权限管理和版权保护。为进一步阐述数字图书馆的功能,可以从以下几方面进行分析。

1) 数字图书馆系统的功能

(1) 内容获取与创建。

可将文本、图片、视频等资料实现数字化。文献信息管理包括自动索引、建库、特性抽取和翻译等功能。系统还具有对元数据进行定义、输入编辑和提供数据转换等功能。

(2) 存储与管理。

运用关系数据库技术、对象处理技术和多媒体集成的分级存储管理方法,对文本、图片、图像、声音实行分级存储,但又保证它们之间相互联系。

(3) 访问和查询。

数字图书馆应有丰富的查询技术,包括文本和图像分析工具以及数字化音频、视频信息的查询工具,可提供索引、全文检索和多媒体检索功能。

(4) 权限管理。

数字图书馆的权限管理主要体现在对加识产权的访问,使用版权许可控制、监督和保护办法,具有加密码的使用协议,以及计费、结账等功能。

(5) 信息发布。

数字图书馆能够有选择的从现有的计算机网络系统上发送信息,无论从传统的主机/终端机系统到客户机/服务器上或因特网上发布信息。

2) 网络资源的连接功能

（1）数字图书馆具有提供连接因特网信息资源的功能。

（2）连接联机信息检索系统，如 DIALOG、STN、BRS 及国内一些大的检索系统等。

（3）连接各种图书馆和书目服务机构，如 OCLC、RLIN、WIN、LG 及我国的国家图书馆联机编目中心，教育部的 CALIS 中心等。

（4）连接各种电子期刊数据库系统，如清华大学的电子期刊中心等。

（5）连接网上各种专业数据库系统，如商业、工业数据库等。

3) 联机书目查询功能

数字图书馆功能应包含传统图书馆的联机书目的各种功能，如 OPAC、内部业务管理的查询显示和检索词的规范控制等。同时应通过 Z39.50 协议或 WWW 技术实现异种系统查询网际间的检索功能。

4) 电子出版物的利用功能

在数字图书馆中，电子出版物是数字图书馆资源的重要来源，其中 CD-ROM 光盘数据库有索引型、全文型和多媒体型，后两者将是今后电子出版物的主流产品。为此，应建立光盘数据库与数字图书馆的连接，或者进行格式的转换，或者与 NetCD 连接。

5) 网络服务功能

数字图书馆是在网络环境下运行的，今后数字图书馆的一切活动都在网上进行，包括数字图书馆资源的制作、存储、查询与检索、读者借阅服务、咨询服务、交流与传输、反馈等，所以网络服务功能将是今后图书馆服务的主要形式。

3.4.2 我国主要的数字图书馆

1. 中国高等教育文献保障系统

中国高等教育文献保障系统（China Academic Library & Information System，CALIS）是教育部"九五""十五""211 工程"中投资建设的面向所有高校图书馆的公共服务基础设施，通过构建基于互联网的"共建共享"云服务平台——中国高等教育数字图书馆，制定图书馆协同工作的相关技术标准和协作工作流程，培训图书馆专业馆员，为各成员馆提供各类应用系统等，支撑着高校成员馆间的"文献、数据、设备、软件、知识、人员"等多层次共享，已成为高校图书馆基础业务不可或缺的公共服务基础平台，并担负着促进高校图书馆整体发展的重任。

CALIS 从 1998 年 11 月正式启动建设，已建成以 CALIS 联机编目体系、CALIS 文献发现与获取体系、CALIS 协同服务体系和 CALIS 应用软件云服务（SaaS）平台等为主干，各省级共建共享数字图书馆平台、各高校数字图书馆系统为分支和叶结点的分布式"中国高等教育数字图书馆"。目前注册成员馆逾 1800 家，成为全球最大的高校图书馆联盟。

CALIS 由设在北京大学的 CALIS 管理中心负责运行管理。CALIS 的骨干服务体系，由四大全国中心（文理中心—北京大学，工程中心—清华大学，农学中心—中国农业大学，医学中心—北京大学医学部）、七大地区中心（东北—吉林大学，华东北—南京大学，华东南—上海交通大学，华中—武汉大学，华南—中山大学，西南—四川大学，西北—西安交通大学）、除港澳台之外的 31 个省级（省、自治区、直辖市）中心和 500 多个服务馆组成。这些骨干馆的各类文献资源、人力资源和服务能力被整合起来支撑着面向全国所有高校的共享服务。

CALIS的资源发现系统包括高校图书馆馆藏资源发现平台——e读学术搜索、外文期刊服务平台——外文期刊网、高校古文献资源库——学苑汲古、学位论文数据库、高校教学参考资源库等。

1) e读学术搜索

"开元知海·e读"(http://www.yidu.edu.cn/)学术搜索旨在全面发现全国高校丰富的纸质和电子资源,它与CALIS文献获取(e得)、统一认证、资源调度等系统集成,打通从"发现"到"获取"的"一站式服务"链路,为读者提供全新的馆际资源共享服务体验。e读学术搜索具有如下特点。

(1) 海量数据。包括期刊、学位论文、普通图书、工具书、年鉴、报纸等资源。

(2) 良好的用户体验。本馆纸质资源可直接链接至图书馆OPAC查阅在架状态,电子资源可直接在线阅读,提供章节试读;本馆没有馆藏的资源可通过文献传递获取。

(3) 免费阅读36万册电子书。CALIS购买的方正电子书,全国高校成员馆均可免费使用。

(4) 知识服务。在海量数字资源揭示基础上,建立全领域的知识脉络。通过知识图谱、关联图、领域细分等功能帮助读者挖掘知识节点背后的隐含信息。

2) 外文期刊网

CALIS外文期刊网(CCC,http://ccc.calis.edu.cn)是外文期刊综合服务平台,它全面收录了高校纸质期刊和电子期刊,为用户提供一站式期刊论文检索及获取全文服务。目前1200多家成员馆开通了CCC服务。资源包括10万多种纸质期刊和电子期刊、4万多现刊篇名目次每周更新、近1亿条期刊论文目次数据、160多个全文数据库链接及OA全文链接、30个文摘数据库链接、300个图书馆提供纸质期刊馆藏信息、530多个图书馆提供电子期刊信息。主要功能包括期刊导航,期刊论文检索,与图书馆购买的数据库无缝链接,图书馆未购买的期刊论文可通过CALIS馆际互借与文献传递服务网获得全文等。

3) 学苑汲古

"学苑汲古"高校古文献资源库(http://rbsc.calis.edu.cn:8086/)是一个汇集高校古文献资源的数字图书馆。它是高校古文献资源的公共检索与服务平台,并面向全国高校用户提供古文献资源的检索与获取服务。"学苑汲古"由北京大学联合国内外高校图书馆合力建设,汇集了大陆23家与港澳2家高校图书馆、海外3家著名高校东亚图书馆的古文献资源。资源库中的古文献类型目前为各馆所藏古籍和舆图,今后将增加金石拓片等古文献类型。资源库内容不仅包括各参建馆所藏古文献资源的书目记录,而且还配有相应的书影或图像式电子图书。高校古文献资源库已包含元数据68万余条、书影28万余幅、电子书8.35万册。资源库还试验进行了个别参建馆的文献传递服务。

2. 国家科技图书文献中心

国家科技图书文献中心(National Science and Technology Library,NSTL),是科技部联合财政部等6部门,经国务院领导批准,于2000年6月12日成立的一个基于网络环境的科技文献信息资源服务机构。由中国科学院文献情报中心、中国科学技术信息研究所、机械工业信息研究院、冶金工业信息标准研究院、中国化工信息中心、中国农业科学院农业信息研究所、中国医学科学院医学信息研究所、中国标准化研究院标准馆和中国计量科学研究院文献馆 9 个文献信息机构组成。

NSTL 以构建数字时代的国家科技文献资源战略保障服务体系为宗旨，按照"统一采购、规范加工、联合上网、资源共享"的机制，采集、收藏和开发理、工、农、医各学科领域的科技文献资源，面向全国提供公益的、普惠的科技文献信息服务。NSTL 的发展目标是建设成数字时代的国家科技文献信息资源保障基地、国家科技文献信息服务集成枢纽、国家科技文献事业发展支持中心。

NSTL(https://www.nstl.gov.cn)的文献检索服务向用户提供各类型科技文献的查询服务。文献类型涉及期刊、会议、学位论文、报告、专利、文集、图书、标准、计量规程等，文种涉及中、西、日、俄等。提供普通检索、高级检索、期刊检索、分类检索、自然语言检索等多种检索方式。此外，NSTL 还包括以下主要特色资源。

1) 外文回溯数据库

为了重点加强结构性缺失的科技文献数字资源建设，加强对低保障资源、低使用率资源的国家保障，NSTL 有选择地引进了回溯数据库，解决尚未被中心覆盖的早期重要科技资源的缺失问题。目前已购买的回溯资源包括 Springer 回溯数据库、Nature 回溯数据库、OUP（牛津大学出版社）回溯数据库、IOP（英国物理学会）回溯数据库、Turpion 回溯数据库，其他回溯数据库的购买协议正在洽谈，回溯数据仍在不断增加中。目前共有 1122 种期刊，分 20 大类，文章总数 300 多万篇。

2) 外文现刊数据库

国外网络版期刊分为单独购买和联合购买两部分。由 NSTL 单独购买的部分，面向中国大陆学术界用户开放，用户为了科研、教学和学习，可少量下载和临时保存这些网络版期刊文章的书目、文摘或全文数据。由 NSTL、中国科学院及 CALIS 等单位联合购买的部分，面向国内部分结构开放。

3) 开放获取资源

NSTL 组织开发了大量互联网免费获取的全文文献，供全国各界用户使用。

4) 外文科技图书

提供科技图书、科技报告、工具书等资源的书名、简介、目录及部分专著的内容评介。

3.5 综合检索实例及分析

【实例 1】

查找湖北工业大学图书馆是否收藏有建筑与环境艺术方面的中文图书，并选择其中一种借阅。

【检索步骤】

1. 分析课题，选择图书馆网站

根据题意选择湖北工业大学图书馆网站(http://lib.hbut.edu.cn)。

2. 选择查询系统

选择 OPAC 湖北工业大学图书馆书目检索系统。

3. 确定检索途径与检索控制条件

在检索字段题名中输入检索词"建筑",在文献类型中选定"中文图书",单击"检索"按钮,如图 3.7 所示。

图 3.7 实例 1 确定检索途径与检索控制条件

4. 在检索结果中检索

在检索结果中二次检索的界面如图 3.8 所示。

图 3.8 实例 1 在检索结果中二次检索的界面

5. 显示检索结果

由检索结果得知湖北工业大学图书馆收藏有 20 种建筑与环境艺术方面的中文图书,如图 3.9 所示。

6. 选择一种图书作为借阅目标

选择《建筑与环境艺术造型的形·景·境·情》查询图书馆馆藏信息,发现建筑馆还有两册可借阅(图 3.10),通过办理借阅手续即可借出此书。

【实例 2】

查询读者借阅信息,若有临近超期图书可在网上办理续借手续。

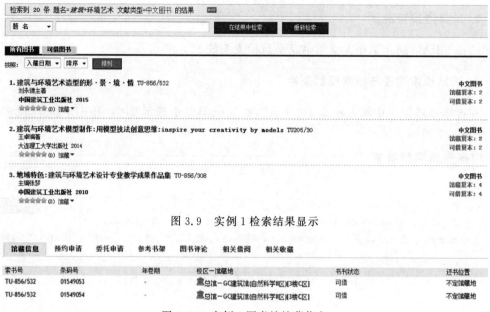

图 3.9 实例 1 检索结果显示

索书号	条码号	年卷期	校区一馆藏地	书刊状态	还书位置
TU-856/532	01549053	-	总馆一GC建筑馆[自然科学Ⅱ区][3楼C区]	可借	不定馆藏地
TU-856/532	01549054	-	总馆一GC建筑馆[自然科学Ⅱ区][3楼C区]	可借	不定馆藏地

图 3.10 实例 1 图书馆馆藏信息

【检索步骤】

1. 分析课题,选择图书馆网站

根据题意选择湖北工业大学图书馆网站(http://lib.hbut.edu.cn)。

2. 选择查询系统

选择 OPAC 湖北工业大学图书馆书目检索系统。

3. 登录查询系统

登录我的图书馆,输入用户名和密码,单击“登录”按钮,如图 3.11 所示。

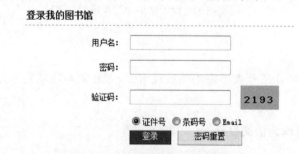

图 3.11 实例 2 登录我的图书馆

4. 查询书刊借阅信息

进入“我的图书馆”后单击“书刊借阅”按钮。

5. 显示所借图书信息

显示读者借阅信息,共借了1册图书,如图3.12所示。

图 3.12 实例2显示借阅信息

6. 办理续借手续

如果临近还书日期书没看完,可以单击"续借"按钮,单击后看到应还日期延长,则办理续借手续成功。

思 考 题

1. 你是如何认识数字图书馆时代的馆藏资源的?
2. 请做排序:TP3/2;I247.5/123;I247.5/55;TP316/4;O13/5;TM925/44;G252.7/178;TP39/3。
3. 谈谈你对数字图书馆的认识。
4. 请检索你在图书馆近一年的借阅历史。
5. 请检索丁元霖主编的《商品流通企业会计》在中国国家图书馆是否有收藏,收藏在哪些书库。

第4章 国内主要的中文数据库

4.1 中国知网

中国知识基础设施工程(China National Knowledge Infrastructure,CNKI),简称为中国知网,该工程是以实现全社会知识资源传播共享与增值利用为目标的信息化建设项目,由清华大学、清华同方发起,始建于1999年6月。CNKI的主要内容包括知识信息资源数字化建设及挖掘、网络数据存储与知识网络传播体系、知识信息组织整合平台、知识仓库建库管理和发布系统、知识信息计量评价系统和数据库生产基地建设等方面。

4.1.1 CNKI资源

CNKI资源丰富,已成为世界上中文全文信息量规模最大的网络出版与知识服务平台,为全社会知识资源高效共享提供最丰富的知识信息资源和最有效的知识传播与数字化学习服务。CNKI深度集成整合了学术期刊、博士学位论文、优秀硕士学位论文、工具书、重要会议论文、年鉴、专著、报纸、专利、标准、科技成果、知识元、哈佛商业评论数据库、古籍等各种文献资源;还可与德国Springer公司期刊库等外文资源统一检索。

中国知网(CNKI)资源总库产品体系如表4.1所示。

表4.1 中国知网(CNKI)资源总库产品体系

种 类	产 品 名 称
源数据库	《中国学术期刊(网络版)》 中国博士学位论文全文数据库 中国优秀硕士学位论文全文数据库 中国重要会议论文全文数据库 中国重要报纸全文数据库
特色资源	中国年鉴网络出版总库 中国经济社会发展统计数据库 中国经济信息文献数据库 中国法律知识资源总库法律法规库 中国科技项目创新成果鉴定意见数据库(知网版) 中国工具书网络出版总库 中国专利全文数据库(知网版) 海外专利摘要数据库(知网版)
特色资源	国家标准全文数据库 国内外标准题录数据库 中国行业标准全文数据库 职业教育特色资源总库

续表

种　　类	产　品　名　称
行业知识库	人民军医知识库 "三新农"期刊库 现代农业产业技术一万个为什么 科普挂图资源库 中国高等教育期刊文献总库 中国基础教育文献资源总库 中国法律知识资源总库 中国政报公报期刊文献总库 中国党建期刊文献总库 党政领导决策参考信息库
国外资源	EBSCO ASRD——学术研发情报分析库 EBSCO BSC——全球产业（企业）案例分析库 Springer 期刊数据库 Taylor & Francis 期刊数据库 《Wiley（期刊/图书）》 《Emerald 期刊》 …

主要数据库简介如下。

1.《中国学术期刊（网络版）》

《中国学术期刊（网络版）》(China Academic Journal Network Publishing Database, CAJD)是世界上最大的连续动态更新的中国学术期刊全文数据库,是"十一五"国家重大网络出版工程的子项目,是《国家"十一五"时期文化发展规划纲要》中国家"知识资源数据库"出版工程的重要组成部分。

其出版内容以学术、技术、政策指导、高等科普及教育类期刊为主,内容覆盖自然科学、工程技术、农业、哲学、医学、人文社会科学等各个领域。

资源特色：核心期刊收录率较高；特色期刊(如农业、中医药等)收录齐全；独家或唯一授权期刊共 2000 余种。

收录年限：自 1915 年至今出版的期刊,部分期刊回溯至创刊。

2. 中国博士学位论文全文数据库

中国博士学位论文全文数据库(China Doctoral Dissertations Full-text Database, CDFD)的出版内容覆盖基础科学、工程技术、农业、医学、哲学、人文、社会科学等各个领域。

资源特色：收录全国 985、211 工程等重点高校以及中国科学院、社会科学院等研究院所的博士学位论文。

收录年限：从 1984 年至今的博士学位论文。

3. 中国优秀硕士学位论文全文数据库

中国优秀硕士学位论文全文数据库(China Master's Theses Full-text Database,

CMFD)的出版内容覆盖基础科学、工程技术、农业、哲学、医学、哲学、人文、社会科学等各个领域。

资源特色：重点收录985、211高校以及中国科学院、社会科学院等研究院的优秀硕士论文、重要特色学科(如通信、军事学、中医药等专业)的优秀硕士论文。

收录年限：从1984年至今的硕士学位论文。

4. 中国重要会议论文全文数据库

中国重要会议论文全文数据库(CPCD)重点收录自1999年以来中国科协系统及国家二级以上的学会、协会，高校、科研院所，政府机关举办的重要会议以及在国内召开的国际会议上发表的文献。

收录年限：自1953年至今的会议论文集。

5. 中国重要报纸全文数据库

中国重要报纸全文数据库(CCND)收录自2000年以来中国国内重要报纸刊载的学术性、资料性文献的连续动态更新的数据库。

以上产品均分为10大专辑，即基础科学、工程科技Ⅰ、工程科技Ⅱ、农业科技、医药卫生科技、哲学与人文科学、社会科学Ⅰ、社会科学Ⅱ、信息科技、经济与管理科学。10大专辑下分为168个专题。

产品形式为Web版(网上包库)、镜像站版、光盘版、流量计费。

获取途径：CNKI所有数据库题录信息可以免费检索，但全文信息需付费获取。目前CNKI的机构用户一般采用在固定IP地址范围内以网上包库方式购买使用，或者采用镜像站点方式购买使用，而个人用户一般采用个人账户充值方式使用。

4.1.2 CNKI检索功能

CNKI主页上提供了文献检索、知识元检索、引文检索3个入口。

文献检索是主页默认的检索入口，能实现中、外文混检。CNKI按照文献类型重新组织中、外文文献，实现了中、外文文献的合并检索和统一排序，用户也可以按照自己的需求，在检索结果中切换显示"中文文献"或"外文文献"，既可进行跨库检索，也可进行单库检索。可供检索的文献类型包括学术期刊、学位论文、会议、报纸、年鉴、专利、标准、成果、图书、学术辑刊、法律法规、政府文件、企业标准、科技报告、政府采购等。

知识元检索的内容包括知识问答、百科、词典、手册、工具书、图片、统计数据、指数、方法、概念等。

引文检索可以对被引主题、被引题名、被引关键词、被引摘要、被引中图分类号、被引作者、被引第一责任人、被引单位、被引文献来源、被引基金等内容进行检索。

1. 检索平台

CNKI具有强大的检索功能，除了提供面向单个数据库的检索平台外，还提供了面向多个数据库进行一站式检索的跨库检索平台。通过使用该平台，用户只通过一个检索窗口就能对多个数据库同时检索。CNKI 跨库检索平台如图 4.1 和图 4.2 所示。

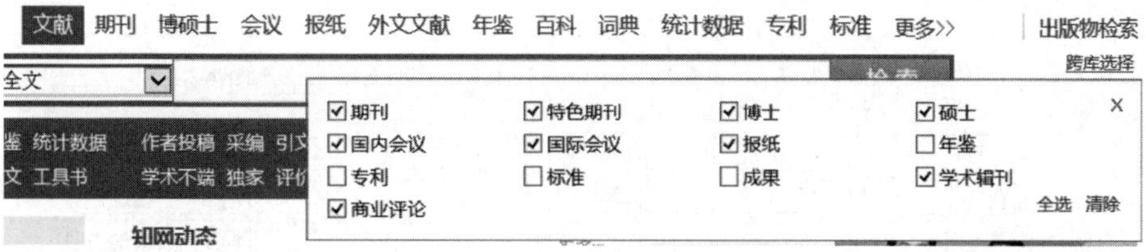

图 4.1 CNKI 跨库检索平台(1)

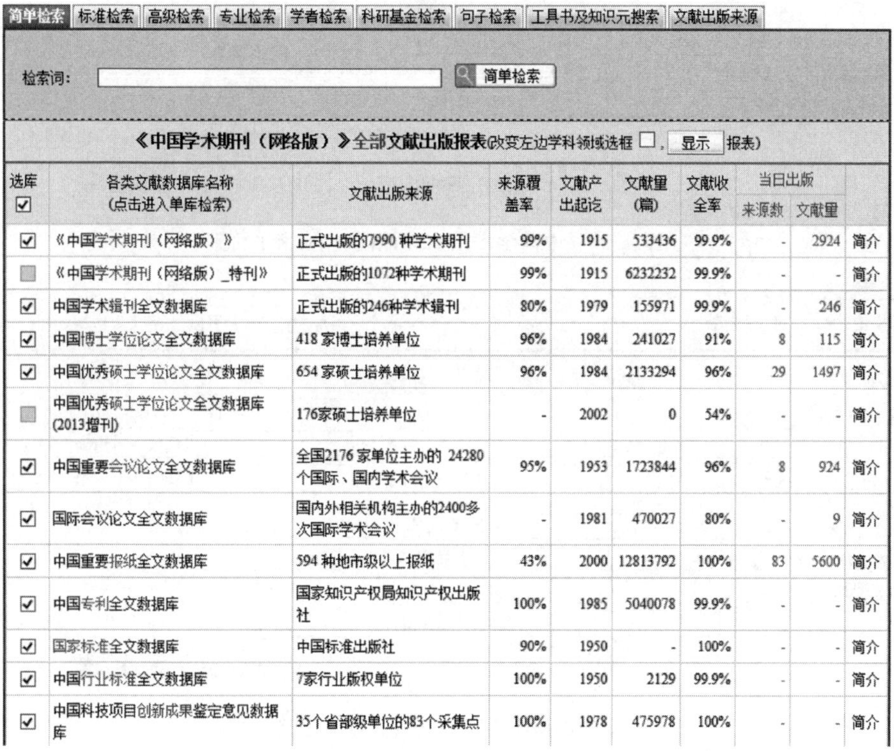

选库	各类文献数据库名称(点击进入单库检索)	文献出版来源	来源覆盖率	文献产出起讫	文献量(篇)	文献收全率	当日出版 来源数	当日出版 文献量	
☑	《中国学术期刊（网络版）》	正式出版的7990种学术期刊	99%	1915	533436	99.9%	-	2924	简介
	《中国学术期刊（网络版）_特刊》	正式出版的1072种学术期刊	99%	1915	6232232	99.9%	-	-	简介
☑	中国学术辑刊全文数据库	正式出版的246种学术辑刊	80%	1979	155971	99.9%	-	246	简介
☑	中国博士学位论文全文数据库	418 家博士培养单位	96%	1984	241027	91%	8	115	简介
☑	中国优秀硕士学位论文全文数据库	654 家硕士培养单位	96%	1984	2133294	96%	29	1497	简介
	中国优秀硕士学位论文全文数据库(2013增刊)	176家硕士培养单位	-	2002	0	54%	-	-	简介
☑	中国重要会议论文全文数据库	全国2176 家单位主办的 24280 个国际、国内学术会议	95%	1953	1723844	96%	8	924	简介
☑	国际会议论文全文数据库	国内外相关机构主办的2400多次国际学术会议	-	1981	470027	80%	-	9	简介
☑	中国重要报纸全文数据库	594 种地市级以上报纸	43%	2000	12813792	100%	83	5600	简介
☑	中国专利全文数据库	国家知识产权局知识产权出版社	100%	1985	5040078	99.9%	-	-	简介
☑	国家标准全文数据库	中国标准出版社	90%	1950	-	100%	-	-	简介
☑	中国行业标准全文数据库	7家行业版权单位	100%	1950	2129	99.9%	-	-	简介
☑	中国科技项目创新成果鉴定意见数据库	35个省部级单位的83个采集点	100%	1978	475978	100%	-	-	简介

图 4.2 CNKI 跨库检索平台(2)

2. 检索方式

CNKI 提供了多种检索方式，CNKI 跨库检索平台根据不同的检索需求提供了简单检索、标准检索、高级检索、专业检索、学者检索、科研基金检索、句子检索、工具书及知识元搜索、文献出版来源 9 种面向不同需要的检索方式(图 4.2)。

《中国学术期刊(网络版)》提供了检索、高级检索、专业检索、作者发文检索、科研基金检索、句子检索、来源期刊检索 7 种面向不同需要的检索方式(图 4.3)。中国博士学位论文全文数据库/中国优秀硕士学位论文全文数据库提供了检索、高级检索、专业检索、科研基金检索、句子检索等检索方式(图 4.4)。中国重要会议论文全文数据库提供了检索、高级检索、专业检索、作者发文检索、科研基金检索、句子检索、来源会议检索等检索方式。中国重要报纸全文数据库提供了检索、高级检索、专业检索、句子检索、来源报纸检索等检索方式。

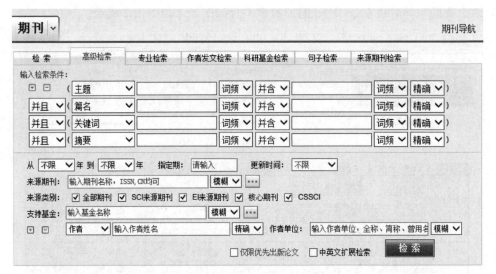

图 4.3 《中国学术期刊(网络版)》检索平台

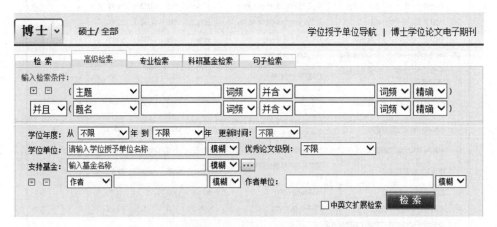

图 4.4 中国博士学位论文全文数据库检索平台

在各种检索方式中还运用了精确、模糊匹配检索。在精确匹配检索中,检索作者"王刚"只能检索出"王刚"撰写的文献;在模糊匹配检索中,检索作者"王刚"只能检索出"王刚强""王刚"撰写的文献。

借助"+"或"-"按钮可以根据课题需要增减内容检索条件,使用户能够灵活、方便地构造检索式,达到提高查准率或查全率的目的(图4.5)。

图 4.5 增减内容检索条件

在结果中检索是指在第一次检索结果的基础上再次检索,缩小检索范围,达到更准确的检索目的。

3. 检索步骤

CNKI 提供了规范的检索步骤。基于学术文献查全查准的核心需求,平台提出了"三步骤"的标准检索步骤(图 4.6)。首先输入内容检索条件,再输入检索控制条件,最后对检索结果分组筛选与排序,从而找到合适的结果。此检索步骤将以往散乱、低效率的检索方式转化为规范、标准、高效、可学习的检索过程,不仅使新用户可以直观地学习检索的整个流程,也为检索高手进一步提高检索能力、提高信息素养创造了空间,真正使检索变为一门可学习和研究的技能。

图 4.6 CNKI 标准检索步骤

4.1.3 CNKI 检索结果的显示

1. 检索结果分组筛选

CNKI 检索结果期刊数据库可按学科、发表年度、基金、研究层次、作者、机构、期刊(文献来源)、关键词分组筛选;博硕士论文数据库可按来源数据库、学位年度、基金、导师、学科专业、研究层次、学位授予单位、关键词分组筛选。图 4.7 是以"计算机仿真"为主题词进行检索后检索结果按学科分组筛选,相关学科中含有"计算机仿真"文献的篇数。

2. 全文显示

如果要阅读《中国知网(CNKI)资源总库》全文内容，用户必须在使用的计算机上下载并安装其专用浏览器 CAJViewer 或 Adobe Reader。期刊、会议文献、报纸必须下载并安装浏览器 CAJViewer 或 Adobe Reader；学位论文必须下载并安装其专用浏览器 CAJViewer。全文显示的方法为单击图 4.8 中的“推荐 CAJ 下载”或“PDF 下载”按钮(图 4.9)。

节点文献

多水源供水管网的水压控制仿真研究

推荐 CAJ下载　PDF下载　CAJViewer下载　不支持迅雷等下载工具。　免费订阅

【作者】 薛国新； 陆柯彤； 张晓芬；

【机构】 常州大学信息科学与工程学院；

【摘要】 针对从多水源取水的管网相连通的多个塔的供水,要求操作泵阀控制系统最高水压在不超过给定值的条件下,能控制多个水塔水位在合理范围内变化。系统控制属于带约束条件的多输入多输出控制问题。由于系统的特性为非线性且不能以低阶状态空间分析法形式加以表示,并且系统的参数可能大范围变化,引起水压估算变得困难。提出用等效电路分析方法,以及各供水流量之间的比例关系,相关问题被归结为一个代数微分方程组的的求解。用状态空间分析法对水塔水位的控制进行仿真。计算结果显示,在引入适当的参数变换后,原有的一般情形被分解为若干较为简单的情形,使之能直接地获得各股单个供水流量的控制方案,于是通过反变换,即可获得原系统的控制方案,并能有效地确定系统的最高压及对应输入输出流量。结果证明,只要系统参数合理,当最高水压位于指定的范围内时,水压控制系统是安全可靠的。

【关键词】 现代控制； 状态空间分析法； 水位控制； 计算机仿真；

计算机仿真，Computer Simulation，编辑部邮箱，2016年06期 [给本刊投稿]

图 4.8　CNKI 检索结果显示——题录及文摘

第33卷　第06期　计 算 机 仿 真　2016年6月

文章编号:1006-9348(2016)06-0193-04

多水源供水管网的水压控制仿真研究

薛国新,陆柯彤,张晓芬

(常州大学信息科学与工程学院,江苏 常州 213164)

摘要:针对从多水源取水的管网相连通的多个塔的供水,要求操作泵阀控制系统最高水压在不超过给定值的条件下,能控制多个水塔水位在合理范围内变化。系统控制属于带约束条件的多输入多输出控制问题。由于系统的特性为非线性且不能以低阶状态空间分析法形式加以表示,并且系统的参数可能大范围变化,引起水压估算变得困难。提出用等效电路分析方法,以及各供水流量之间的比例关系,相关问题被归结为一个代数微分方程组的的求解。用状态空间分析法对水塔水位的控制进行仿真。计算结果显示,在引入适当的参数变换后,原有的一般情形被分解为若干较为简单的情形,使之能直接地获得各股单个供水流量的控制方案,于是通过反变换,即可获得原系统的控制方案,并能有效地确定系统的最高压及对应输入输出流量。结果证明,只要系统参数合理,当最高水压位于指定的范围内时,水压控制系统是安全可靠的。

关键词:现代控制;状态空间分析法;水位控制;计算机仿真

中图分类号:TP301　文献标识码:B

Study on Simulation of Water Pressure Control of Water Supply Network with Multiple Water Sources

XUE Guo-xin, LU Ke-tong, ZHANG Xiao-fen

(School of Information Science and Engineering, Changzhou University, Changzhou Jiangsu 213164, China)

ABSTRACT: An essential requirement of water supply for multiple water towers with multiple water sources is to operate the pumps and valves that the maximal system water pressures are less than the given values with the water lev-

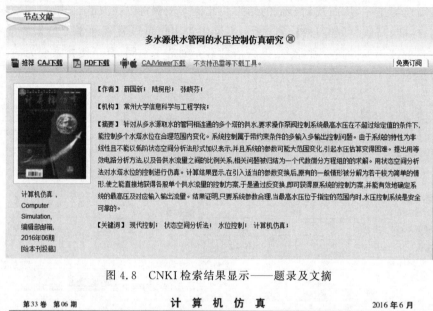

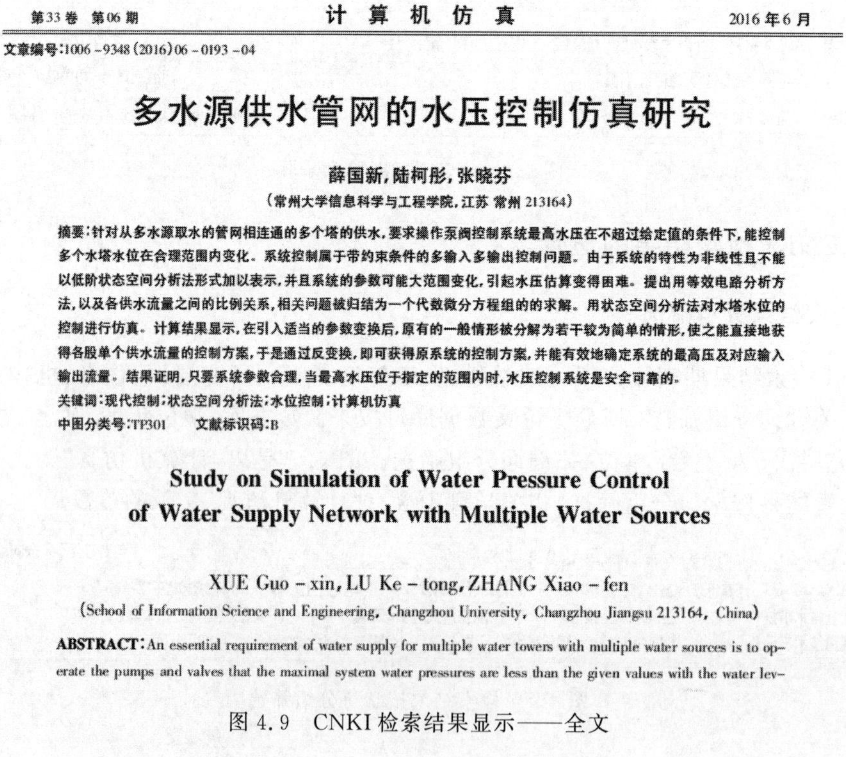

图 4.9　CNKI 检索结果显示——全文

3. 节点文献显示

知网节(知识网络节点的简称)以一篇文献作为其节点文献,知识网络的内容包括节点文献的题录摘要和相关文献链接。题录摘要在显示节点文献题录信息的同时也提供了到相关内容的链接。相关文献是与节点文献具有一定关系(如引证关系)的文献,知网节显示这些文献的篇名、出处,并提供这些文献知网节的链接。知网节对于文献的整合主要分为外部特征整合、知识网络整合、动态挖掘整合,节点文献显示如图 4.10 所示。

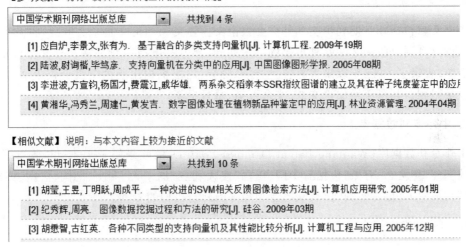

图 4.10 节点文献显示

4.2 万方数据知识服务平台

"万方数据知识服务平台"是以中国科技信息所(万方数据集团公司)的信息服务资源为依托建立起来的以科技信息为主,集经济、金融、社会、人文信息为一体的大型科技、商务信息服务系统。万方数据集团共有数据库 110 多个,归属于 8 个类别,内容涉及自然科学和社会科学各个专业领域,收录的文献类型有期刊论文、会议文献、学位论文、标准、专利、名录、科技成果、政策法规等。

4.2.1 万方数据资源

1. 中国学位论文全文数据库

中国学位论文全文数据库(China Dissertation Database,CDDB)的收录始于 1980 年,年增 30 万篇,并逐年回溯,与国内 900 余所高校、科研院所合作,涵盖理、工、农、医、人文社科、交通运输、航空航天、环境科学等学科。

2. 中国学术期刊数据库

中国学术期刊数据库(China Science Periodical Database,CSPD)的收录始于 1998 年,

含期刊 7600 余种,其中核心期刊 3000 种,年增 300 万篇,涵盖理、工、农、医、经济、教育、文艺、社科、哲学政法等学科。

3. 中国学术会议论文文献数据库

中国学术会议文献数据库(China Conference Paper Database,CCPD)的收录始于 1983 年,收录了 4000 个重要的学术会议论文,年增 20 万篇全文,以国家级学会、协会、部委、高校召开的全国性学术会议为主。

4. 外文文献数据库

外文文献包括外文期刊论文和外文会议论文。外文期刊论文是全文资源,收录了 1995 年以来世界各国出版的 20900 种重要的学术期刊,部分文献有少量回溯。外文会议论文是全文资源,收录了 1985 年以来世界各主要学/协会、出版机构出版的学术会议论文,部分文献有少量回溯。其每年增加论文约 20 余万篇,每月更新。

5. 中外专利数据库

中外专利数据库(Wanfang Patent Database,WFPD)的收录始于 1985 年,收录了 4500 余万项专利,年增 25 万条,包括有中国、美国、澳大利亚、加拿大、瑞士、德国、法国、英国、日本、韩国、俄罗斯、世界专利组织、欧洲专利局等国际与机构的专利。

6. 中外标准数据库

中外标准数据库(Wanfang Standards Database,WFSD)共收录 37 万余条记录,全文数据来源于国家指定标准出版单位,专有出版、文摘数据来自中国标准化研究院国家标准馆。

7. 中国科技成果数据库

中国科技成果数据库(China Scientific & Technological Achievements Database,CSTAD)的收录始于 1978 年,来源于各省、市、部委鉴定后上报国家的成果,科技部的科技成果及星火科技成果,涵盖新技术、新产品、新工艺、新材料、新设计等众多学科领域。

8. 中国地方志数据库

对于中国地方志数据库(China Local Gazetteers Database,CLGD),新方志的收录始于 1949 年,共 40000 余册,旧方志的收录为 1949 年之前,共计近 50000 册。

9. 中国法律法规数据库

中国法律法规数据库(China Laws & Regulations Database,CLRD)的收录始于 1949 年,数据源自国家信息中心,涵盖了国家法律法规、行政法规、地方法规、国际条约及惯例、司法解释、合同范本等。

10. 中国机构数据库

中国机构数据库(China Institution Database,CIDB)包含有中国企业、公司及产品数据库,以及国内企业信息、科研机构信息、科技信息机构信息、中高等教育机构信息等。

11. 中国科技专家库

中国科技专家库收录了国内自然科学技术领域的专家名人信息,介绍了各专家在相关研究领域内的研究内容及其所取得的进展,为国内外相关研究人员提供检索服务,有助于用户掌握相关研究领域的前沿信息。该数据库的主要字段内容包括姓名、性别、工作单位、工作职务、教育背景、专业领域、研究方向、研究成果、专家荣誉、获奖情况、发表的专著和论文等 30 多个字段。

4.2.2 万方数据检索功能

万方数据的检索方法有以下几种。

1. 直接检索

直接检索如图 4.11 所示。单击"资源"或将鼠标指针放在检索框左侧的"期刊"处可选择期刊、学位、会议、外文文献、科技报告、专利、标准、地方志、成果、法规、机构、图书、专家、学者等不同类型的文献数据库进行检索,将鼠标指针放在检索框内可选择题名、关键词、摘要、作者、作者单位、刊名等字段进行检索。

图 4.11　直接检索

2. 二次检索

万方数据具备二次检索功能,在第一次检索结果的基础上再次用标题、作者、关键词、刊名、年限检索,缩小检索范围,达到更准确的检索目的,如图 4.12 所示。

图 4.12　在结果中检索

3. 跨库检索

跨库检索如图 4.13 所示。

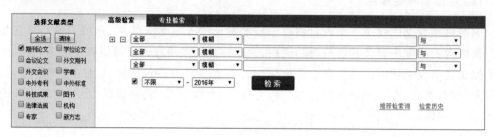

图 4.13 跨库检索

4. 高级检索

高级检索如图 4.14 所示，检索字段所选择的内容可以通过布尔逻辑进行运算，可以进行精确检索与模糊检索，可以借助"＋"或"－"按钮，增减内容检索条件。

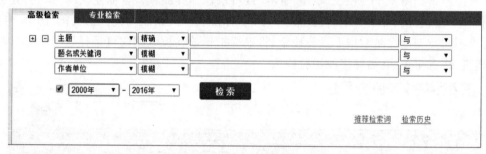

图 4.14 高级检索

5. 专业检索

专业检索如图 4.15 所示。

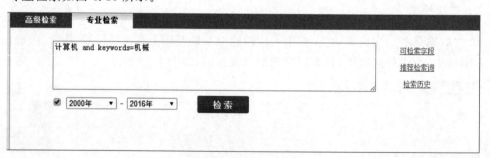

图 4.15 专业检索

4.2.3 万方数据检索结果的显示

1. 检索结果的排序

万方数据检索结果可按相关度优先、新论文优先、经典论文优先、仅相关度、仅出版时间、仅被引次数进行排序。

2. 检索结果的分组

万方数据检索结果可按学科分类、年份、按刊分类、相关学者分组显示。

3. 全文显示

万方数据查询全文过程如图 4.16 和图 4.17 所示。

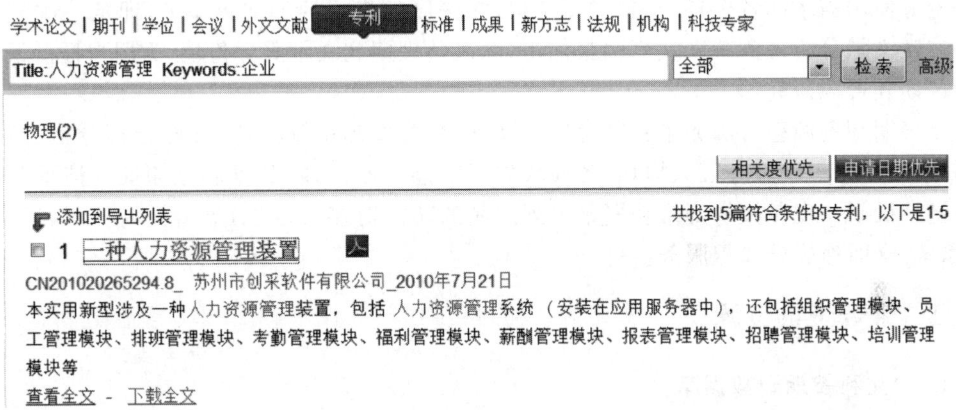

图 4.16 检索结果显示——专利文摘

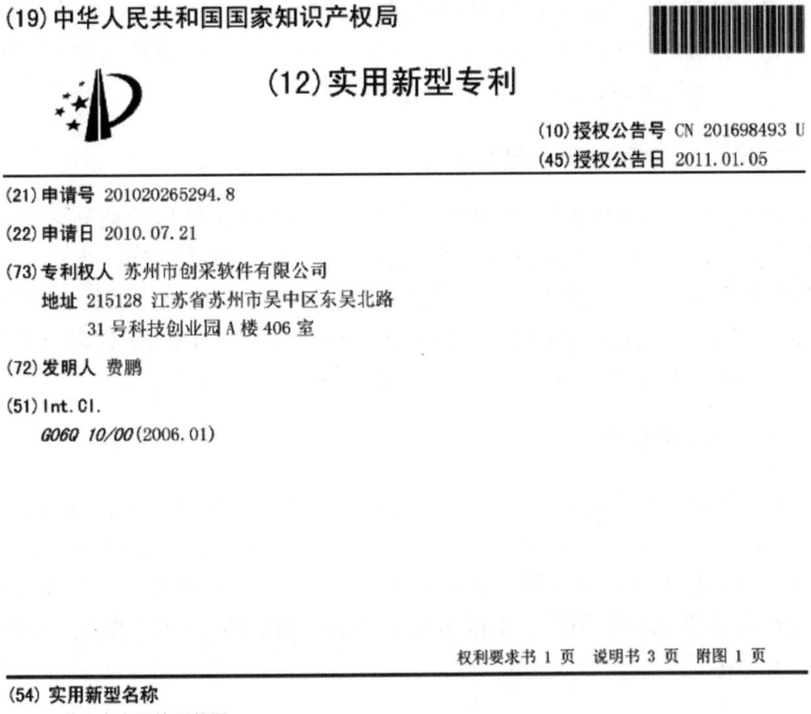
(19) 中华人民共和国国家知识产权局

(12) 实用新型专利

(10) 授权公告号 CN 201698493 U

(45) 授权公告日 2011.01.05

(21) 申请号 201020265294.8

(22) 申请日 2010.07.21

(73) 专利权人 苏州市创采软件有限公司
地址 215128 江苏省苏州市吴中区东吴北路 31 号科技创业园 A 楼 406 室

(72) 发明人 费鹏

(51) Int.Cl.
G06Q 10/00(2006.01)

权利要求书 1 页 说明书 3 页 附图 1 页

(54) 实用新型名称
一种人力资源管理装置

图 4.17 专利说明书全文

4.3 维普期刊资源整合服务平台

重庆维普资讯有限公司的前身为中国科技情报研究所重庆分所数据库研究中心,是国内第一家进行中文期刊数据库研究的机构。

维普期刊资源整合服务平台(VJIP)是维普资讯有限公司推出的中文科技期刊资源一站式服务平台,是从单纯的全文保障服务延伸到引文、情报等服务的产品,服务贯穿读者对期刊资源使用需求的各个环节,提供多层次、纵深度的集成期刊文献服务,即从一次文献保障到二次文献分析再到三次文献情报加工,深入整理期刊文献服务价值,为用户提供最具创新力的期刊资源研究学习平台。

维普期刊资源整合服务平台整合期刊文献检索、文献引证追踪、科学指标分析、高被引析出文献、搜索引擎服务五大模块,各模块之间功能互联互通、数据相互印证。该平台采用数据链接机制实现各模块到维普资讯系列产品的功能对接及定位,显著提高资源利用的效率,系统、全面地提升知识服务。

4.3.1 维普资讯资源

1. 中文科技期刊数据库

中文科技期刊数据库源于重庆维普资讯有限公司在1989年创建的中文科技期刊篇名数据库,涉及期刊12000余种,核心期刊1982种,文献总量达到4000余万篇,期刊回溯年限至1989年,部分期刊回溯年限至1955年,学科范围为社会科学、自然科学、工程技术、农业科学、医药卫生、经济管理、教育科学和图书情报。

2. 中文科技期刊数据库(引文版)

中文科技期刊数据库(引文版)是维普公司在2010年全新推出的期刊资源整合服务平台的重要组成部分,是目前国内规模较大的文摘和引文索引型数据库。该产品采用科学计量学中的引文分析方法,对文献之间的引证关系进行深度数据挖掘,除提供基本的引文检索功能外,还提供基于作者、机构、期刊的引用统计分析功能,可广泛用于课题调研、科技查新、项目评估、成果申报、人才选拔、科研管理、期刊投稿等。

3. 外文科技期刊数据库

外文科技期刊数据库是重庆维普资讯有限公司联合了国内数十家著名图书馆以各自订购和收藏的外文期刊为依托于1999年开发的。该数据库提供自1992年以来世界30余个国家的11300余种期刊,800余万条外文期刊文摘题录信息,对题录字段中的刊名和关键词进行汉化,帮助检索者充分利用外文文献资源,并联合国内20余个图书情报机构提供方便、快捷的原文传递服务。

4. 中国科学指标数据库

中国科学指标数据库是维普公司于2009年6月正式推出的一款全新的资讯类产品,基于引文评价的事实型数据库,是衡量国内科学研究绩效、跟踪国内科学发展趋势的有力工具,用户可以通过本产品查看关于学者、机构、地区、期刊的科研水平及影响力评价,并了解当前国内的科研动态、研究热点和前沿。

5. 中国科技经济新闻数据库

中国科技经济新闻数据库遴选自国内 420 多种重要报纸和 9000 多种科技期刊的 305 余万条新闻资讯,包括了各行各业的新产品、新技术、新动态和新法规的资讯报道。

4.3.2 维普资讯检索功能

维普期刊资源整合服务平台分 5 大模块,即期刊文献检索、文献引证追踪、科学指标分析、高被引析出文献和搜索引擎服务,期刊文献检索、文献引证追踪和搜索引擎服务的检索界面如图 4.18~图 4.20 所示。

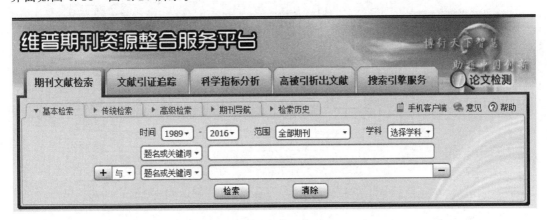

图 4.18 期刊文献检索

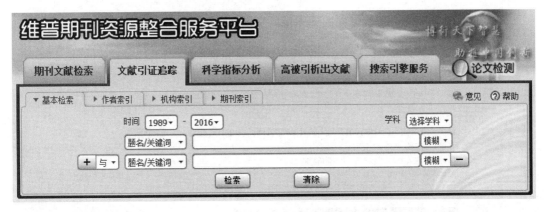

图 4.19 文献引证追踪

期刊文献检索分基本检索、传统检索、高级检索、期刊导航 4 种检索方式,其中高级检索界面如图 4.21 所示。

图 4.20 搜索引擎服务

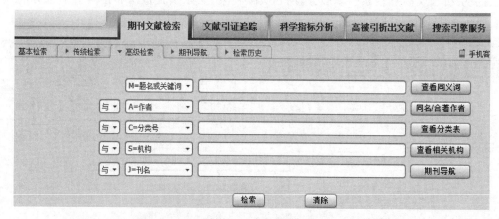

图 4.21 高级检索

4.3.3 维普资讯检索结果的显示

维普资讯中文科技期刊数据库的检索结果如图 4.22 和图 4.23 所示。

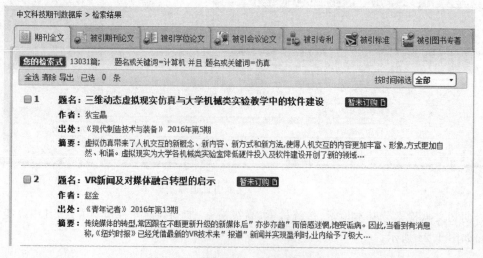

图 4.22 检索结果——题录及文摘

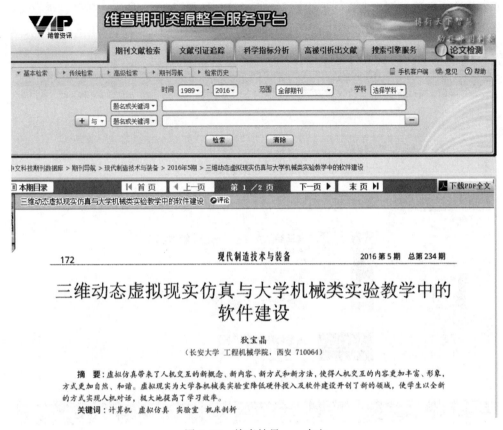

图 4.23　检索结果——全文

4.4　超星数字图书馆及读秀学术搜索

4.4.1　超星数字图书馆

　　超星数字图书馆是目前世界上最大的中文在线数字图书馆,拥有电子图书 100 多万种,由北京超星数图信息技术有限公司制作,设文学、历史、法律、军事、经济、科学、医药、工程、建筑、交通、计算机和环保等几十个分馆。超星数字图书馆提供 24 小时在线服务,提供超星阅读器阅读、网页阅读和 PDF 阅读 3 种在线阅读方式,可供用户自由选择。超星阅读器阅读和 PDF 阅读需分别下载安装 SSReader 或 Adobe Reader 阅读软件,通过"下载本书"或打开超星阅读器进行图书的下载。

　　超星数字图书馆电子图书的获取途径为登录超星数字图书馆主页,可以免费阅读约 5000 种 PDG 图书,其他图书需要付费阅读。以单位购买的用户可以在固定 IP 地址范围内利用网络使用超星数字图书馆的资源,或者采用镜像站点方式使用该资源。个人用户可以通过购买阅读卡注册会员后使用。

　　超星数字图书馆的检索方法有普通检索、分类检索和高级检索。普通检索在搜索框中直接输入检索词,检索词可定位到书名、作者、目录或全文中,然后单击"检索"按钮,如图 4.24

所示;分类检索通过列表逐级对图书进行浏览和检索,如图4.25所示;高级检索在文本框中输入图书的书名、作者、主题词、分类、年代进行检索,可以在不同字段中采用布尔逻辑算符进行检索,如图4.26所示。检索结果可以按照出版日期、书名排序。

图4.24 普通检索

图4.25 分类检索

图4.26 高级检索

4.4.2 读秀学术搜索

读秀学术搜索是一个由海量全文数据及元数据组成的超大型数据库,能够为读者提供6亿页全文资料等一系列学术资源的检索及使用。通过读秀学术搜索,读者能一站式检索馆藏纸质图书、电子图书以及其他学术文献资源,几乎囊括了图书馆内的所有信息源。不论是学习、研究、写论文、做课题,读秀学术搜索都能为读者提供最全面、准确的学术资料。它集文献搜索、试读、传递为一体,是一个可以对文献资源及其全文内容进行深度检索并且提供文献传递服务的平台。

读秀学术搜索可以从知识、图书、期刊、报纸、学位论文、会议论文、视频、课程课件、词典、人物、标准、专利、词条、图片、电影、网页、音乐、博客、论坛、新闻等多种信息资源中进行检索,如图4.27所示,并且可以提供在结果中检索的二次检索功能。读秀学术搜索还提供了高级检索功能。

图 4.27　读秀学术搜索

4.5　多媒体学习库或考试库

1. 新东方多媒体学习库

新东方多媒体学习库的特色为该库包含的课程全部是由新东方名师讲授的精品课程。该库收录的内容为应用外语学习、出国考试辅导、国内考试辅导、实用技能及大学生求职指导、职业认证与考试五大类 400 多门精品课程。

2. 环球英语多媒体资源库

环球英语多媒体资源库的特色为该库包含的课程全部是由环球名师讲授的精品课程，全程"视频"互动学习。该库收录的内容为出国留学类、学历考试类、英语应用类、职业英语类、小语种类五大系列几百门环球雅思精品网络课程。

3. "知识视界"视频教育资源库

"知识视界"视频教育资源库为中英文双语字幕外挂的科教视频节目，包括材料化学、医学保健、建筑装饰、历史文化、工业设计、生命科学、军事侦探等 18 类 2000 多个视频教育节目。

4. 爱迪科森网上报告厅

爱迪科森网上报告厅以学术报告和学术鉴赏视频资料为主体，整合了清华大学、中央电视台、中央党校、中华医学会、中国经济 50 人论坛、中评网等权威学术机构的专家报告资源。

5. 银符考试平台

银符考试平台以各类考试模拟试题训练资源为主体，包含英语考试、研究生考试、会计考试、国家公务员考试、国家司法考试、银符普通话考试 6 个模拟练习系统。

6. 起点考试系统

起点考试系统以各类考试模拟试题训练资源为主体，是包含英语考试、计算机考试、公务员考试、司法考试等的整合性模拟学习平台。

4.6 综合检索实例及分析

【实例1】

用 CNKI 检索 2010—2016 年会计准则与公司治理方面的核心期刊论文。

【检索步骤】

1. 分析检索课题,选择检索数据库

该课题是用 CNKI 检索会计准则与公司治理方面的期刊论文,因此可选择 CNKI 中的《中国学术期刊(网络版)》进行检索。

2. 选择检索方法

《中国学术期刊(网络版)》提供了检索、高级检索、专业检索、作者发文检索、科研基金检索、句子检索、来源期刊检索 7 种面向不同需要的检索方式。

3. 输入检索控制条件

进入《中国学术期刊(网络版)》,输入检索控制条件,期刊年份确定为 2010—2016 年,来源类别选为核心期刊。

4. 输入内容检索条件

输入内容检索条件,可根据相关性要求的区别选择在篇名、关键词、主题词、文摘等字段中检索,为提高检索查准率,这里选择在篇名字段中检索,在篇名字段中填写会计准则,并进一步选择"并且包含",填写公司治理,选择精确检索,单击"检索"按钮。

5. 检索结果按文献发表时间排序

检索结果如图 4.28 所示。

	篇名	作者	刊名	年/期	被引	下载	预览	分享
□ 1	会计准则、内部控制与公司治理相关问题研究——海峡两岸会计学术交流动态	章永奎;刘峰	会计研究	2012/10	9	1847		
□ 2	第四届海峡两岸会计学术研讨会——会计准则、内部控制与公司治理征文启事		会计研究	2012/05		503		
□ 3	会计准则变迁、公司治理对盈余管理的影响分析——基于结构方程模型的实证研究	王虹;杨丹	财经科学	2011/09	14	1149		
□ 4	公司治理与管理层机会主义会计选择——基于新会计准则的实证分析	王俊秋	经济管理	2011/03	7	537		
□ 5	变迁视角下的会计准则、公司治理与教育教学应对——中国会计学会高等工科院校分会2010年学术年会综述	何建国;孙芳城;何雪锋	会计研究	2011/02		1010		

图 4.28 实例 1 检索结果题录显示

6. 阅读检索结果题录信息，选择需要的论文查阅全文

如果要阅读《中国学术期刊(网络版)》全文内容，用户必须在使用的计算机上下载并安装其专用浏览器 CAJViewer 或 Adobe Reader。这里以选择第 1 条为例，单击篇名 PDF 图标下载，全文显示如图 4.29 所示。

会计研究2012.10

会计准则、内部控制与公司治理相关问题研究

——海峡两岸会计学术交流动态

章永奎　刘　峰

（厦门大学管理学院会计系/会计发展研究中心　361005）

目前，大陆会计准则与国际财务报告准则采取的是持续趋同原则，而台湾地区计划于2013年直接采用国际财务报告准则，可以说，无论是"持续趋同"还是"直接采用"，都说明两岸会计准则与国际财务报告准则差异不大，因此，纯粹从准则的角度看，如果国际财务报告准则是高质量的，那么两岸会计准则也应该是高质量的。但是，高质量的会计准则并不必然产生高质量的会计信息，因为高副司长、中国会计学会秘书长刘光忠博士做主题报告。本次会议分为开幕式、主题报告会、分组报告和讨论、专家报告会和闭幕式五个阶段，开幕式由中国会计学会副会长、厦门大学副校长李建发教授主持，中国会计学会常务副秘书长周守华教授在闭幕式做会议总结。现将会议情况综述如下：

一、把握机遇、互补共进

图 4.29　实例 1 检索结果全文显示

【实例 2】

检索湖北工业大学作为专利申请人申请的饮料制备方面的中国专利。

【检索步骤】

1. 分析检索课题，选择检索数据库

该课题是查找专利文献，可选择万方数据资源中的专利数据库进行检索。

2. 选择检索方法

选择题名字段，输入"饮料"进行检索，命中 29421 项专利。

3. 进行二次检索

输入申请人"湖北工业大学"，在结果中检索(进行二次检索)，如图 4.30 所示。

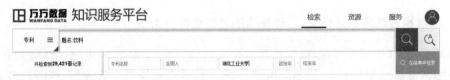

图 4.30　实例 2 输入内容检索条件

4. 检索结果显示

检索结果如图 4.31 所示。

1. 全文 白酒黄水饮料的生产方法

[发明专利] CN201510616613.2_ 湖北工业大学 2015年9月24日

本发明公开了一种白酒黄水饮料的生产方法，解决现有白酒黄水处理成本高、不能有效回收利用的问题。技术方案将白酒黄水前过滤后、植物果实颗粒浸提、采用固体颗粒蛋白沉淀、后过滤得到白酒黄水饮料。本发明具有工艺简单可靠、生...

2. 全文 一种富硒发芽米南瓜饮料及其制备方法

[发明专利] CN201410146928.0_ 湖北工业大学 2014年4月14日

本发明公开了一种富硒发芽米南瓜饮料及其制备方法，该饮料由以下重量份的原辅料配制而成：富硒糙米80-100份、南瓜250-280份、蔗糖10-20份、柠檬酸0.04-0.06份、柠檬酸钠0.03-0.05份、食用香精0.0002-0.0004份、维生素C0.002-0...

3. 全文 一种勾兑稀释威士忌的饮料及其制备方法

[发明专利] CN201010242603.4_ 湖北工业大学 2010年8月2日

本发明涉及一种勾兑稀释威士忌的饮料及其制备方法。所述饮料由50～55份海棠叶浸取液、30～35份葛花浸取液和10～15份辅料组成，制备过程为将海棠叶和葛花分别清洗、烘干、粉碎、加热浸提，将所得浸提液混合冷却，加入辅料后均质、冷...

4. 全文 一种低苦味胡柚果蜜茶饮料的制造方法

[发明专利] CN200910062377.9_ 湖北工业大学 2009年6月3日

本发明涉及一种低苦味胡柚果蜜茶饮料的制造方法，以胡柚全果为原料，先将胡柚外表皮进行清洗和脱苦处理，再将果皮和果肉分离，果皮切丝后进一步进行脱苦处理，果肉经去囊衣、打浆后与果皮按比例混合，再添加甜味剂，酸味剂，胡...

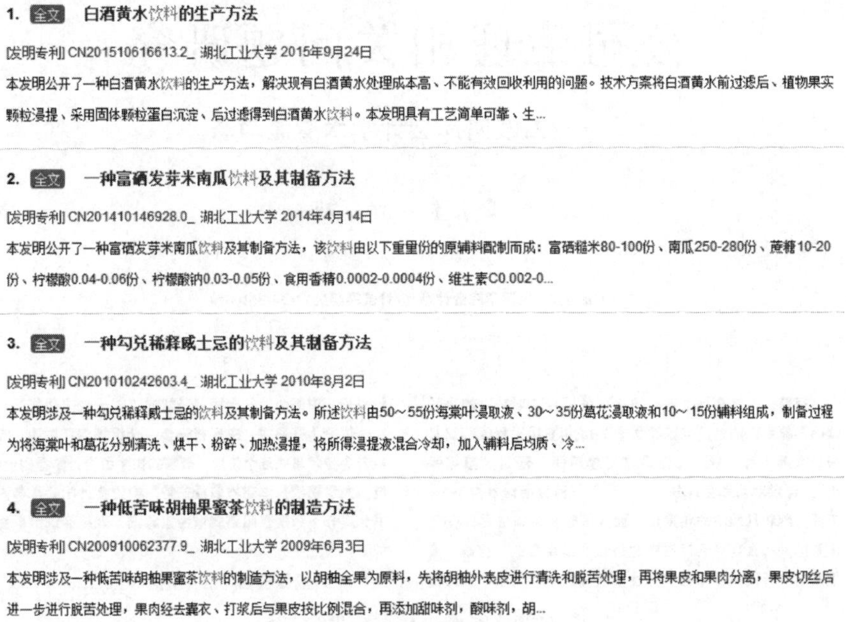

图 4.31　实例 2 检索结果显示

5. 查看专利申请说明书

单击专利名称“一种勾兑稀释威士忌的饮料及其制备方法”，再单击相应图标查看全文或下载全文，专利申请说明书如图 4.32 所示。

CN 101904532 A　　说 明 书　　1/6 页

一种勾兑稀释威士忌的饮料及其制备方法

技术领域

[0001] 本发明涉及一种饮料及其制备方法，具体涉及一种勾兑稀释威士忌的饮料及其制备方法。

背景技术

[0002] 中国加入世界贸易组织之后，洋酒的进口关税在降低，威士忌的售价也随之越来越接近中国老百姓的承受水平，威士忌在中国的消费量也不断攀升。

[0003] 威士忌是高浓度酒，在饮用时一般加一些冰块，并兑一些可乐、雪碧、红茶或绿茶等。饮用方法具有多样性，这也是威士忌受欢迎的原因之一。但是，有些饮料会加剧酒精对

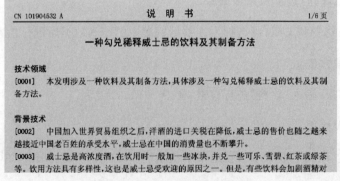

图 4.32　实例 2 专利申请说明书

【实例 3】

用读秀学术搜索检索高铁对旅游业的影响信息。

【检索步骤】

1. 分析检索课题,选择检索数据库

选择读秀学术搜索进行检索。

2. 选择检索方法

选择知识检索方法进行检索。

3. 在检索框内输入检索词

在检索框内输入检索词"旅游业""高铁""影响",以逻辑"与"进行检索,也可第一次先输入检索词"旅游业"进行检索,在首次检索结果中输入"高铁"进行检索,在第二次检索结果中输入检索词"影响"进行检索。

4. 检索结果显示

读秀学术搜索的检索结果界面分为左、右两部分,左边检索结果显示如图 4.33 所示。右边检索结果显示如图 4.34 所示。

图 4.33 实例 3 左边检索结果显示

5. 根据文献线索查找全文

单击图 4.33 中的"阅读"或"PDF 下载"按钮可打开知识全文,单击图 4.34 中的标题可打开网页全文,其他类型的文献以此类推。若文献不在可阅读权限范围内,用户可申请文献传递。

图书 相关21篇

广东年鉴 2014 总第28卷
朱小丹主编,广东年鉴社,2014
旅游学100例
黄潇婷编著,中国旅游业"十二五"高等教育教材,北京：中国人民大学出版社,2014

期刊 相关114篇

高铁对黄山市旅游业的影响
李锦,屠西伟,黄欢,钱娟,大经贸,2016
京福高铁开通对安徽旅游业的影响研究
洪嫒琳,商场现代化,2016

报纸 相关6篇

高铁开通对市旅游业的影响与对策分析
张彬,黄山日报,2014
高铁开通对市旅游业的影响与对策分析
张彬,黄山日报,2014

学位论文 相关41篇

基于高铁网络化的中国城市旅游空间格局演变及优化研究
钱佳,硕士,苏州大学,2015

图 4.34 实例 3 右边检索结果显示

思 考 题

1. 试比较分析中国知网(CNKI)、万方数据知识服务平台、维普期刊资源整合服务平台中"中文期刊数据库"的异同点。

2. 查找你所在学校人员撰写的你所学学科专业的硕士论文或博士论文 3 篇。

3. 用检索实例说明中国知网(CNKI)标准检索、高级检索、专业检索、引文检索、学者检索的检索方法。

4. 查找洗衣机方面的中国专利两项,简述检索方法和步骤。

5. 查找参考文献写作规范的国家标准。

第 5 章　常用的国外全文数据库

外文数据库作为一种新兴的学术出版及学术利用的方式越来越得到学术界的重视和认可,而且学术价值也比较高,可以作为学术研究的重要参考文献。本章主要介绍常用的外文数据库,包括 EBSCO eBook Collection 电子图书数据库、Ebrary 电子图书数据库、Elsevier SDOS 电子期刊全文数据库、Springer Link 电子期刊、全文数据库、IEEE/IET Electronic Library 全文数据库、PQDD 博硕士论文数据库、美国及欧洲专利数据库、国外标准数据库等各种文献类型的外文全文数据库,最后通过一个综合检索实例介绍了数据库的使用方法及步骤。

5.1　电子图书

5.1.1　EBSCO eBook Collection 电子图书

1. 简介

EBSCO eBook Collection 原名为 OCLC NetLibrary,它是全球最大的在线计算机图书馆中心(OCLC)的下属部门,是世界上最早的电子图书生产商,也是世界上最大、最主要的电子图书提供商。2010 年,NetLibrary 被 EBSCO 公司收购,改名为 EBSCO eBook Collection。EBSCO eBook Collection 电子图书数据库目前提供了 700 多个出版商的电子图书,覆盖了全部的学术领域以及普通阅读和通俗阅读领域,其中 80% 的电子图书面向大学与研究型读者层。它除提供全文的电子书外,还提供 16000 多种有声电子图书。EBSCO eBook 电子书可以直接进行检索,不需要安装任何阅读软件即可阅读、保存和打印,每次可保存、打印 15 页或更多。

2. 检索与浏览

eBook Collection on EBSCOhost 在系统中默认的检索模式为基本检索,单击接口上方工具栏中的 eBook Collection 即可使用分类书籍列表接口,在搜寻字段中输入检索词汇并单击 Search 按钮(图 5.1),与检索词汇相关的电子书会显示于结果列表中,然后单击 eBook Full Text 按钮开启全文进行在线阅读。

用户可选择界面左方的主题类别浏览电子书,将光标移至上方工具栏中的 Browse 上,选择以 Collections(馆藏)、Subject Sets(主题集)或 Publisher List(出版者清单)浏览,如图 5.2 所示。

3. 电子书脱机阅读

如果用户所到访的图书馆提供 EBSCOhost 电子书下载服务,可以选择下载电子书全文至

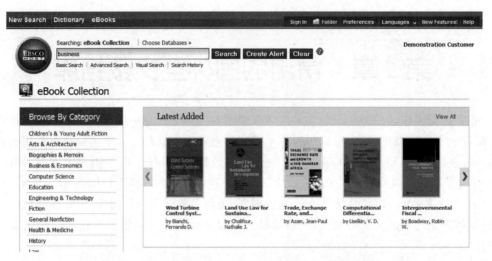

图 5.1　eBook Collection on EBSCOhost 基本检索界面

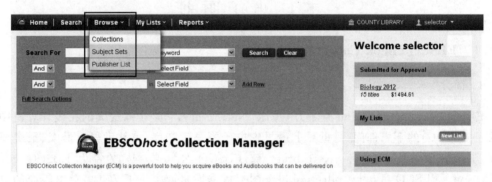

图 5.2　eBook Collection 浏览界面

计算机或者电子书阅读器中脱机阅读。脱机阅读必须使用 Adobe Digital Editions 1.7.1 或者更新的版本。

最新软件的免费下载位置为 http://www.adobe.com/products/digitaleditions。

4. 预订借书

如果用户要下载的电子书正在被其他的读者使用,且用户所在的图书馆提供预订借书的功能,用户将有机会针对该电子书设定预约借取的功能,待本书的状况为可借出时,用户即可收到通知立即下载。在对话框中输入电子邮件地址,然后单击 Place Hold 按钮即可。

5. 电子书与个人 EBSCOhost 文件夹

eBooks 会呈现于 My Folder 内如图 5.3 所示的位置。

(1) eBooks:当读者将该书加入至个人资料夹中后,此书籍的相关信息会出现于 eBooks 的区域中,若该书被借出,则不会出现于此区域。用户可于结果列表或书籍的详细信息页面中单击文件夹选项将该书加入至个人资料夹中。

(2) Holds:当用户针对某一本书进行预约借取时,该书将会被放置于此预订借书区

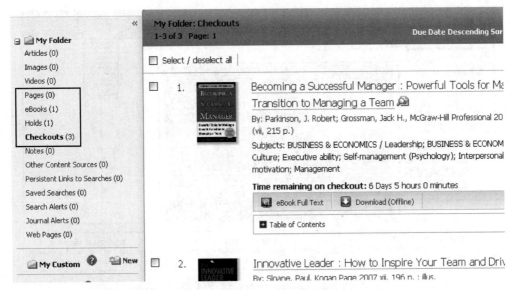

图 5.3 个人 EBSCOhost 文件夹

(Holds)中。书籍的预订借书功能必须由图书馆的管理人员设定开启后才能进行。

(3) Checkouts：当某一本书籍被用户借出时，该书会被加入至用户个人资料夹中的借阅区(Checkouts)中，若用户尚未下载此电子书，则可于此在线阅读此书或者下载阅读此书。

5.1.2 Ebrary 电子图书

1. 简介

Ebrary 公司于 1999 年 2 月正式成立，由 McGraw-Hill Companies、Pearson plc 和 Random House Ventures 3 家出版公司共同投资组建。Ebrary 电子图书数据库整合了包括 McGraw-Hill、Springer、Elsevier 和 Taylor & Francis 等来自全球 500 多家学术、商业和专业出版商的权威图书和文献，覆盖商业经济、社科人文、历史、法律、教育、科技、语言文学、哲学、计算机、工程技术、医学等多个领域，提供一整套独一无二的在线数据库集合。

2. 检索与浏览

登录到 Ebrary 平台，页面左侧有简单检索、高级检索、浏览以及个人图书账户的面板，右侧是 Ebrary Reader 及相应的系统功能介绍。用户在首次使用 Ebrary 电子图书的时候需要先在此下载 Ebrary Reader 软件。Ebrary 电子图书采用 PDF 文档格式，保持了纸质图书的原貌，用户个人浏览器上的命令对电子书不起作用，任何操作只能使用 Ebrary Reader Toolbar(图 5.4)。

1) 检索

系统提供了两种检索方法(简单检索和高级检索)，单击 Search 面板中的 Simple 按钮可进入简单检索。用户可直接在检索框中输入检索词，然后单击 Search 按钮即可开始检索。

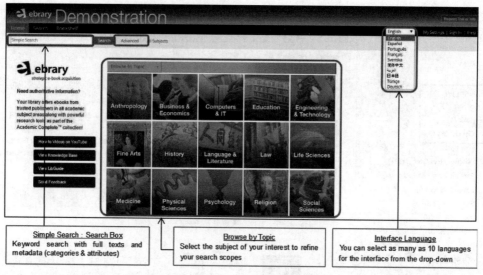

图 5.4　Ebrary 平台检索与浏览界面

单击 Search 面板中的 Advanced 按钮进入高级检索,用户可获得更精准的检索结果。高级检索提供了多个检索框,用户可根据需要设定不同的检索字段与检索词进行检索。如果对检索结果不满意,还可以在检索结果中设定二次检索,使检索结果更加准确。

2) 浏览

在 Search 选项卡中单击 Browse,进入浏览操作。这里按照英文字母顺序列出了所有图书的学科分类,单击需要阅读的类别,在页面右边就会列出该类别的所有图书。

如果用户需要更细致的图书分类,可以单击每个类别前的"+",在该类别下面就会列出相应的子类别,逐层单击进入,直至找到需要的图书。在图书类别列表的最下面,用户可以选择以英文/西班牙文显示图书。

3) 阅读

在检索结果中,用户可以直接单击感兴趣的文章的全文链接阅读全文。用户在进行书籍阅读的过程中需要使用 Ebrary 提供的专门软件 Ebrary Reader 的相应阅读功能。在此浏览器中读者可执行添加书签、加标注、复制、打印等操作。

4) 个人书架管理

在用户登录了个人账户之后就可以建立个人书架,收藏感兴趣的图书,并使用相应的功能。在该平台首页中单击 Account,输入个人信息,登录后可以看到 Bookshelf 图标,单击进入个人书架。在个人书架中将列出所有被添加到个人书架的图书,按添加时间的先后排列,单击每本书名可以链接到该本图书。读者在阅读和浏览的过程中可以使用系统提供的图书注解、高亮和书签等功能进行个人书架管理。

5.1.3　Safari 电子图书

1. 简介

Safari 电子图书(Safari Tech Books Online)是 ProQuest 公司推出的电子图书服务系

统,主要提供 IT 方面的电子图书。在 Safari Tech books Online 系统中,95% 以上的书目是 2000 年以后出版的,20% 以上的书目列入了 Amazon 书店前 10000 种畅销图书清单。Safari 数据库全面覆盖 IT 技术的所有学科。目前 Safari Tech Books Online 系统中已有 1400 多种图书,并以每月大约 75 本图书的速度递增。在大多数情况下,在 Safari Tech Books Online 系统中可以看到电子图书的推出速度比其印刷版的出版速度要快。

2. 检索

1) 简单检索

进入 Safari 电子图书首页(图 5.5),在检索框中输入检索词,单击 Go 按钮,进入检索结果页面。在这里可以按图书浏览检索结果或按章节分类浏览结果。单击检索结果中某书的相关章节对应链接可进入其对应内容。

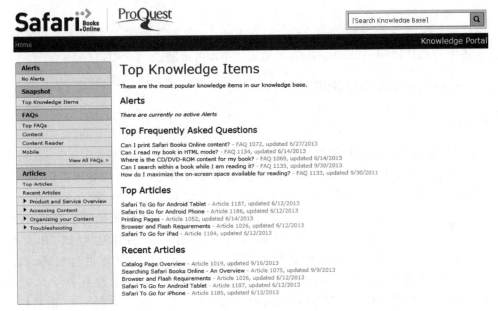

图 5.5 Safari 电子图书首页

在此页面可以进行二次检索,My book 将检索范围限定在集团已经订购的书目中,All book 将检索范围限定在 Safari 数据库提供的所有书中,用户可以浏览未订购书目的简单介绍,还可以通过订购浏览该书全文。

检索结果页面上部的工具条的 Bookshelf,显示的是用户有权浏览的全部图书。

2) 高级检索

单击 Advanced Search 进入高级检索界面,可以选择图书名称、学科、作者、ISBN、出版时间、出版商等多个检索字段或组合,它们之间是 AND 的关系。

3. 浏览

在 Safari 电子图书的首页及检索结果页面的左侧均提供了按照学科分类浏览的功能。

4. Safari 电子图书的特色功能

1) DESKTOP 功能

(1) DESKTOP L：简单入门级的书目清单，如怎样使用 Word 和 Excel 等。

(2) DESKTOP B：提供了用户最近的检索历史、最近访问的图书记录、用户添加的书签等相关记录。

2) Additional Reading

在每本书的主页面中由系统自动推荐同类文章、该领域的顶级出版商、浏览同类主题内容，该功能类似于 ProQuest 平台的 Smart Search 功能。

3) Related Article 功能

在检索结果页面中的右侧系统自动推荐了相关文章和主题。

4) 定制 RSS Feed

用户将 RSS 下方的网址 http://proquest-safaribooksonlinesonline.com/rss/复制、粘贴到 RSS 客户端软件(e.g..SharpReader)地址栏中即可定制。

5.1.4　SpringerLink 电子图书

1. 简介

Springer 是全球著名的专业图书出版商。SpringerLink 电子图书涵盖 Springer 全系列图书产品，包括专题著作、教科书、手册、电子地图、参考文献、丛书等，内容涵盖化学和材料科学、计算机科学、地球和环境科学、工程学、数学、物理学和天文学、医学、生物医学和生命科学、建筑、设计和艺术、行为科学、商业和经济、人文科学、社会科学和法学等学科领域。SpringerLink 电子图书以每年 3000 种新书、100 万页文献的速度增加，其规模与 SpringerLink 电子期刊的年文献增加量大致相同。SpringerLink 电子图书与 SpringerLink 其他电子资源(包括在线期刊、在线参考工具书)整合于 SpringerLink 这一平台上，链接便捷。E-Book 数据库提供到章节层面的 DOI，便于用户在电子书籍中查找结果，而且还提供了 MARC 21 编目格式和完整的统计数据，所有图书都以 PDF 和 HTML 数据格式存储。Springer 电子图书按照学科划分为下列 13 个图书馆：Architecure，Design & Arts(建筑、设计和艺术)；Behavioral Science(行为科学)；Biomedical & Life Science (生物医学和生命科学)；Business & Economics(商业和经济)；Chemistry & Material Science(化学和材料科学)；Computer Science(计算机科学)；Earth & Environmental Science(地球和环境科学)；Engineering(工程学)；Humanities，Social Science & Law(人文学科、社会科学和法学)；Mathematics(数学)；Medicine（医学）；Physics & Astronomy (物理学和天文学)；Professional Computing & Web Design(专业计算机与网络设计)。

2. 检索

(1) 关键词检索。在 SpringerLink 首页的中间单击 Books 按钮，进入如图 5.6 所示的页面。该页面左侧上部默认的检索方式是按关键词全文检索，单击检索框旁边的省略号可以进行字段的组配,可以选择的字段有标题(ti)、摘要(su)、作者(au)、ISSN(issn)、ISBN(isbn)和 DOI(doi)。通配字符为"*",可选择的逻辑关系为与(AND)、或(OR)、非(NOT)。在检索框中输入好检索词策略后单击 Go 按钮进行检索。选择 Within these results 可以进行二次检索。

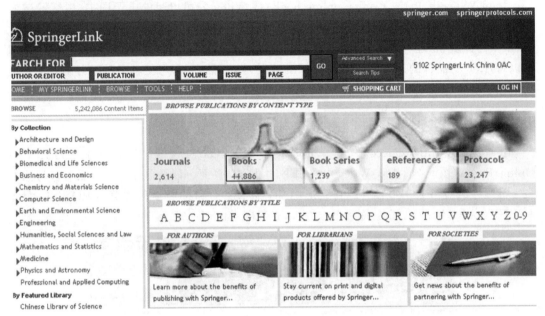

图 5.6 SpringerLink 首页

(2) 高级检索。在高级检索中可以按照全文、标题、摘要、作者、编辑、ISSN、ISBN、DOI 等字段设定检索词进行检索,并可输入日期及按相关性或出版日期对检索结果进行排序。在一个或多个检索词输入框中输入检索词,对检索范围进行限定,以达到精确检索的目的,多个检索条件(检索词输入框)之间为"与(AND)"的逻辑关系。

(3) 检索结果。在确定好检索项、输入检索词后单击 Search 按钮,进入检索结果页面。SpringerLink 在线电子图书系列利用 PDF 和 HTML 数据格式,单击 PDF 或 HTML 链接进入图书的封面与目录页面。

在图书的介绍页面中单击各章节进行浏览,用户还可以按照右侧提供的分类进行浏览,或者在检索框中进行二次检索。在页面的右上部提供了标记该记录、添加该记录到检索历史、定制电子通告、通过 E-mail 发送给某人等功能。

3. 浏览方式

(1) 按内容类型进行浏览。在这里可以选择所有类型或者出版物、期刊、丛书、图书、参考工具书及 Protocols 中的一种,单击进入进行浏览。在每一个大类别下面又分为很多子类。

(2) 按学科分类进行浏览。在 Springer eBook Collection 页面的下部选择 Subject 中的任一学科进行浏览。

5.1.5 John Wiley 电子图书

1. 简介

John Wiley 电子图书(Wiley online book)是 Wiley 公司出版的电子图书,内容涵盖农业和动物学、商务、化学、计算机科学、地球和环境科学、教育、工程学、生命科学、数学与统计学、医学与保健、物理与天文学、聚合物与材料科学、心理学、社会科学等领域,Wiley 在线图书以每月 50 个品种的速度不断丰富。John Wiley 电子图书、参考工具书在图书馆界享有很高的知名度,很多参考工具书在其专业范围内有很大的影响力。

2. 电子图书的浏览

登录 Wiley InterScience 平台,单击首页下部 BROWSE BY PRODUCT TYPE 中的 Online Books(图 5.7),进入 Wiley 电子图书学科分类页面。该平台提供了按照书名与丛书名字母顺序浏览(BROWSE BY TITLE AND SERIES)和按照学科浏览(BROWSER BY SUBJECTAREA)两种方式,逐级单击进入,查看图书。

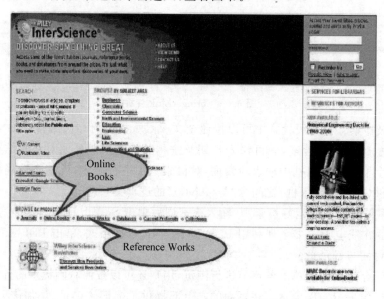

图 5.7 Wiley InterScience 平台主页面

3. 电子图书的检索

电子图书首页的右侧是检索区域,在这里提供了下面 4 种检索方式。

(1) 简单检索。在检索框中输入检索词,选择 Publication Titles,然后输入书名,单击 Go 按钮即可找到书的链接,单击链接就可以进入书的首页浏览全文。

(2) 高级检索。在高级检索中提供了 3 个检索框,可选字段包括出版物名称、文献名称、作者、全文/摘要、作者机构、关键词、资金代理、ISBN、ISSN、DOI、参考文献等。3 个检索框之间可选"与""或""非"的关系。在出版类型中选 Online Books,之后还可以限定检索时限,并可排序。

(3) CrossRef Search。在检索框中输入检索词,通过 Google 检索 CrossRef 成员的免费全文资源。

(4) ACRONYM FINDER。按照缩略词查找。

4. 检索结果

进入检索结果页面后单击每一个检索结果下面的链接,可以查看图书的摘要、参考文献、全文等信息。该平台还支持保存检索式(Save Search)和重新编辑检索式(Edit Search)功能。使用 Save Search 的功能需用户先注册,单击 Edit Search 按钮返回到高级检索页面,重新确定检索词。

5.1.6 不列颠百科全书

1. 简介

《不列颠百科全书》(Encyclopedia Britannica,EB)又称《大英百科全书》,现由美国不列颠百科全书公司(Encyclopedia Britannica Inc.)出版,是一部历史悠久,连续修订,享誉世界的权威性、学术性综合百科全书,所有条目均由世界各国著名的学者、各个领域的专家撰写,对主要学科、重要人物事件都有详尽的介绍和叙述,内容涵盖理、工、农、医、人文、社科各领域。

Encyclopedia Britannica Online(EB Online)为网络版的《不列颠百科全书》,网络版收录的主要内容如下。

(1) 4 部百科全书。Encyclopedia Britannica、Britannica Student Encyclopedia、Britannica Elementary Encyclopedia、Britannica Concise Encyclopedia。

(2) 不列颠网络指南(Britannica Internet Guide)。可连接至超过 166000 个不列颠精选相关网站。

(3) 韦氏大学生辞典(Merriam-Webster's Collegiate Dictionary and Thesaurus)。拥有超过 215000 个词条及 340000 种词类变化,方便使用者实时查询字词。

(4) 世界地图(World Atlas)。提供超过 215 个国家的地图、旗帜、统计资料、相关文章等。

(5) 不列颠主题(Spotlights)。提供深入且丰富的 20 种主题研究数据库,如莎士比亚、诺曼底登陆等。

(6) 时间序列主题(Timelines)。主题涵盖了 Architecture、Exploration、Technology、Ecology、Art、Women 等。

(7) World Data Analyst Online。

(8) New York Times、BBC News 与 SBS World News 焦点新闻。

(9) 经典文献(Gateway to the Classics)。

(10) 名人格言(Merriam-Webster's Dictionary of Quotations)。

另外,还提供了视频资料以及 EBSCO、Proquest 的相关文章链接等内容。

2. 检索与浏览

《不列颠百科全书》网络版同时提供了浏览和检索功能。浏览功能包括按字母顺序浏览、主题浏览、世界地图浏览、年鉴浏览和时间(大事记年表)浏览、世界数据浏览、经典名著及名人格言浏览等多种途径。检索功能可根据不同需求选择检索 EB 完整版、简明版、EB 精选网站、影像资料和《韦氏词典》等不同层次和类型的文献。EB 还对检索结果进行了简单分类,分别显示从不列颠百科完整版、不列颠百科简明版、EB 精选优质网站、其他资源、影像资料等不同来源得到的检索结果。

1) 检索

(1) 简单检索。在检索框中先输入所需检索的字、词或问题,然后单击所需搜寻的百科数据来源(Encyclopedia Britannica Online 或 Merriam-Webster Dictionary & Thesaurus),最后单击 Go 按钮即可。

(2) 高级检索。高级检索提供了 5 种逻辑检索方式,即含所有词、精确查询、含任何词、不含该词、相近的词,检索内容范围为大英百科、大英简明百科、多媒体、网站信息。在检索结果页面的左侧是各主题库,包含检索结果数量的显示,单击主题库名称进入浏览。在这里还提供了浏览 ProQuest 与 EBSCO 的相关主题文章,以及韦氏词典和 Google 链接。

2) 浏览

Browse 提供按照标题的字母顺序、主题、年鉴、传记、基金等分类进行浏览。

浏览研究检索工具分为内容索引(The Index)、标题索引(A-Z Browse)、主题浏览(By Subject)、世界地图集浏览(World Atlas)、时间序列主题(Timeline)、年鉴(Year in Review)、世界各国数据信息(World Data Analyst)、名人格言浏览、经典文献简介等。

(1) 内容索引。提供按照字母顺序的索引,文献内容按照字母顺序排列。

(2) 标题索引。提供按照字母顺序的索引,文献标题按照字母顺序排列。

(3) 主题浏览。主要分为艺术与文学(Arts & Literature)、地球与地理(The Earth & Geography)、健康与医学(Health & Medicine)、哲学与宗教(Philosophy & Religion)、运动与休闲娱乐(Sports & Recreation)、科学与数学(Science & Mathematics)、生活(Life)、社会(Society)、科技(Tech1ology)与历史(History)10 种类别。每一个主题下面包含子主题的链接。

(4) 世界地图集浏览。提供从地理角度了解世界各国情况的途径。世界地图包括国家的地图、国旗、统计数字。在这里读者可以系统地浏览世界各国的梗概,其中包括国土疆域、人民生活、经济概况、政府机构、文化历史、重要城市等。在浏览时先选"洲",再选国家,逐步进入。在查找某一特定的内容时,既可以从界面上方的下拉列表框中逐一选择,也可以从下方的地图中具体圈选。

(5) 时间序列主题。主要以时间序列呈现公元前后的主题浏览,分为建筑(Architecture)、艺术(Art)、儿童时期(Childhood)、每日生活(Daily Life)、生态学(Ecology)、探险(Exploration)、文学(Literature)、医学(Medicine)、音乐(Music)、宗教(Religion)、科学(Science)、运动(Sports)、科技(Technology)、女性历史(Women)14 种类别。用户可以直接拖动页面下部的时间滑块选择所需搜寻的年份,也可以通过输入年份来检索。

(6)年鉴。每一年,《不列颠百科全书》会出版前一年值得纪念的人物及事件,使用者可将年份作为搜寻的依据。此外,年份下又分为日期(Dates)、人物(People)及事件(Events)3种分类,使用者可以选择年代,按时间、人物、事件等主题浏览世界上每年发生的事情。

(7)世界各国数据信息。提供世界上各国家的国家概况与统计资料等。

5.2 电子期刊

5.2.1 Elsevier SDOS 电子期刊

1. 简介

Elsevier 公司于 1580 年在荷兰创立,是全球最大的科技文献出版商,ScienceDirect OnSite(SDOS)数据库是 Elsevier 公司的核心产品,是全学科的全文数据库,集世界领先的科技和医学信息之大成。ScienceDirect 可以提供的期刊有 2500 多种,该库出版的期刊大多数被 SCI、EI 所收录,它属于国际核心期刊,很多期刊的影响因子都达到了 2.0 以上,在学术界具有很大的影响。该期刊涉及的学科主要有生命科学、农业与生物、化学及化学工业、医学、计算机、地球科学、工程能源与技术、环境科学、材料科学、数学、物理、天文、社会科学等 24 个学科,几乎涵盖了所有学科门类。另外该数据库还收录了参考工具书、手册、系列丛书等电子图书,数据库更新频繁(几乎是每周更新一次),时效性极强。ScienceDirect 检索平台主页面如图 5.8 所示。

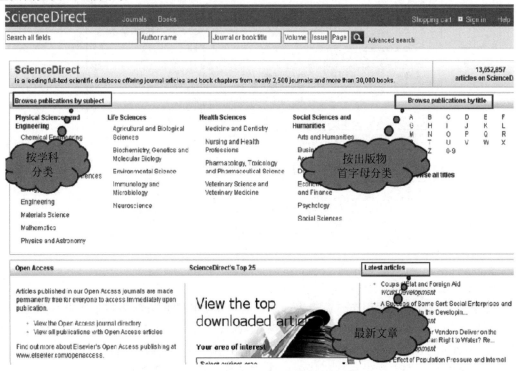

图 5.8 ScienceDirect 检索平台主页面

2. ScienceDirect 的检索与浏览

1) 快速检索（Quickly Search）

快速检索时可以按篇名/摘要/关键词、作者、出版物名称，以及出版物卷、期、页进行检索，在每个输入框中可以同时输入多个检索词，不区分大小写，系统默认各检索条件是 AND 的关系。在按作者检索时要用姓的全称，加上名字或名字的第一个字母，姓与名字之间用空格或逗号来分隔。

2) 高级检索（Advanced Search）

单击首页的 Search 按钮进入高级检索界面，单击检索式输入框上方的资源类型导航标签可以针对期刊、图书、网络资源等某一种资源进行检索。选择字段名，输入检索词，选择逻辑运算符表示各字段之间的逻辑关系。该平台根据收录文献的类型和特点共定义了以下几个字段作为检索途径，分别是作者、特定作者、期刊名、题名、关键词、文摘、引文、ISSN、作者单位。选择学科主题（在滚动条内选择），可以通过按住 Ctrl 键进行多项选择。选择文献类型，限定出版时间（Dates），也可以输入卷、期、页，然后单击 Search 按钮，即可实现高级检索。ScienceDirect 高级检索页面如图 5.9 所示。

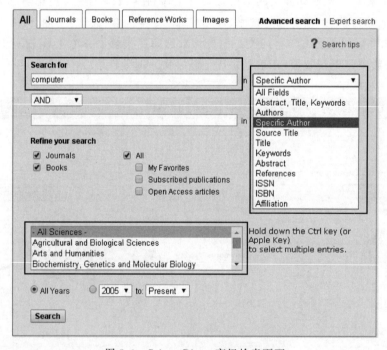

图 5.9 ScienceDirect 高级检索页面

3) 专家检索

专家检索是指直接运用布尔逻辑表达式进行检索。用户可以使用布尔逻辑运算符和位置运算符来输入检索条件（AND、OR、NOT、ANDNOT、NEAR、ADJ）。逻辑运算的优先级是 NOT→AND→OR，可用（）来改变执行顺序。在输入检索式时，逻辑运算符的两侧必须各留有一个空格。专家检索与高级检索的限定条件相同。字段名有摘要（Abstract）、关键词(Keywords)、机构(Affiliation)、参考文献(References)、作者(Authors)、题名(Title)等。

例如,用专家检索查找有关"网络安全"的文献,网络的英文关键词为"Network",安全的英文关键词为"Security",逻辑运算符用"AND",检索表达式为"keyword="Network" and keyword="Security"",单击 Search 按钮,检索结果为关键词中同时包含 Network 和 Security 的期刊论文。

4) 期刊浏览

在主页面左侧可以进行期刊浏览。单击页面上的 Browse 按钮也可以进入浏览与快速检索界面。系统提供的浏览页面是按字母顺序(Browse by Title)和按学科领域分类(Browse by Subject)两种方式排列的期刊目录。

5) 检索结果处理

检索结果可以按题录、文摘、全文 3 种方式显示。预览(Preview)是 ScienceDirect 独特的结果处理功能,选择 open all previews 后,检索结果中的每一命中文献题名下方自动打开一个窗口,用于显示该篇文章更详细的内容,可以选择预览文摘、文章中的图或表、参考文献,也可以预览全文,单击 PDF 可以查看并下载全文。在检索结果界面的 Search Within Results 下方输入检索词可以进行二次检索。在文章题名前如果是绿色的小方框,说明可以查看全文;如果是白色的小方框,则看不到全文。在检索结果界面可以对结果进行题名、摘要、日期和相关度排序。

5.2.2 SpringerLink 电子期刊

1. 简介

SpringerLink 出版社于 1842 年在德国柏林创立,是目前自然科学、工程技术和医学(STM)领域的全球第二大学术期刊出版社。大多数诺贝尔奖得主都在 SpringerLink 出版物上发表文章。SpringerLink 在网络出版方面占有领先地位,是全球首个电子期刊全文数据库,也是全球第一个提供多语种、跨产品的出版服务平台,涵盖 SpringerLink 出版的所有在线资源。SpringerLink 中的大多数全文电子期刊是国际重要期刊,其中 SCI 源刊达到 72%,是科研人员的重要信息源。SpringerLink 新平台的主界面如图 5.10 所示。

SpringerLink 的内容已涉及各个研究领域,涵盖不同学科,主要包括生命科学(Life Sciences)、医学(Medicine)、数学(Mathematics)、化学(Chemical Sciences)、计算机科学(Computer Sciences)、经济(Economics)、法律(Law)、工程学(Engineering)、环境科学(Environmental Sciences)、地球科学(Geosciences)、物理学与天文学(Physics and Astronomy)等。SpringerLink 还包括两个特色图书馆,即中国在线图书馆(只提供期刊)和俄罗斯在线图书馆(期刊)。

2. SpringerLink 检索与浏览

SpringerLink 平台提供了简单检索、高级检索和期刊浏览 3 种方式。

1) 简单检索

简单检索可按关键词和学科类别进行检索,在主页面的输入框中输入要检索的关键词,

图 5.10　SpringerLink 新平台的主界面

单击 Go 按钮即可。另外，可以进行检索式检索，检索式的制定方式也非常简单，在检索框下方有 AUTHOR OR EDITOR、PUBLICATION、VOLUME、ISSUE、PAGE 5 个图标，在输入检索词时需要用到哪一个功能直接单击即可。

2）高级检索

在主界面上单击 Advanced Search，图 5.11 所示的高级检索界面提供了多个检索条件进行组合，这些条件分别是 FULL TEXT（全文）、TITLE & ABSTACT（标题和摘要）、TITLE ONLY（标题）、AUTHOR（作者）、EDITOR（编辑）、VOLUME（卷）、ISSUE（期）、PAGE（页）和 DOI（数字唯一标识符）。在检索框中输入检索词，可以自由选择检索项，检索项之间都是"与"的关系，还可以进行日期的选择和结果的排序，然后单击 Go 按钮。

例如，用高级检索查找所需要的"计算软件网络安全"方面的文献，在 FULL TEXT 字段中输入"software"，在 TITLE ONLY 字段中输入"Calculation of Network Security"，单击 Go 按钮即可完成检索。

3）期刊浏览

在主页上的 Browse 中单击 Journals 就可以进入期刊浏览页面，在这个页面上可以按期刊的字母顺序进行浏览，也可以任选首字母进行浏览，还可以看到哪些期刊是最近更新的以及期刊的语种和学科分布情况。在每一个文献列表页面中用户都可以重新检索或利用导

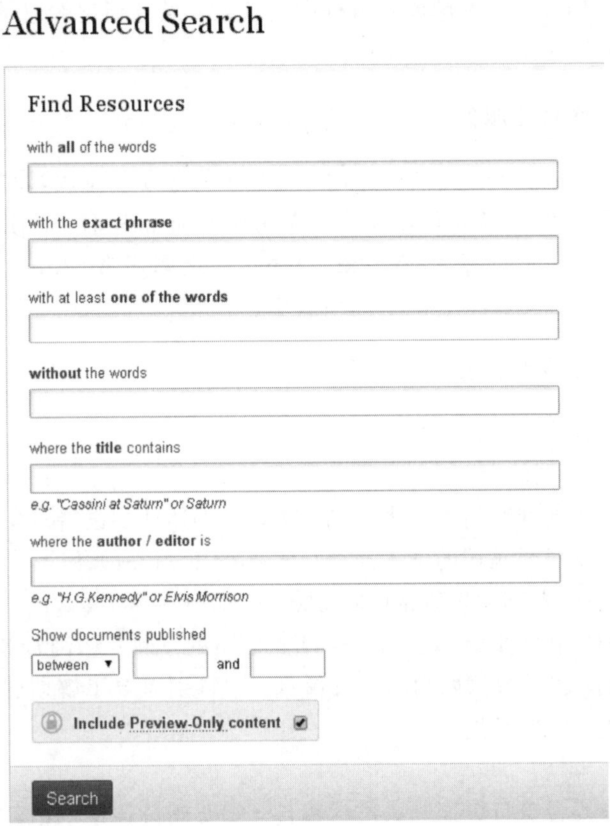

图 5.11 SpringerLink 高级检索页面

航栏精检当前的检索结果。在每一个期刊刊名的前面都有一个方框,如果方框里面全部是绿色的,说明该刊的全部文献都能看到全文;如果只有一半是绿色的,说明有部分文献可以看到全文;如果方框内没有颜色,说明该刊不提供全文阅览。如果用户想在主页面直接了解刊物的详细信息,可以直接单击"详细列表"。

4) 检索结果处理

用户可以在检索结果列表中选择浏览记录的详细题录(Expanded View)或简要题录(Condensed View)。详细题录显示论文的文献类型、标题、DOI 信息、出处、作者、简要文摘以及所能提供的全文文献格式和链接等详细信息,简要题录显示论文标题、作者、全文文献格式等信息。对于每一篇命中文献的类型系统给出了必要的提示,指明该命中文献是期刊。如果单击命中文献的题名,用户还可以看到来源期刊的封面及更为详细的著录信息。

如果一次检索的文献数量很多,可以进行以下操作:

(1) 在原有结果内重新输入关键词进行二次检索,或者在平台的所有数据中重新检索。

(2) 对结果进行分类或排序。

检索结果的输出:对于符合条件的检索结果可以进行标记,在检索结果的每篇文章旁都标有"添加入标记条目中"(Add to marked items)按钮,单击该按钮表示标记该记录,标记条数在界面左方的"标记条目"旁显示。标记过的记录暂时保存在系统中,用户可随时对这些记录进行操作。用户可在标题前的方框中勾选某一条已标记的记录，然后进行下载、发送 E-mail 到邮箱中、保存在磁盘上等操作。

3. SpringerLink 个性化服务

SpringerLink 还提供了个性化功能。用户需要填写注册信息表，设置个人账号和密码，会收到系统发的电子邮件，以确认注册完成。在用账号和密码登录后便可以享受个性化的信息服务，主要包括已标记的条目（Marked Items）、定题服务（Alert）、订购历史（Order History）和已保存的条目（Saved Items）几项服务。

4. SpringerLink 在线期刊的投稿流程

投稿的 3 个步骤如下。

1）选择一个适合投稿的期刊

选择一个适合投稿的期刊需要考虑下列 4 方面：①期刊的读者对象（Audience）是否与研究相关？②期刊在本研究领域的学术声誉（Prestige Factor）如何？③期刊发表论文的关注点（Focus）是什么？④期刊的发行量（Circulation）如何？

找到适合投稿的期刊的步骤如下：①选择要投稿的学科；②浏览该学科领域的期刊；③选择该领域的期刊；④了解该期刊的相关信息；⑤特别需要了解期刊的办刊宗旨；⑥浏览访问最多的文章也会很有帮助。

2）准备好稿件

在准备稿件之前要带着目标期刊去准备稿件：①要阅读该期刊已经发表的文章；②要注意已发表文章的内容、风格、格式、参考书目和图表；③要了解该期刊对稿件的各项要求；④必须仔细地研究作者须知。

3）提交

在提交论文时要注意期刊要求提交论文准备哪些资料，一般包括手稿（Manuscript）、作者简介（Biography of Author）、投稿信（Cover Letter）、文摘（Abstract）、单独的图（Figure）和表（Tables）等。

在线投稿和同行评议：Editorial Manager 是目前使用比较广泛的科技期刊的在线投稿和同行评议系统。

5.2.3 EBSCO 电子期刊

1. 简介

EBSCO 是美国的一家私人公司，是全球最早推出全文在线数据库检索系统的公司之一，可以提供 100 多种全文数据库和二次文献数据库，所用检索系统为 EBSCOhost。EBSCO 可提供的数据库如下。

（1）Academic Source Premier（ASP）：学术期刊精华数据库。

（2）Business Source Premier（BSP）：商业资源精华数据库。

（3）其他数据库。

① Educational Resource Information Center(ERIC)：教育资源信息中心。
② Newspaper Source：报纸资源。
③ EconLit：美国经济学会电子书目数据库。
④ Legal Collection：法学精华。
⑤ Regional Business News：区域商业新闻。
⑥ World Magazine Bank：世界杂志银行。

2. EBSCO 检索方法

在进行 EBSCO 数据库检索时先要选择数据库，在选择数据库时可以同时选择多个数据库进行检索，如果要对某个数据库单独进行检索，只需用鼠标单击这个数据库的名称。用户也可以在数据库前的框内打钩，然后单击 Continue 按钮。对多个数据库进行检索，在所有要同时检索的数据库前的方框内打钩，然后单击 Continue 按钮。

在 EBSCO 中可以对界面的语言进行设置，单击检索页面上方的"语言"(Language)选择"简体中文"，数据库就为中文界面，可以方便读者进行检索，提高检索效率。

1) 基本检索

在选择完数据库后单击 Continue，进入到检索页面，单击"基本检索"，在输入框中输入关键词，也可以输入词组，关键词或词组之间可用布尔逻辑算符(AND、OR、NOT)连接组成检索表达式，如检索时不限定字段，基本检索的结果是在所有字段中进行检索。单击"基本检索"左边的检索框，使用者可在任何时刻开启更多的检索选项设定，对检索条件进一步限制。EBSCO 数据库基本检索界面如图 5.12 所示。

图 5.12 EBSCO 数据库基本检索界面

2) 高级检索

在进行高级检索时可以按不同字段输入检索条件，在下拉框中可以选择按作者、标题、摘要等信息进行检索，可同时限定多个条件，还可以在"限制结果"(Limit your results)中对检索条件进一步限制,可以选择出版物类型、全文格式等。当需要查看文章全文时要选中"全文"(Full Text)右侧的方框。"学术期刊"[Scholarly(Peer Reviewed)Journals]是指有专家评审的期刊中的文章。高级检索界面如图5.13所示。

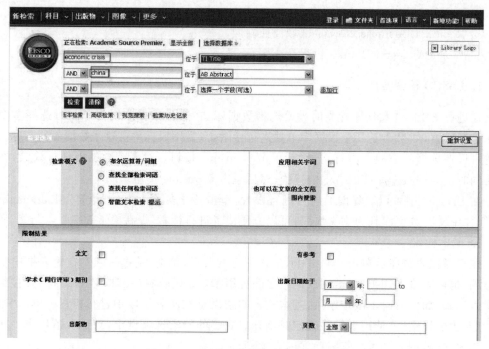

图5.13　EBSCO数据库高级检索界面

3) 视觉检索

EBSCO为用户提供了非常便利的视觉检索,但需要安装Adobe Flash Player Version,单击Visual Search,输入检索词后单击Search按钮,进入到视觉检索结果页面。检索结果是按照分类聚集的视图,单击视图中的任意一个聚类结果,进入下一级视图,直到右半部出现检索结果。视觉检索是EBSCO特有的功能,可以更直观、清晰地显示出检索结果。

4) 期刊浏览

单击页面上方的"出版物"(Publications)进行期刊浏览,共有3种浏览方式,即通过字母顺序按刊名浏览期刊、按照学科浏览期刊、输入期刊名进行浏览。单击期刊名可以看到期刊的详细信息。在页面的右侧可以看到该期刊的所有卷期。

5) 检索结果处理

(1) 记录数量和当前位置。这一区域显示符合检索条件的记录数、现在显示的记录范围、翻页按钮、快速翻页按钮。

(2) 文章信息概览。这一区域显示文章题名、编著者、来源刊、出版时间、页码页数、图片图表情况等信息。

(3) 全文情况。这一区域显示数据库中收录这篇文章的全文的情况。全文的格式可能为HTML、XML、PDF。另外,数据库还提供了国内馆藏查询功能。当用户看到有Linked Full Text图标时,说明这篇文章在其他EBSCO数据库(指当前检索者拥有使用权的数据库)中有全文。

(4) 添加到收藏夹。将文章存入用于临时保存文章的文件夹,收藏夹是数据库检索系统中的一个临时的个人收藏夹。在一次检索的过程中,检索者可随时将需要进一步处理的文章存入收藏夹中,以便检索完成后集中处理。

(5) 详细信息。详细信息页面可按功能分为导航区、引文信息区和全文信息区3个区域,导航区有翻页按钮、检索按钮、存档按钮、显示切换按钮等;引文信息区显示详细文章信息,包括文章摘要;全文信息区可以提供全文格式,如果有 HTML 或 XML 格式的全文,则直接显示在此区域中,如果要浏览 PDF 格式的全文,需事先安装 Acrobat Reader 等 PDF 浏览器,之后单击 PDF 全文的链接,浏览器会自动打开。

(6) E-mail。用户可以选择用 E-mail 发送引文信息、全文,也可以选择用 E-mail 发送可以连接到数据库中的文章的链接地址。如果选择发送文章链接地址,在 E-mail 中还可以包括一条 HTML 命令,可用于在个人网站上发布。

(7) 存盘。可以保存文章、链接和数目信息。

(8) 打印。PDF 的全文请用 PDF 浏览器提供的打印功能打印。文本格式的全文可使用数据库提供的打印管理器打印。打印管理器会对全文进行格式化,并将结果显示在一个单独的窗口中,现在就可以用浏览器提供的打印功能打印文章了。

5.2.4 Wiley-Blackwell 电子期刊

1. 简介

John Wiley&Sons Inc.(约翰·威立国际出版公司)1807 年创建于美国,是全球知名的出版机构,面向专业人士、科研人员、教育工作者、学生、终身学习者提供必需的知识和服务。经过 200 多年的发展,威立(Wiley)已经在全球学术出版、高等教育出版和专业及大众图书出版领域建立起了卓越的品牌,成为全球唯一一家业务涵盖这三大领域并处于领先地位的独立出版商。Wiley-Blackwell 拥有 1500 多种高质量学术期刊,在化学、生命科学、医学、材料学以及工程技术等领域学术文献的出版方面颇具权威性。该出版社期刊的学术质量很高,很多重要学科领域中的顶级期刊都是该出版社出版的。

Wiley Interscience 是一个综合性网络出版及服务平台,在该平台上提供了全文电子期刊、电子图书和电子参考工具书的服务,该平台的主界面如图 5.14 所示。

2. Wiley-Blackwell 检索方法

1) 简单检索

在主界面的右端有"简单检索"对话框,其中有两个单选按钮,All Content 用于在所有文献类型中进行全字段检索;Publication Title 用于仅对 John Wiley 出版物标题中的词进行查询,当用户知道具体的文章或书名时可以选择 Publication Title。用户可以使用布尔逻辑算符(AND、OR、NOT),词组检索可以用引号把词组括起来。

2) 高级检索

单击"简单检索"对话框下方的 Advanced Search 进入高级检索界面,可以对检索字段

图 5.14　Wiley Interscience 平台主界面

（刊名、篇名、作者、全文/摘要、作者单位、关键词、资助机构等）进行设定，然后在检索输入框内输入检索词。在高级检索中可以运用出版物类别和出版时间等进行检索条件限定，从而精确检索结果。如果用户已经保存了喜爱的期刊、图书的名字到"我的信息"，可以勾选 Collections and Saved Items 下的 My Saved Content，这样可以缩小并精确检索结果。

3）CrossRef/Google Search 跨库检索

CrossRef/Google Search 可同时检索 29 个协作出版商站点的学术性在线内容。输入检索词后单击 Go 按钮，可以进入 Google 检索界面。单击需要的文章后即进入到该文章所在的数据库页面，可以查看、保存所需要的文章，部分文章可以显示全文。

4）缩写词查找

缩写词查找（Acronym Finder）提供了首字母缩写词搜寻的工具，Acronym Finder 为一个免费资源，定义了科技中使用的 200000 多个缩略语、符号、字母缩略词。

5）期刊浏览

用户可以通过字母顺序按刊名浏览期刊，也可以按照学科浏览期刊。选择所需的刊名，可直接浏览最近一期的目次页，选择 ISSUE NAVIGATION 可进入该刊的所有卷期列表。在该刊右侧的 Search in This Title 中输入检索内容可以查找已知文章。

Wiley-Blackwell 免费提供期刊的目次摘要，没有订阅或者注册都可以阅读。参考文献、相关文章及引用跟踪是不提供给未订阅者的。

6）检索结果的处理

检索结果界面显示命中文献的篇数、所用的检索词或检索式、命中的结果。用户可以选择排序方式，可以查看文章的文摘、参考文献和全文。单击 References 可以看到文章的参考文献，单击参考文献后的 Links 可以对这篇参考文献进行 CrossRef 检索。从检索结果界面选择所需要的文献单击 PDF 进入全文页面，可对文章进行输出处理，保存所需要的文献。已注册的用户可单击 Save Article to My Profile 将文章保存到自己的文档，已注册用户还可通过单击检索结果界面上的 Save Article 将所需文献直接保存到自己的文档。

3. Wiley-Blackwell 个性化服务

个性化服务可以通过注册个人账户来实现。在主页的右上方有用户登录窗口，单击

Register 填写个人信息即可注册成功；输入账号和密码即可享受个性化服务、信息通告服务、免费获取期刊文章服务。个性化服务包括个人文档、在线投稿、Alerts Service、Early View 等。

5.2.5　Emerald 电子期刊

1. 简介

Emerald 于 1967 年由来自世界著名百强商学院之一的布拉德福商学院（Bradford University Management Center）的学者建立。从出版唯一一本期刊开始到成为世界管理学期刊最大的出版社，Emerald 一直致力于管理学、图书馆学、工程学专家评审期刊的出版。从建社以来，Emerald 一直秉承理论联系实际并应用于实践的出版理念，有效地搭起了学术界和实践人士之间的"桥梁"，这一点可以从 Emerald 的用户和稿源得到印证。其总部位于英国，但所有期刊的主编、作者遍布世界各地，并且在世界许多国家建立了代表处，使 Emerald 成为真正意义上的国际化出版机构之一。Emerald 公司的产品包括两个全文库和 4 个文摘库。

1）Emerald Management 200——Emerald 管理学电子期刊

该数据库平台包括 200 种 Emerald 出版的管理学全文期刊，占据世界上该类型期刊数量的 10% 以上，涵盖管理学二级学科各个专业，如工商管理、公共管理、图书馆情报学、工业管理以及其他交叉学科。Emerald 是目前世界上主要的管理学教学科研参考资源之一，所有期刊回溯到第一卷第一期，最早的文章发表于 1898 年。

2）Emerald 工程学全文数据库

Emerald 工程学期刊涵盖先进自动化、工程计算、材料科学与工程、电子制造与封装。其 18 本期刊中的 15 本被 SCI 索引，14 种被 EI 收录，具有高品质内容和不断增长的影响因子，顶尖研究机构和蓝筹股公司的作者源，如 BMW、Cambridge University、MIT、NASA、Nanyang Technological University 和 Nokia 等公司和机构都长期有文章在期刊中发表，同时他们也是 Emerald 期刊的用户。所有期刊内容遵循理论结合实际的原则，注重实际的应用和实践相关的理论研究。Emerald 工程学期刊经常出版具有突破性的研究成果。

3）4 个文摘库

（1）International Civil Engineering Abstracts(ICEA)：国际土木工程文摘库。

（2）Computer Abstracts International Database(CAID)：国际计算机文摘数据库。

（3）Computer and Communications Security Abstracts(CCSA)：计算机和通信安全文摘库。

（4）Current Awareness Abstracts：图书馆和信息管理文摘库。

2. Emerald 数据库平台检索功能简介

1）主页的一般功能

Emerald 数据库平台主页（图 5.15）提供以下功能。

（1）检索。用户可以在平台主页上直接进行检索操作，在检索框中输入检索词，并选择

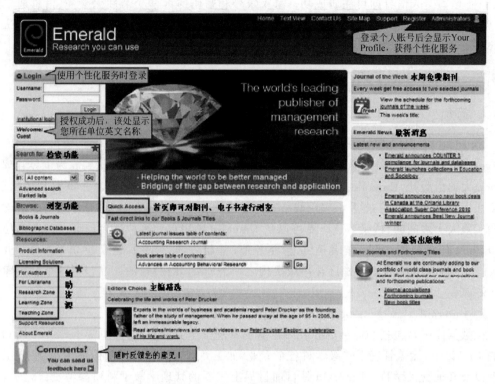

图 5.15　Emerald 数据库平台主页

相应的检索字段进行检索操作。

(2) 浏览。平台主页上面提供了按期刊名称和按学科类别两种浏览方式。

(3) 个性化功能。用户单击 My Profile,可享受系统提供的增值的个性化服务。注意,第一次使用时需要免费登录个人信息,获取个人的用户名和密码。

(4) 资源(Resources)。主页右上角的 Resources 下拉菜单可帮助特定用户获得更多的帮助信息,Authors 为作者提供详尽的投稿信息；Librarians 为图书馆馆员提供更多的期刊信息、图书馆学研究热点和会议信息；Partners 提供 Emerald 与业内同行合作的信息。

2) 检索与浏览

(1) 快速检索(Quick Search)。单击主页上的 Quick Search 可进入快速检索界面,用户可以直接输入检索词进行检索,可选择 4 类不同的检索结果,即期刊、图书、文摘以及辅助资源。

(2) 高级检索(Advanced Search)。单击 Advanced Search 进入高级检索界面,高级检索提供更详细的检索信息。若检索条件是多个单词,可从 All、Any、Phrase 中任选一个,All 返回的结果包含所有单词,但每个单词不一定连在一起,Any 返回的结果包含其中的任意单词,Phrase 返回的结果包含所有单词,并且按顺序紧密地连在一起。

(3) 浏览功能。单击 Browse 可进入期刊浏览界面,其具有以下浏览功能。

① All Journals。浏览全部全文期刊,可以选择按期刊标题的字母顺序浏览,也可以按学科类别浏览。

② My Subscribed Journals。浏览订购期刊,可以选择按期刊标题的字母顺序浏览,也可以按学科类别浏览。

③ Emerald Reviews。按学科类别浏览管理学评论数据库记录。

④ Emerald Abstracts。按学科类别浏览国际土木工程文摘库、国际计算机文摘数据库、计算机和通信安全文摘库3个文摘数据库记录。

3) 检索结果的显示

(1) 检索结果分类显示。Articles、Emerald 全文期刊内容;Abstracts & Reviews、Emerald 管理学评论和4个文摘数据库;Emerald Site、Emerald 网站上符合检索条件的链接;Other Content、Emerald 网站上其他符合检索条件的内容,如书评、编者评论、访谈和新闻等内容。

(2) 保存检索条件。每周系统会自动检索并发送检索结果。

(3) 检索结果记录的显示格式。单击文章标题进入文献文摘页面,系统提供文献标题、作者、文摘、关键词等信息,其具有两种全文格式(HTML 和 PDF),用户还可以选择保存自己喜爱的文章。

4) 个性化功能

如果要使用平台的个性化功能,需要进行一次免费注册,设定自己的用户名和密码。如果要进行免费注册,首先选择平台主页左侧的 My Profile,然后单击 click here to register 就可以进行注册。之后,每次登录系统首先进行 Login,进入个性化服务页面。

Emerald 数据库平台个性化服务(图 5.16)的主要功能有收藏夹、文摘和时事通讯、期刊新增内容提醒、喜爱的期刊或图书、保存检索条件等。

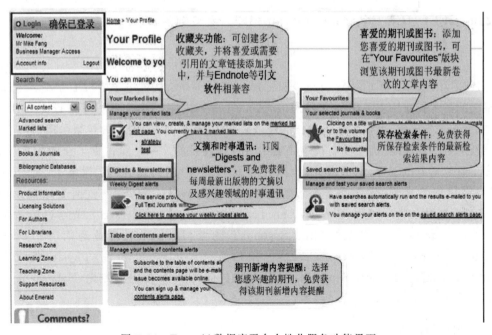

图 5.16 Emerald 数据库平台个性化服务功能界面

5) 分类专栏

(1) 作者服务专栏。Emerald 主页左侧有一个 For Authors 栏目,是专门为作者设立的,内容包括成为 Emerald 作者(Writing for Emerald)、作者工作室(Author Workshops)、编辑服务(Editing Service)、主编访谈(Editor Interviews)、学者网络(Emerald Literati Network)、指南信息(How To Guides)。

(2) 图书馆员专栏。Emerald 主页左侧有一个 For Librarians 栏目,专门为图书馆馆员设立,内容包括 Information Management(信息管理资源)、Managing your Library(管理图书馆)、Marketing your Library(推广图书馆)、Writing for LIS Journals(投稿)、Support Resources(在线支持资源)、Library Events(图书馆大事)、Features of the Month(每月专题)。

(3) 学者园地。Emerald 主页左侧有一个 Research Zone 栏目,是专门为研究人员设立的,内容包括 Research Awards(研究基金)、Winning Research Funding(获取资助)、How To Guides(指南信息)、Research Connections(学者联系)、Conference Central(会议中心)。

(4) 学习园地。Emerald 主页左侧有一个 Learning Zone 栏目,是专门为管理学科用户设立的,内容包括 Management Skills(管理技巧)、Management Thinking(管理思想)、Study Skills(研究技能)、Literature Reviews Collection(文献评论集)、Emerald podcasts(Emerald 播客)。

(5) 投稿指南服务。Emerald 主页右侧有一个 Product Information 栏目,单击后再单击 Emerald Journals 选择需要投稿的期刊,登录目标期刊的 Author Guideline 可查看具体的投稿指南信息。

5.2.6 IEEE/IEE Electronic Library(IEL)全文数据库

1. 简介

IEEE(Institute of Electrical and Electronic Engineers,美国电子电机工程师学会)是全球最大的技术行业协会。IEEE/IEE Electronic Library(IEL)全文数据库是目前世界上最权威、最先进的电机、电子和资讯科技的资讯来源,文献质量高,内容被频繁引用,特别是在电器及电子工程、计算机及控制技术领域中,IEEE 发表的文献总量占据了全球的 30%,数据库主要包括电机工程、电子电气、计算机科学、通信、应用物理、核能、微电子、光学、机器人、自动化医学成像、量子电子、等离子科学等学科领域。另外,该数据库还涉及声学(Acoustics)、生物医学工程(BioMed Eng.)、工业工程(Industrial Eng.)、光学(Optics)、运输(Transportation)、信息系统(Info Systems)、商业(Business)、专业通信(Professional Communications)、航天(Aerospace)、土木工程(Civil Eng)、物理(Physics)、放射学(Radiology)、遥感(Remote Sensing)、核科学(Nuclear Science)、控制论(Cybernetics)、文化和哲学(Philosophy & Culture)等。

2. 浏览与检索

首先进入 IEEE Xplore 平台,其界面如图 5.17 所示。用户进入 IEEE Xplore 平台后可以看到 BROWSE 和 Search 栏目。

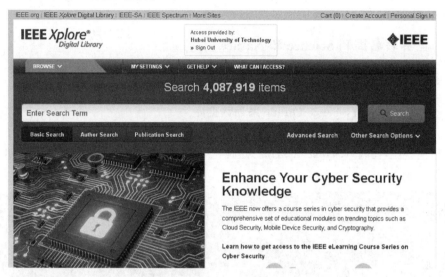

图 5.17　IEEE Xplore 平台界面

1) 数据库浏览

在 Browse 栏目里可选择期刊与杂志(Journals & Magazines)、会议录(Conference Proceedings)、标准(Standards)、书(Books)、教育课程(Educational Courses)、技术调查(Technology Surveys),单击进入相应的快速浏览界面。本系统提供按照关键词浏览与按照字母排序浏览两种检索方式。所有出版品均按照字母顺序排列,在按字母顺序排列的情况下可以直接单击所要寻找的期刊的第一个字母找到所要的期刊,可直接单击该期刊资料;若要查询摘要及文献内容,需继续单击年代、月份。单击进入期刊,用户就可以看到期刊中的文章列表,每篇文章均提供了摘要和 PDF 全文。

2) 数据库检索

(1) 基本检索(Basic Search)。在系统首页右侧的 Basic Search 框中输入检索词进行检索,系统默认在所有字段中进行检索。

(2) 高级检索(Advanced Search)。系统提供了两种方式,一种是在 3 个输入框中输入关键词或短语,然后在选择框中选择字段与逻辑运算符进行检索;另一种是在文本输入框中输入检索词并用检索运算符和字段限定,与其他检索词组配成较为复杂的检索逻辑表达式进行检索。

(3) 作者检索(Author Search)。在检索输入框中输入作者的姓名,输入格式有下列 3 种:姓,如 Bush;姓+空格+名的首字母,如 Bush M;姓+空格+两个名的首字母,两个名的首字母后分别加".",并用空格分开,如 Bush M.R.。作者部分也有检索及浏览的功能,当作者不明时可直接单击作者名称查询。

(4) 跨出版商网络文献检索(CrossRef Search)。IEEE 与 Google 合作开发了 IEEE 学术资源的全文索引,借助 Google™ 可以查找部分出版商的全文文献。在检索框中输入检索词进行检索后,在检索结果首页显示各出版商名称。

(5) 检索历史记录检索(Session History)。在检索结果页面单击 View Session History

或者在首页上导航条的 Search 中单击 Session History 查看本次登录该平台进行的检索操作,并进行检索。

5.2.7　世界著名周刊 Science 和 Nature

1. *Science* 周刊和科学在线

1) *Science* 周刊和 Science Online 系列数据库

1880 年由爱迪生创建的美国《科学》(*Science*)是目前在国际学术界享有盛誉的综合性科学期刊。《科学在线》(*Science Online*)是《科学》通过 Highwire 平台呈现的系列电子出版物(图 5.18)。

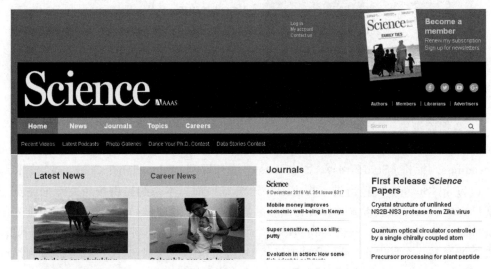

图 5.18　Science Online 平台主界面

Science Online 系列数据库包括 Science(科学周刊)、Science Now(今日科学)、Science Express(科学快讯)等。

2) Science 系列网站

Science 周刊从 1995 年起一直在领导在线科学出版的新潮流,并由此诞生了 Science 系列网站(www.sciencemag.org),包括以下内容。

(1) 科学周刊(Science,http://science.sciencemag.org)。提供每周印刷版上刊登的新闻、研究论文以及评论文章的全文,还有扩展的信息、播客(Podcast)、多媒体、链接以及全套的研究工具。在启动了周刊的历史文档《科学经典》后,研究人员能通过 Science 网站访问自 1880 年 7 月以来的全部历史文献。

(2) 今日科学(Science Now,sciencenow.sciencemag.org)。由 *Science* 周刊获奖的新闻部门在每个工作日为读者提供新闻故事,是免费的新闻网站。

(3) 科学快讯(Science Express,www.scienceexpress.org)。它使精选的、同行评议过的原始研究论文在被接受后能在几天内与读者见面,提前于印刷版刊登发表,可以使读者先睹为快,真正体现了电子版期刊快速揭示信息的特点和优势。

（4）信号转导知识环境（STKE，stke.sciencemag.org）。信号转导知识环境是一个为研究细胞如何用化学信号相互"交流"提供的中心电子信息源，用户可通过这个生物科学信息网络了解从胚胎发育到癌症的几乎全部生物学问题。STKE 提供综述文章、研究评述、实验规程以及连接图（Connections Maps）等，该网站的内容被 Medline 数据库索引。

（5）科学职业网（Sciencecareers.org）。科学职业网是与"科学后浪"（Science's Next Wave）合并后的新网站，是最全的、能免费访问的在线科学职业信息网，它的服务对象包括科学家、教师、学生、职业顾问和公众。该网站的内容包括新闻报道、人物简介以及为处于不同职业阶段用户提供的指导，也包括少数民族科学家网（Minority Scientists Network）和研究经费来源网（GrantsNet）。科学职业网还提供可检索的招聘信息库、个人简历库、会议信息、公司简介、在线求职作坊等内容。

3）科学在线

"科学在线"（http://china.sciencemag.org）是 Science 在中国镜像站的主页，又称 Science Online。通过该主页，Science 的用户可以使用 *Science* 周刊及系列网站的所有内容。"科学在线"在中国成为世界上唯一的读者不需订印刷版便可免费访问其网络版内容的服务。"科学在线"中国门户为国内读者提供下列免费服务：①科学快讯；②今日科学；③有关中国的报道、中国科学家的论文；④关于"科学在线"中国门户网站；⑤关于 *Science* 周刊及其系列网站；⑥*Science* 周刊投稿须知；⑦常见问题解答。

另外，个人用户在 http://www.sciencemag.org/注册后可免费访问全部论文的摘要，并可以免费浏览自 1997 年开始发表了一年以上的 Research Articles and Reports 性质的论文全文。

2. Nature 和 Nature China

1）Nature

英国著名杂志《自然》（*Nature*）是世界上最早的国际性科技期刊，自从 1869 年创刊以来，始终如一地报道和评论全球科技领域里最重要的突破。*Nature* 也是 Nature 出版集团（The Nature Publishing Group，NPG，http://www.nature.org）出版的期刊中的旗舰产品。在 NPG 平台上除了可以看到最新出版的 Nature 杂志及其回溯到 1997 年的数据，还包括 NPG Publications、Nature Reports、Nature Network、Nature Protocols、Nature Precedings。

此外，在 NPG 的平台上还有一些针对现有成果的 Latest Research、针对发表论文的 Special Features。互联网用户还可以通过注册、E-mail Alert 等功能来获得更加个性化的服务。NPG 提供英语、简体汉语、繁体汉语、日语、朝鲜语等多语种的网页服务。NPG 还建立了 Nature China、Nature India 等区域站点。

2）Nature China

Nature China 致力于报道中国大陆及香港地区的科学研究和临床医学领域所取得的重要研究成果。它共有两个检索界面，一个是国际站点（http://www.nature.com/nchina/index.html，如图 5.19 所示），另一个是其在中国的镜像（http://www.naturechina.com.cn/nchina/index.html），数据每周更新。

图 5.19 Nature 主界面

5.3 国外学位论文数据库

博硕士论文全文是不同于期刊或图书的一种高水平的全文资料,对于研究和跟踪世界最新科学前沿有不可替代的作用,特别是 ProQuest 和 NDLTD 的论文全文服务可以为用户量身定做,按其专业图书馆的收藏方针来选择专门学科的论文供订阅用户收藏,因此受到世界上广大用户的欢迎。

5.3.1 ProQuest 学位论文数据库

1. 简介

美国 ProQuest Information and Learning(原 UMI 公司)是世界一流的信息收集、组织和发行商,也是世界上最早及最大的博硕士论文收藏者和供应商。该公司的 ProQuest 博硕士论文全文数据库(PDF 格式)是目前国内最完备、高质量的、唯一可以查询的国外大学(北美地区为主)优秀博硕士论文全文的数据库,具有收录年代长、数据更新快、信息量大等特点,内容覆盖理工和人文社科等领域,其主题涉及农业、天文学、生物和环境科学、商业和经济、化学、教育、工程、美术和音乐、地理和地区规划、地质学、保健科学、历史和政治、语言和文学、图书信息科学、数学和统计学、哲学和宗教、物理学、心理学和社会学等领域,它是目前世界上最大和使用最广泛的学位论文数据库。

2. 检索与浏览

1) 基本检索

基本检索有 3 个检索条件输入框和选择检索字段的下拉框,确定一个或几个检索词输入到检索文本框中,不必考虑词序和区分大小写。词与词之间默认的逻辑关系是 AND,它的含义是检索结果中必须含有所有检索词。通过选择限定检索可以把检索结果限制在一定的时间段内,从而达到快速查准的目的。执行检索后,在显示结果页面有一个检索条件输入框,允许在检索结果中直接进行二次检索,检索途径与首次检索类似,在检索字段中选择"摘要"或"作者"等,然后把检索条件输入检索框即可。

2)高级检索

高级检索也就是利用组合框输入检索式(图5.20)。进入"高级检索",在"摘要""学位""作者"等13个检索条件框中输入信息,单击"增加"按钮后检索式会自动在页面上方的文本框中生成。单击"查询"按钮就会得到所检文献的全文和文摘,也可在此基础上进行二次检索。每个检索条件框在单击"增加"按钮后可以清空并重复使用。利用文本框直接输入检索式。如果用户对布尔逻辑和构造检索式比较熟悉,可以在空白文本框中直接输入检索表达式进行检索。

图 5.20　ProQuest 高级检索界面

3)论文分类浏览

ProQuest 博士论文全文数据库提供按学科分类的功能,在学科分类功能中可选择某学科,显示该学科下的记录,然后可进行二次检索。在学科分类功能中还以 Excel 形式提供各学科论文篇数统计表。登录 ProQuest 学位论文全文检索系统后单击界面上方的"论文分类浏览",在新的页面中利用页面左边的导航树进行论文的分类浏览。通过导航树类目的分级可以帮助用户更确切地找到所需的浏览内容,导航树共分3级,可逐级打开,或进行二次检索。

4)检索结果的处理

ProQuest 博士论文全文数据库对检索结果的处理提供结果浏览和结果输出功能。结果浏览除提供结果索引浏览格式外,还提供索引+文摘格式和 PDF 格式的全文格式的浏览功能,对检索结果页面可使用文件菜单进行保存、打印、发送 E-mail 等操作,对 PDF 格式显示的记录也可使用文件菜单进行打印、保存操作,但若要发送邮件必须先保存再通过自己的邮箱发送。

5.3.2 NDLTD 学位论文数据库

1. 简介

网络博士、硕士论文数字图书馆（Networked Digital Library of Theses and Dissertations，NDLTD）是由美国国家自然科学基金支持的网上学位论文共建共享项目。NDLTD 数据库可以查询 NDLTD 联盟中所有成员机构的电子版博士、硕士论文，可免费获得题录和详细摘要，部分学位论文可免费获得全文（根据作者的要求，NDLTD 文摘数据库链接到的部分全文分为无限制下载、有限制下载、不能下载几种方式），以便加速研究生研究成果的利用。其网址是 http://www.ndltd.org，adw。和 ProQuest 学位论文数据库相比，NDLTD 学位论文库的主要特点就是学校共建共享，可以免费获取，另外由于 NDLTD 的成员馆来自全球各地，所以覆盖的范围比较广。

2. 检索方法

NDLTD 提供联合目录查询（NDLTD Union Catalog）、基于 OAI 的联合目录试验系统（OAI-based Union Catalog）、试验联合查询系统（Federated Search Demonstration）、浏览成员站点查询（Official NDLTD Members）、浏览 Virginir Tech 5 种途径。NDLTD 联合目录的目标是创建一个包括 NDLTD 成员单位和其他组织提供的博硕士学位论文的全球联合目录，以此提供一个查找电子版博硕士论文的统一入口。在使用联合查询系统时，用户只需提交一次检索词就可以同时检索众多电子版博硕士学位论文项目组成员单位的站点，可按题名、作者、文摘、主题、机构、发布年、语种等途径检索，免费获得论文的题录和详细摘要，有相当部分的论文可以得到 PDF 格式或 SGML 格式的全文。

国内在 CALIS 建立了 NDLTD 数据库的镜像服务器，在浏览器的地址栏中输入网址 http://ndltd.calis.edu.cn 即可访问 CALIS 上的 NDLTD 数据库的镜像服务器。其检索界面是中文的，NDLTD 主网站的数据库可以免费访问，但需支付国际流量费，其网址为 http://oai.dlib.vt.edu/~etdunion/cgi-bin/OCLCUnion/UI/index.pl。其检索界面为英文的，下面介绍 NDLTD 主网站的数据库的检索方法。

NDLTD 数据库检索系统提供了基本检索（Basic Search）和高级检索（Advanced Search）两种检索方式，界面如图 5.21 所示。在 Query 后的输入框中输入检索词，单击 Search 按钮，即可进行快速检索。

3. 检索结果的处理

NDLTD 数据库系统提供的检索结果的排序方式有按学校名称的首字母排序、题名的首字母排序、作者的首字母排序、年代排序等方式。检索结果界面直接显示命中论文的题目列表，包括题目、作者、摘要、日期等简单信息。

此外，通过学校的网站或一些网络数据库能免费检索到一些国外学位论文，例如麻省理工学院网站（http://dspace.mit.edu/handle/1721.1/7582）；弗吉尼亚理工学院暨州立大学网站（http://scholar.lib.vt.edu/theses/browse/）；得克萨斯数字图书馆学位论文数据

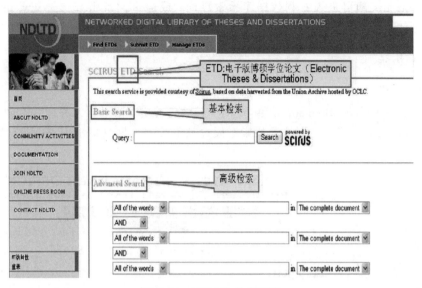

图 5.21 NDLTD 检索页面

库(http://repositories.tdl.org/handle/2249.1/1);DIVA Portal(http://www.divaportal.org/)北欧学位论文数据库;Digital Scientific Publications from Swedish Universities(http://svep.epc.ub.uu.se/testbed/start.xml?lang=en)瑞典学位论文数据库;ETH(http://e-collection.ethbib.ethz.ch/diss/index_e.html)瑞士学位论文数据库;Theses Canada(http://www.collectionscanada.gc.ca/thesescanada/index-e.html)加拿大学位论文数据库;OhioLINK ETDs Center(http://www.ohiolink.edu/etd/r)俄亥俄数字化学位论文数据库;ADT(http://adt.caul.edu.au/)澳大利亚数字论文数据库。

5.4 美国及欧洲专利数据库

5.4.1 美国专利数据库

1. 简介

美国专利数据库(United States Patent and trademark office,USPTO)是由美国专利、商标局免费向公众提供的全文数据库。USPTO 专利数据库包括授权专利数据库和公开专利申请数据库两部分。授权专利数据库[Issued Patents(PatFT)]可检索 1790 年以来已授权的美国专利,全部免费提供说明书全文,其中 1975 年之前的专利只提供图像格式(TIFF 格式)专利说明书,1976 年后的还提供了文本格式专利全文(Full-Text);公开专利申请数据库[Published Applications(AppFT)]可检索 2001 年 3 月 15 日以来公开的专利申请,全部免费提供图像格式和文本格式全文,专利类型包括实用专利(Utility Patent)、外观设计专利(Design Patent)、植物专利(Plant Patent)、再公告专利(Reissued Patent)、防卫性公告(Defensive Publication)和法定发明登记(SIR)。USPTO 专利数据库每周更新一次。

通过网址 http://www.uspto.gov/进入 USPTO 的主页,单击主页左侧的 Patents 下

的 Search Patents 即可进入专利数据库检索界面；或通过网址 http://www.uspto.gov/patft/index.html 直接进入专利数据库检索界面。

2. 检索方法

1) 快速检索

快速检索又称布尔(Boolean)检索,适用于较简单的检索。其检索界面设有两个检索框(Term 1、Term 2),以及两个对应的检索字段选项下拉列表框(Field 1、Field 2),如图 5.22 所示。

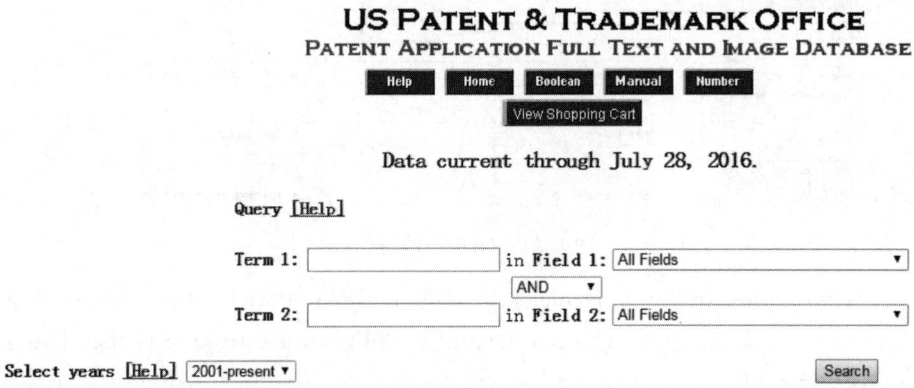

图 5.22　USPTO 快速检索页面

检索时,在 Term 1 框中输入检索词,并在对应的 Field 1 下拉列表中选择所要检索的字段(包括所有字段、专利名称、文摘、授权日、专利号等 31 个),然后单击 Search 按钮即可。当需要进行多词检索时,可在 Term 2 中输入第二个检索词,并选择对应的检索字段,同时在布尔逻辑运算符下拉列表中选择适当的运算符(AND、OR、ANDNOT)。另外,当在输入框下方设有检索年代范围选项(Select years)时,可根据需要选择时间范围。

2) 高级检索

高级检索界面包括检索式输入框和下方的字段代码表两部分(图 5.23)。

该检索方式允许用户直接在输入框中输入单词或词组(词组需用引号括起来),也可以利用命令行检索语法构建复杂的检索提问式。命令语法包括布尔逻辑关系式、词组检索、截词检索、字段限定检索等。字段限定检索的方法是在检索词之前加上检索字段代码和符号"/",如 IN/Roby 表示检索在发明人字段中出现 Roby 的专利。

美国 USPTO 专利数据库系统的检索功能较强,检索途径众多,使用简单方便。它支持加双引号的词组检索；用截词符"$"进行右截断检索,可取代任意个字符(加引号的词组用截词符无效)；在高级检索中可利用各种字段代码限定在发明名称、文摘等字段检索,使检索提问式能够充分、灵活地表达多种多样的信息需求。该系统还提供了精确检索(Refine Search)功能,在完成一次检索后还可对 Refine Search 输入框内显示的原检索式进行修改,再次检索以增强检索的精准性。

3) 专利号检索或公开号检索

授权专利数据库提供的是专利号检索(Patent Number Search),可输入一个或多个专

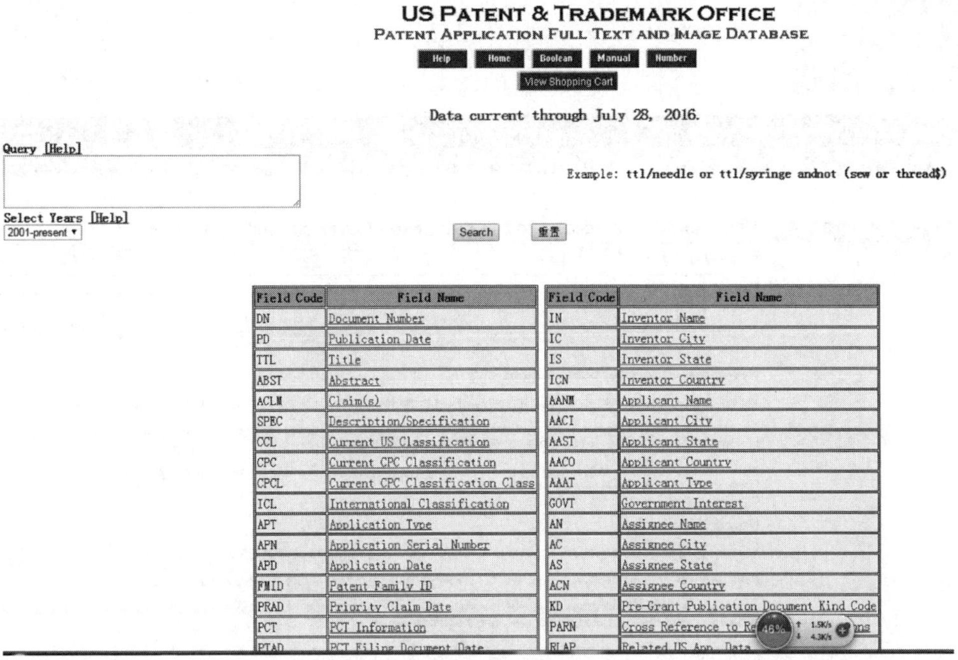

图 5.23 USPTO 高级检索页面

利号搜索；但多个专利号之间应该用空格分开或者用逻辑算符 OR 隔开，并且专利号前不能加 US 前缀。

专利申请数据库则是使用公开号检索（Publication Number Search），其方法与授权专利数据库的专利号检索相同。

单击记录中的专利号或题名，系统便会提供 Text 格式的专利说明书全文；此时再单击全文首页上方的 Images 图标，系统将以 TIF 格式显示专利全文图像。

另外，对 1976 年以前的美国专利，数据库只提供专利说明书的扫描图像，并且只能用专利号或美国专利分类号进行检索。

5.4.2 欧洲专利数据库

1. 简介

欧洲专利局（The European Patent Organization，EPO）的 Espacenet 专利检索系统是综合性的检索网站，也是用户目前经常使用的免费的专利检索数据库，其网址为 https://worldwide.espacenet.com/，支持英文、德文和法文 3 种语言界面，首页如图 5.24 所示。该检索系统提供了包括欧洲专利局和欧洲专利组织成员国出版的欧洲专利数据库、世界知识产权组织 WIPO 出版的 PCT 专利数据库和世界专利数据库等。

Espacenet 系统包含 EP-Espacenet、Worldwide 和 WIPO-Espacenet 数据库。Espacenet 中的 EP 数据库可检索由欧洲专利局提供的最近两年的公开专利申请，可检索专利的著录信息，并可下载和显示专利全文的扫描图像，图像格式为 PDF，该数据库每周更新一次。

Espacenet 中的 Worldwide 数据库可检索欧洲专利局收集的世界各国的专利信息，包

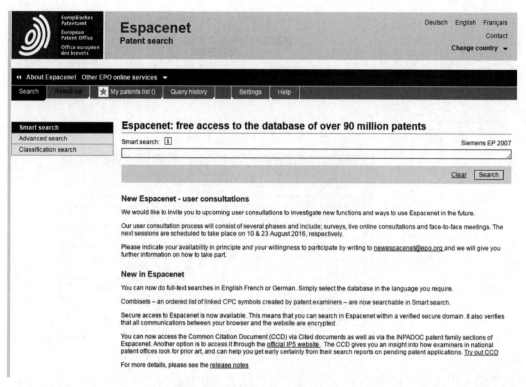

图 5.24 Espacenet 检索页面

括 63 个国家或地区最近 30 年来的专利文献著录数据,20 个国家自 1920 年以来的专利扫描图像以及 10 个专利机构的专利的英文摘要和全文。

Espacenet 中的 WIPO 数据库可检索由世界知识产权组织 WIPO 出版的 PCT 专利,专利的扫描图像由 WIPO 提供,该数据库每周更新一次。

2. 检索方法

1) 快速检索

快速检索提供关键词、人名与机构的检索。快速检索的界面分为数据库选择区(Database)、检索类型选择区(Type of search)和检索项输入区(Search terms)。在快速检索方式下系统只提供了两个检索类型选项,即发明名称或文摘以及申请人或发明人,用户只能在这两个字段中进行检索。例如,要检索有关等离子电视的专利,可选择 Type of search 中的 Words in the title or abstract,在检索项输入框中输入 plasma AND TV,数据库可任选,然后单击 Search 按钮进行检索。

2) 高级检索

高级检索界面分为数据库选择区(Database)和检索项输入区(Search terms),系统提供了 10 个检索字段,包括 Keyword(s) in title(题名中的关键词)、Keyword(s) in title or abstract(题名或文摘中的关键词)、publication number(公开号)、Application number(申请号)、Priority number(优先权号)、publication date(公开日)、Applicant(s)(申请人)、Inventor(s)(发明人)、European Classification(欧洲专利分类号,ECLA)、International

Patent Classification(国际专利分类号,IPC)。用户可以只在一个字段中检索,也可以在多个字段中进行组配检索。

3) 号码检索

号码检索界面分为数据库选择区(Database)和号码输入区(Enter Number),在号码输入区可以输入申请号、公开号、优先权号或非专文献(Non-Patent Literature,NPL)参考号。

4) 分类检索

分类检索提供欧洲专利分类号(ECLA)检索,ECIA 基于 IPC,但比 IPC 详细。

该检索界面分为上方的检索字段区、中间的列表区和下方的功能区。检索时,可以在上方的两个输入框中分别输入关键词或 ECIA 分类号,单击输入框旁边的 Go 按钮或按回车键即可进行检索;也可以在中间的列表区一级一级地单击进行查找,找到相应的分类号后选中 ECLA 分类号右边的复选框,系统会自动将该分类号显示在 Copy to searchform 框内,最多可选择 4 个分类号,选好后单击旁边的 Copy,系统将 ECLA 分类号查询界面转换到 Espacenet 高级检索界面,并将所选分类号直接传送到高级检索的 ECLA 分类号检索字段进行专利检索。

5.4.3 德温特专利(DII)数据库

1. 简介

德温特公司是全球最权威的专利情报和科技情报机构之一,1948 年由化学家 Monty Hyams 在英国创建,Derwent 隶属于全球最大的专业信息集团——Thomson 集团,并与姊妹公司 ISI、Delphiot、Techstreet、Current Drugs、Wila 等著名情报机构共同组成 Thomson 科技信息集团(Thomson Scietific),目前全球的科研人员、全球 500 强企业的研发人员、世界各国几乎所有主要的专利机构(知识产权局)、情报专家、业务发展人员都在使用 Derwent 所提供的情报资源。

DII(Dement Innovation Index)是德温特公司与 ISI(Institute for Scientific Information,美国科技情报所)合作开发的基于 ISI 统一检索平台的网络版专利全文数据库。DII 将"世界专利索引"(WPI)和"专利引文索引"(PCI)的内容有机地整合在一起。DII 覆盖了全世界自 1963 年以后的约 1000 万项基本发明专利,每周增加来自全球 40 多个专利机构授权的、经过德温特专利专家深度加工的两万篇专利文献,每周还增加来自 6 个主要的专利授权机构的被引和施引专利文献,这 6 个专利授权机构是世界专利组织(WO)、美国专利局(US)、欧洲专利局(EP)、德国专利局(DE)、英国专利局(GB)和日本专利局(JP)。DII 分为 Chemical Section、Electrical&Electronic Section、Engineering Section 几部分,为研究人员提供世界范围内的化学、电子电气以及工程技术领域内综合全面的发明信息。

德温特创新索引(Dement Innovations Index,DII)数据库是德温特公司(Dement Publication Ltd.)与美国科学情报研究所(IMiute for Sdentiflc Information,ISI)合作开发的专利数据库。该数据库将德温特公司的《世界专利索引》(World Patents Index,WPI)和《专利引文索引》(Patent Citation Index,PCI)的内容整合在一起,利用 ISI 的 ISI Web of Knowledge 平台提供网络检索服务,是检索全球专利的最权威的数据库。

2. 检索方法

1）快速检索

快速检索前要先在 Chemical、Electrical and Electronic 和 Engineering 几个数据库中选择所要检索的数据库，然后选择想要检索的时间段，包括 Latest（最近几次更新数据）、Year（可选择 1963 年至今的任何一年）、From to（从 1963 年到现在的任一时间段）。

通过快速检索可以检索专利标题、摘要、关键词、发明人、专利权人等字段。用户可以使用 AND、OR、NOT 等逻辑运算符连接词或者词组，一次最多可检索 50 个词或词组。

在此界面上用户可以单击 TUTORIAL 按钮使用检索教程（图 5.25）。

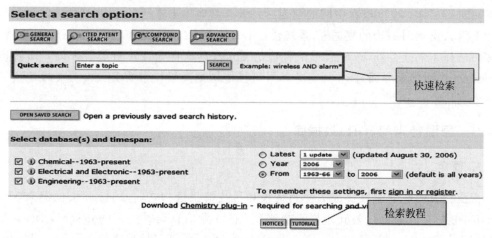

图 5.25　DII 快速检索界面

2）一般检索

单击图 5.25 页面上方的 GENERAL SEARCH 按钮进入一般检索界面。

一般检索提供了主题（Topic）、专利权人（Assignee）、发明人（Inventor）、专利号（Patent Number）、国际专利分类号（International Patent Classification）、德温特分类代码（Derwent Class Code）、德温特手工代码（Derwent Manual Code）、德温特入藏登记号（Derwent Primary Accession Number）、环系索引号（Ring Index Number）、德温特化学资源号（Derwent Chemistry Resource Number）、德温特化合物号（Derwent compound Number）、德温特注朋号（Derwent Registry Number）12 个检索输入框。对于它们之间的关系，系统默认使用布尔逻辑中的 AND 进行组配，各检索式中均可单独使用布尔逻辑符进行组配，不区分大小写，还可使用通配符"＊"进行模糊检索。

3）被引专利检索

单击图 5.25 页面上方的 CITED PATENT SEARCH 按钮进入被引专利检索界面。用户通过被引专利检索可了解某专利是否曾被引用；某个公司的专利是否曾被其他竞争伙伴引用；与本专利相关的其他专利有哪些；某专利自从申请以来，该领域又有哪些新的发展等。

被引专利检索提供被引专利号（CITED PATENT NUMBER）、被引专利权人（CITED

ASSIGNEE)、被引专利发明人(CITED INVENTOR)、被引专利德温特入藏号(CITED DERWENT PRIMARY ACCESSION NUMBER)4个检索字段,各字段之间默认为逻辑与(AND)的关系。在检索式中可使用 AND、OR、NOT 进行组配,不区分大小写,可使用通配符"*"进行模糊检索。

4) 化合物检索

单击图 5.25 页面上方的 COMPOUND SEARCH 按钮进入化合物检索界面。

该界面允许用户检索 Derwent Chemistry Resource(DCR)数据库以找到化合物的专利信息,DCR 是一个基于网络的数据库,可以让用户通过化学结构轻松地检索 DWPI(Derwent World Patents Index,Derwent 世界专利索引)专利数据。它涵盖的内容超过在德温特资源 B、C 和 E(制药、农业化学以及一般化学)领域的一百多万个专利中的化学结构。

用户可以进行 3 种检索,即文本检索、结构检索、文本和结构组合检索。用户可以单独使用文本检索来检索有关化合物的专利信息,可使用的字段有化合物名称(COMPOUND NAME)、物质描述词(SUBSTANCE DESCRIPTION)、结构描述词(STRUCTURE DESCRIPTION)、标准分子式(STANDARDIZED MOLECULAR FORMULA)、分子式(MOLECULAR FORMULA)、分子量(MOLECULAR WEIGHT)、德温特化学资源登记号(DERWENT CHEMISTRY RESOURCE NUMBER)等,还可使用页面中间的布尔逻辑将结构检索与文本检索结合使用。

如果要检索和浏览化合物结构,用户必须下载和安装 MDL Chime 插件,可以从 MDL 的主页(http://www.mdli.com/)上免费下载此插件。

5) 高级检索

单击图 5.25 页面上方的 ADVANCED SEARCH 按钮进入高级检索界面。

高级检索适合熟练用户使用,高级检索页面允许用户利用两个字母的字段标识符和检索集合号进行组配创建复杂的检索式,但注意不要在一个检索式中混合使用检索集合号和字段标识符。如果想查找日立公司申请的有关于等离子电视的专利,可以创建检索式 TS=plasma TV and AE=HITA。

5.5 国外标准数据库

标准文献是了解世界各国工业发展情况的重要科技情报源之一。科技人员可以从标准文献中了解有关专业领域的技术水平和发展趋势,为科研中的正确决策提供有力的依据。标准文献除了以标准命名外,还常以规范、规程、建议等名称出现。国外标准文献常以 Standard(标准)、Specification(规格/规范)、Rules(规则)、Instruction(规程)、Practice(工艺)、Bulletin(公报)等命名。

随着标准化事业的日益发展,世界上的标准文献不断增多,目前已有 100 多个国家制定了国家标准,600 多个国际和区域组织从事或参与标准化活动。

国外标准文献的检索方法有很多种。

(1) 手工检索。如通过印刷型的《ISO 标准目录》等检索工具检索标准文献。

(2) 国际联机检索。如通过 DIALOG 系统的"国际标准规范数据库"检索标准文献。

(3) 光盘检索。通过标准数据库光盘检索标准文献。

(4) 网络检索。通过网络版的检索工具检索标准文献。

随着因特网的发展，各国出现了大量的标准网络信息系统，这种检索方式在检索途径、获取全文和标准信息的新颖性与及时性等方面具有更大的优势，用户应优先选择通过网络来检索标准文献。

标准文献原文的获取一般有下面 3 种途径：

(1) 与所查找的网站直接联系。

(2) 与中国标准化研究院的标准馆联系，50%以上的国际/区域标准和国外发达国家的国家标准都有收藏，是获取国内外标准文献的重要机构。

(3) 与某些地方的标准化研究院或标准局联系获取原文。

网络标准文献的全文一般不能免费获取，但可通过原文传递、付费下载或订购方式获得。

5.5.1 NSSN 数据库

全球标准化资料库（A National Resource for Global Standards, NSSN）是一个搜索引擎，由美国国家标准学会（ANSI）管理维护，可通过 NSSN 在线免费查询全球 600 多家标准组织与专业协会制定的 30 多万条标准的目录，提供获取全文的途径，如联系电话或标准化组织的网站。其网址为 http://www.nssn.org/。

1. 简单检索

NSSN 默认为简单检索方式。该界面简洁，只有一个检索式输入框，在输入框下方有两个检索选项，分别为 Find Title, Abstract or Keyword 和 Find Document Number，在输入检索式之前需要先进行选择。选择 Find Title, Abstract or Keyword 选项，检索将在标准名称、摘要或关键词字段进行，输入的检索词不区分大小写。在输入框中可输入单个或多个检索词或用布尔逻辑运算符连接的检索式，检索词之间默认为逻辑与的关系。其支持精确短语检索，使用引号将检索词括起来即可。选择 Find Document Number 选项则可以输入完整的文献号或文献号的一部分进行检索，为得到最佳的检索效果，推荐使用文献核心号，即不带前缀的文献号的主体部分，例如完整文献号"ANSI/SAAMI Z299.4-1992"的核心号是"Z99.4"。

2. 高级检索

单击界面右上方的 ADVANCED SEARCH 可进入高级检索方式（图 5.26）。

该界面提供了多项检索限制条件，包括检索字段限制（文献号、标准名称、全记录）、检索词的匹配限制（同时包含所输入检索词、包含输入检索词的任一词、精确短语、布尔运算）、标准制定者限定、返回结果的记录最大数量、每页显示的记录条数。检索界面右侧的多选项为标准范围的限定，通过选择可扩大或缩小所检索标准的范围。

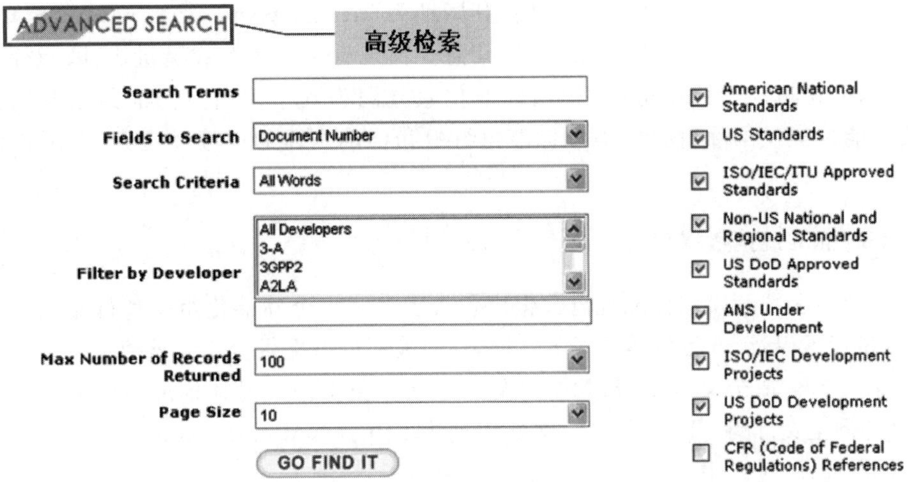

图 5.26　NSSN 高级检索界面

5.5.2　Techstreet 工业标准库

Techstreet 工业标准库隶属于汤姆森科技集团，Techstreet 提供基于网络的标准检索服务，可在线检索全世界 350 多个标准制定机构的标准信息，另外还提供 25 万多份书籍和文献资料。部分标准有 PDF 格式的全文，可直接进行下载，但免费用户只能进行简单的检索，可查看标准的题录信息及全文订购信息。Techstreet 的网址为 http://www.techstreet.com/。

在该网站的页面上方提供了快速检索，用户可以在检索框内输入关键词、题名、国际标准书号、标准号等进行检索。

在主页上方的 Shop by publisher 下拉菜单中单击任一标准出版者的名称就可以显示该出版者的标准页面，可进行单独浏览和检索；单击主页上方 Shop by industry 下拉菜单中的行业名称就可以显示该行业的标准页面，可进行单独浏览和检索。

5.5.3　其他标准数据库

除了上述两个数据库外，还有一些比较有代表性的标准文献数据库，如 IEL 标准全文库、世界标准服务网、IHS 标准规范数据库、开放标准网等。

1. IEL 标准全文库

IEL 是 IEEE/IEE Electronic Library 的简称，IEL 标准全文库是指由美国电气电子工程师学会（IEEE）和英国电气工程师学会（IEE）出版的标准全文信息，网址为 http://ieeexplore.ieee.org/。该库可同时检索 IEL 的期刊、会议文献、标准文献等，进行标准文献检索时需进行相应的选择，还可以直接进行标准文献的浏览。

2. 世界标准服务网

世界标准服务网（World Standards Services Networks，WSSN）是国际标准化组织推出

的全世界标准化组织的公共服务门户网,其网址为 http://www.wssn.net/WSSN/index.html,通过它可以查到全世界各国的标准信息。其现有190多个成员机构、国际标准化机构、区域标准化机构的网站链接,中国标准化服务网为其中国站点。世界标准化服务网的主要功能是提供国际、国家、地区标准化组织和标准主体的链接及搜索,但不提供标准检索。

3. IHS 标准规范数据库

美国 IHS 公司开发的标准规范数据库包含了370多个标准化组织和行业领先企业的100多万份标准以及35万份美国军方标准,其中大部分可提供全文。该数据库建立了题录和全文的链接,索取全文方便,每两个月更新一次。免费用户可在标准书店中进行简单检索,并可进行全文订购。IHS 公司的网站地址为 http://www.ihs.com/,该网站提供多种语言供用户选择,包括中文。

4. 开放标准网

开放标准网目前主要包括了 ISO(国际标准化组织)和 IEC(国际电工委员会)的 JTC1(联合技术委员会)发布的信息技术相关标准(ISO/IEC JTC 1)全文,内容涉及编码字符集、编程语言、操作系统、用户界面等,其网址为 http://www.open-std.org/,用户可对该网站列出的标准免费浏览并查看 PDF 格式的全文。

5.5.4 国际及区域组织标准文献检索

目前,世界上有许多国际和区域性组织制定标准和技术规范,其中最具权威的国际组织是 ISO、IEC 和 ITU,称为世界三大标准化机构,它们制定的标准称为国际标准。一些区域性组织制定的标准影响也较大,如 CEN 制定的标准。

1. ISO 标准检索

1) ISO 概况

国际标准化组织(International Organization for Standardization,ISO)是一个全球性的非政府组织,是制定国际标准的机构,成立于1947年2月,总部设在瑞士的日内瓦。ISO 于1951年发布了第一个标准"工业长度测量用标准参考温度"。国际标准化组织的目的和宗旨是"在全世界范围内促进标准化工作的发展,以便于国际物资交流和服务,并扩大在知识、科学、技术和经济方面的合作"。其主要活动是制定国际标准,协调世界范围的标准化工作。其制定标准范围是除电气和电子领域外的其他学科。

ISO 网站可检索 ISO 的所有已颁布标准,并提供在线订购全文的服务。ISO 标准每5年修订一次,用户在使用时应注意该标准是否有效。ISO 网站的网址为 http://www.iso.org/iso/home.htm。

2) 检索方法

ISO 网站上的标准检索分为快速检索、高级检索和浏览检索。

(1)快速检索。每个页面右上方的输入框是快速检索输入框,下方的 Search the ISO

Catalogue 输入框也是快速检索输入框,可输入关键词或短语,在标准名称和摘要字段进行检索。

(2) 高级检索。用户可以单击检索框下方的 Advanced Search 进入高级检索界面。

ISO 高级检索可通过关键词或短语(可在标准名称、摘要、标准全文字段检索)、ISO 号码、ISO 分号、ICS 号、阶段码、时间范围、技术委员会或分委会的编号进行检索,可单独使用,也可组合起来进行检索。该检索方式支持逻辑运算符、截词符和短语检索等。

(3) 浏览检索。浏览检索提供了两种浏览方式,一是 Browse by ICS(按国际标准分类进行浏览),二是 Browse by TC(按技术委员会进行浏览)。

① 按国际标准分类进行浏览。单击 Browse by ICS 即可进入国际标准分类浏览页面,该页面主要是国际标准分类表(ICS)的一级类目及类号表,可逐级单击类目及类号进入三级类目下的标准目录,然后在标准目录中选择所需标准,单击 ISO 标准号即可获得所需的标准信息。

② 按技术委员会进行浏览。单击 Browse by TC 进入按技术委员会浏览页面,单击委员会的代码进入分委会页面,再单击分委会的代码进入分委会的标准目录,然后在标准目录中选择所需标准,单击 ISO 标准号即可获得所需的标准信息。

2. IEC 标准检索

国际电工委员会(International Electrotechnical Commission,IEC)成立于 1906 年,是世界上最早的国际性电工标准化机构,总部设在日内瓦。1947 年 ISO 成立后,IEC 曾作为电工部门并入 ISO,但在技术上、财务上仍保持其独立性。根据 1976 年 ISO 与 IEC 的新协议,两组织都是法律上独立的组织,IEC 负责有关电气工程、电子工程领域的国际标准化工作,其他领域则由 ISO 负责。

IEC 的宗旨是促进电工、电子领域中标准化及有关方面问题的国际合作,增进相互了解。目前 IEC 成员国包括了绝大多数的工业发达国家及一部分发展中国家,中国于 1957 年成为 IEC 的成员。IEC 的网址为 http://www.iec.ch/。

在 IEC 网站主页上单击 WEB STORE SEARCH 下的 Search & buy standards online 即可进入 IEC 的标准检索界面。

IEC 标准检索界面上提供了快速获取(Quick access)、文本检索(Text search)与高级检索(Compound reference search)3 种检索方式。

(1) 快速获取可输入公开号进行检索,例如 IEC 60950、ISO/IEC 12207 等。

(2) 文本检索支持截词检索、逻辑与和逻辑或的检索,可使用关键词、IEC 标准号、出版号、委员会编号、出版日期等进行检索。

(3) 高级检索可对标准组织和委员会进行选择,可设定检索日期,各检索项可单独使用,也可组合起来进行检索。

IEC 标准的检索结果首先显示命中记录条数、标准号码、标准名称、版次、语种、全文文本格式,继续单击 IEC 标准号码可以显示标准文摘、所属技术委员会小组、价格、ICS 类号、订购全文信息等,并可对部分标准原文进行预览。

用户可通过 IEC 的国家委员会和其在各国的销售代理获取标准全文。IEC 网站为用户提供了 IEC 国家委员会及各国销售代理的联系方式，IEC 在中国的销售代理是中国标准信息中心。

3. ITU 标准检索

国际电信联盟（International Telecommunication Union，ITU，简称国际电联）是联合国负责国际电信事务的专门机构，是世界上历史最悠久的国际组织。其前身为根据 1865 年签订的《国际电报公约》而成立的国际电报联盟。1932 年，70 多个国家的代表在马德里开会，决定把《国际电报公约》和《国际无线电公约》合并为《国际电信公约》，并将国际电报联盟改名为国际电信联盟。1934 年 1 月 1 日新公约生效，该联盟正式成立。1947 年，国际电信联盟成为联合国的一个专门机构，总部从瑞士的伯尔尼迁到日内瓦。

ITU 是电信界最权威的标准制定机构，电信标准部、无线电通信部和电信发展部承担着实质性标准制定工作。我国由工信部代表中国参加国际电信联盟的各项活动。ITU 的网址为 http://www.itu.int/，在其页面上单击 ITU Sectors 下的 Standardization(ITU) 可进入 ITU 的电信标准部页面。

ITU 提供的检索针对网页中的所有内容，在页面右上方的检索框中输入检索词，然后单击 Search 按钮即可对网页中的内容进行检索，也可使用 Google 进行检索。

在检索结果页面上单击 Advanced search 进入高级检索界面，在系统提供的 Search for 检索框中可以直接输入检索关键词或标准号码进行检索。用户可对输入的检索词进行一系列限定，并对检索范围进行选择，可选择 Recommendations and publications 和 Telecommunication Standardization 等选项进行标准文献的检索。在此页面上也可单击 Search for recommendations 进入推荐标准检索界面。如检索有关多媒体通信的多路复用协议标准，可在 Search under title 输入框中输入 Multiplexing protocol AND multimedia communication，然后单击 Search 按钮即可进行检索。

ITU 标准可在线订购或通过网站上的电子书店购买，其他技术性文献可免费下载全文。

ITU 网站还提供出版物目录浏览，单击 Publications 下拉菜单中的出版物目录可以按类浏览已发表的技术报告或推荐标准。

4. CEN 标准检索

欧盟一直把技术标准作为国际经济竞争的首选战略，对于制定国际标准一向积极主动，其负责主导制定的国际标准约占国际标准总数的 50%，其极力提倡在世界范围内采用国际标准，倡导开展国际认证。欧盟成功地将本地区技术标准形成国际标准并通过国际标准的推行将本地区技术推向全世界，已形成世界上最大的经贸集团。检索欧洲标准的重要途径是通过欧洲标准化委员会的网站，网址为 http://www.cen.eu/cenorm/homepage.htm。

单击网站右上方的 SEARCH SRANDARDS 可进入标准检索界面。该界面提供了按英文标题和标准号进行检索，并可进行文献类型、ICS、进展状态、技术委员会的选择，还可选择检索的范围和检索结果的排序方式。使用英文标题检索时可输入一个或多个检索词，检索词不区分大小写，支持布尔逻辑运算、截词运算及短语检索，多个检索词之间默认为逻辑与的关系。如检索欧盟已颁布的造船方面的标准,只需要在 Phase in English title 后的检索框中输入 shipbuild,选择 Catalogue(published standards only)选项,然后单击 Search 按钮即可显示结果的题录列表信息,标准全文的订购需向各成员国购买。

5. 专业学会/协会标准文献检索

标准文献通常含有丰富的专业内容,查找某一特定领域的标准文献时,由于各专业学会/协会的标准文献是重要的信息源,所以应首先考虑。

1) ASTM 标准检索

美国材料与试验协会(American Society for Testing and Materials,ASTM)是美国最大、历史最悠久的标准化组织之一,其标准涉及冶金、建筑、石油、纺织、化工产品、电子、环境、核能、医疗设备等领域,在世界上具有较高的权威性和地位,ASTM 标准在全世界范围内得到了用户广泛的关注与应用。其网站为 ASTM International,网址为 http://www.astm.org/,该网站提供多语言界面,包括中文。据统计,现行的 ANSJ 标准中约有 50% 为 ASTM 标准。利用该网站可检索到 ASTM 协会所出版的标准、标准年鉴及标准汇编等。

在 ASTM 主页上单击左上方的 Standards 可进入此协会的标准检索界面。另外,通过中国标准服务网也可检索 ASTM 标准。

ASTM 提供 3 种检索方式,一是关键词检索,二是按类浏览检索,三是字顺检索。

(1) 关键词检索。直接输入检索词,标准的检索范围可限定,如全部标准、现行标准、历史文献或作废标准,默认为全部标准。

(2) 按类浏览检索。按类进行的检索,ASTM 将所有的标准分为 30 个大类,用户可根据所选的类别进行浏览。

(3) 字顺检索。按照英文字母的排列顺序进行的检索,如果用户已知标准名称,可按标准名称的字顺序查找标准。

2) SAE 标准检索

美国机动车工程师协会(Society of Automotive Engineers,SAE)成立于 1905 年,是国际上最大的汽车工程学术组织,其研究对象是轿车、载重车及工程车、飞机、发动机、材料及制造等。SAE 所制定的标准具有权威性,广泛地为汽车行业及其他行业所采用,并有相当部分被采用为美国国家标准。其网站为 SAE International,网址为 http://www.sae.org/。

在此网站上可检索到 SAE 制定的所有标准的文摘和订购信息,SAE 提供快速检索、高级检索和专家检索方式。

(1) 快速检索。在主页右上方的检索框中直接输入检索词,选择检索范围 standards 即可;或者单击主页 STORE 下的 standards 也可进入快速检索界面。

(2) 高级检索。单击快速检索输入框下的 Advanced Search 进入高级检索界面,可对输入的检索词进行多种设定,并限定检索时间范围和选择命中记录的最大数量。

(3) 专家检索。单击高级检索界面下方的 Expert Search 进入专家检索界面,该界面有 3 组检索词输入框,之间为"逻辑与"的关系,可通过选项对输入的检索词进行限定,同时也可限定检索时间和检索结果的显示方式。

SAE 的检索结果首先显示命中记录的列表信息,单击标准名称,可显示详细的题录信息,包含标准名称、文献号、出版日期、颁发委员会、范围、产品状态、文件大小、文摘及订购信息等。

3) 其他专业学会/协会标准检索

(1) 电气与电子工程师学会(IEEE),网址为 http://www.ieee.org/,给出了 IEEE 颁布的有关标准的信息,用户可免费加入查询,并可直接订购。

(2) 美国印刷电路学会(Institute of Printed Circuits,IPC),网址为 http://www.ipc.orf/。

(3) 美国机械工程师协会(American Society of Mechanical Engineers,ASME)创建于 1880 年,是一个非营利性的教育和技术组织,制定了许多工业和制造业标准。其网址为 http://www.asme.org/。

(4) 美国石油学会(American Petroleum Institute,API)是 ANSI 认可的标准制定机构,API 标准旨在解决石油和天然气行业涉及的几大关键问题,包括勘探与生产、炼油、消防与安全、石油测量以及海运等。其网址为 http://api-ec.api.org/。

5.5.5 主要国家标准文献检索

1. 美国标准检索

检索美国标准可以通过美国国家标准学会(ANSI)和美国国家标准与技术研究院(NIST)的网站进行。

1) 美国国家标准学会

美国国家标准学会(American National Standards Institute,ANSI)是非营利性质的民间标准化组织,自愿性标准体系的协调中心,成立于 1918 年,总部设在纽约。ANSI 是美国国家标准化活动的中心,许多美国标准化协/学会的标准制定、修订都与它进行联合,ANSI 批准标准成为美国国家标准。它本身很少制定标准,而是通过委任团体法和征求意见法从各专业团体制定发布的标准中将其对全国有重大意义的标准经审核后提升为国家标准,并给以 ANSI 代号。ANSI 的网址为 http://www.ansi.org/。

2) 美国国家标准与技术研究院

美国国家标准与技术研究院(National Institute of Standards and Technology,NIST)直属美国商务部,从事物理、生物和工程方面的基础和应用研究,以及测量技术和测试方法方面的研究,提供标准、标准参考数据及有关服务,在国际上享有很高的声誉。NIST 的网址为 http://www.nist.gov/。

2. 英国标准检索

英国标准由英国标准学会(British Standards Institute,BSI)负责制定,通过 BSI 网站可进行检索。BSI 网站的网址为 http://www.bsi-global-COW。英国标准学会是世界上第一个国家标准化机构,英国政府承认并支持的非营利性民间团体。其成立于 1901 年,总部设在伦敦。它不受政府控制但得到了政府的大力支持。BSI 机构庞大而统一,其下设有 300 多个技术委员会和分委员会。它的标准每 5 年复审一次。皇家宪章规定:英国标准学会的宗旨是协调生产者与用户之间的关系,解决供与求的矛盾,改进生产技术和原材料,实现标准化和简化,避免时间和材料的浪费;根据需要和可能制定和修订英国标准,并促进其贯彻执行;以学会名义对各种标志进行登记,并颁发许可证;必要时采取各种措施,保护学会的宗旨和利益。英国标准在世界上有较大的影响,因为英国是标准化先进的国家之一,它的标准为英联邦国家所采用,受到国际上的重视。

3. 德国标准检索

德国标准协会(Deutsches Institute für Normung,DIN)是德国的标准主管机关,成立于1917年,总部设在柏林。从1975年起,德国政府就把DIN作为国家标准体系,在国际和欧洲范围内代表德国的利益。DIN主持着一个由制造工业、消费者组织、商业、贸易业、服务行业、科学界、技术审查员和政府代表们组成的论坛。代表们在此讨论和制定特定领域的标准化要求,并最终形成德国标准。DIN所进行的标准化工作是要使整个社会受益,这一工作已经对无论是公司还是国家的经济发展都产生了显著的影响。大多数DIN标准都是为德国市场而制定的,但它们也在欧共体国家中被广泛采用,以及被向德国和欧共体出口的厂商们使用。并且,由于DIN标准的严格规范和广泛内容,它也在教学和产品研发中被全球相关人士使用。DIN标准的效益是显著的,每年为德国经济带来160亿欧元的利益,占德国GDP的1%,间接影响到经济增长的1/3,比起专利权和特许权,标准对于商业成功具有更至关重要的意义。DIN标准是世界上最严格的标准之一,科学地反映了技术发展的现状。它以自愿、公开、参与、统一、客观、经济需要、普遍适用和国际化发展为原则,在促进技术提高和国际贸易发展、推动经济全球化和国际化进程等方面发挥了无可替代的作用。

4. 日本标准检索

日本标准可通过日本标准协会(Japanese Standards Association,JSA)的网站http://www.jsa.or.jp/或者日本工业标准调查会(Japanese Industrial Standards Committee,JISC)的网站http://www.jisc.go.jp/来进行检索,这两个网站均支持英文界面。在这两个网站的页面上除了可以检索JIS标准外,还可以进行ISO及IEC标准的检索。

5. 加拿大标准检索

加拿大国家标准体系以加拿大标准委员会(Standards Council of Canada,SCC)为领导核心,由国家标准的4个制定机构(加拿大标准协会(CSA)、加拿大通用标准局(CGSB)、加拿大保险商实验室(ULC)、魁北克省标准局(BNQ))、275个经SCC认可的实验室和15000多名个人会员组成,开展标准制定、产品认证、校准和测试、质量管理体系认证以及审核员培训和认证等工作。加拿大国家标准体系为保证产品和服务的安全和质量、开拓国际市场做出了重要的贡献,从而确立了加拿大在国际标准化工作中的领导者地位。

5.6 综合检索实例及分析

【实例】

壳聚糖烷基化改性研究(要求检索英文全文,以获得该课题较详细的资料)。

【检索步骤】

1. 分析检索课题

该课题是关于壳聚糖烷基化改性的研究,其课题学术背景如下。

壳聚糖由甲壳素制备而得(具体来说是甲壳素脱去"C2 乙酰基"的产物)。甲壳素广泛存在于虾、蟹、昆虫的甲壳中,以及真菌、藻类及植物的细胞壁中,其自然界合成量有近 100 亿吨之多,是自然界除蛋白质之外数量最大的含氮天然有机化合物。壳聚糖以其良好的生物相容性、可降解性和对人体安全无毒等特性在生物医学领域(特别是药物载体材料研究方面)受到广泛关注。但是,作为药物载体,壳聚糖对某些药物的缓释作用比较差,难以达到缓释的目的,从而限制了它的应用。研究表明,对壳聚糖分子进行"烷基化"改性可改善壳聚糖对药物的渗透行为,从而获得良好的药物缓释载体材料。

本课题是了解壳聚糖在"烷基化"改性方面的背景及现状,要求检索英文全文以获得该课题较详细的资料。

2. 选择检索系统

根据对课题的分析,对于英文期刊全文来说,常用的数据库有 Elsevier Science Direct、SpringerLink、Wiley-Blackwell、EBSCO(ASP)等。对于特种文献全文库,用户可选 ProQuest 学位论文全文库、德温特专利(DII)数据库、美国及欧洲专利数据库。

3. 制订检索策略

通过主题分析,可以初步提炼的主题概念如下。

中文:壳聚糖、烷基化、醚化、改性(修饰)。

英文:chitosan、alkylation、etherification、modification。

对于本课题首先采用检索式"chitosan AND(alkylation OR etherification)"进行试检索,其中文为壳聚糖*(烷基化+醚化),若没有相关文献,则放宽检索条件为"chitosan AND modification",其中文为壳聚糖*(改性+修饰),这样所获得的文献将涉及壳聚糖的各种改性方法,不仅限于壳聚糖烷基化改性文献的收集。但不能用"壳聚糖*(烷基化+醚化)*(改性+修饰)"作为检索式,原因是"烷基化"和"醚化"本身已是具体的改性方法,在关于这方面的检索记录中不一定会出现"改性"或"修饰"这样的词。

4. 检索过程与结果

一般来说,当检索词分别限制在摘要、关键词和题目中时,检索结果的相关度逐渐增大,但还要结合具体情况进行分析,应根据上次检索结果的数量同时结合具体的课题内容考虑有可能出现的情况进行分析、确定、调整检索字段,最后得出的检索结果如表 5.1～表 5.3 所示。

表 5.1　外文全文数据库检索策略及结果

数　据　库	检　索　策　略	检索结果
Elsevier	TITLE(chitosan) and TITLE-ABSTR-KEY（alkyl * or ether *）	156 篇
	TITLE(chitosan) and KEYWORDS（alkyl * or ether *）	55 篇
	TITLE(chitosan) and TITLE（alkyl * or ether *）	39 篇
Springer	ti：(chitosan) AND su：(alkyl *)	28 篇
	ti：(chitosan) AND su：(ether *)	19 篇
EBCSO-ASP	TI chitosan and TX（alkyl * or ether *）	216 篇
	按主题检索：alkylation	19 篇
	TI chitosan and AB ether *	58 篇
Wiley	Chitosan in Article Titles and（alkyl * or ether *）in All Fields	89 篇
	Chitosan in Article Titles and（alkyl * or ether *）in Keywords	35 篇
	Chitosan in Article Titles and（alkyl * or ether *）in Article Titles	66 篇

表 5.2　国外专利数据库检索策略及结果

数　据　库		检　索　策　略	检索结果
Derwent Innovation Index		Title＝（chitosan）AND Topic＝（alkyl * or ether *）	36 篇
esp@cenet	EP	Chitosan and（alkyl * or ether *）in the title	—
	WIPO	Chitosan and（alkyl * or ether *）in the title	—
	Worldwide	Chitosan in the title AND（alkyl * or ether *）in the title or abstract	168 篇
United State's Patent Database		ttl/(chitosan) and aclm/(alkyl $ or ether $)	99 篇
		ttl/(chitosan) and abst/(alkyl $ or ether $)	47 篇
		ttl/(chitosan) and ttl/(alkyl $ or ether $)	1 篇

表 5.3　PQDD 数据库检索结果

论文号	论文题目	作　者	年　代
AAT C648201	Studies on chitosan and its derivatives	Roberts, George Andrew Francis	1997
AAT 9618309	Synthesis and characterization of water soluble chitosan derivatives	Macossay, Javier	1995
AAT MM61553	Chemical modification of chitosan for microcapsule development and application in aquaculture	Dunn, Edward J.	1990
AAT 0563350	Chitosan modification：Toward the rational tailoring of properties	Holme, Kevin Ross	1987

5．文献阅读与分析

　　得到原文后就进入文献阅读阶段,只有通过阅读文献才能了解课题的国内外研究现状的问题、解决的方法与原理,进而寻找进一步研究的创新点,调整与明确课题方向。文献阅读是检索过程的最后一步,同时也是进一步检索的新起点、新平台。通过阅读文献,从引用的参考文献中得到其他极有启发的文献,这些参考文献与课题的相关性有时比用一般检索词得到的文献的相关性大得多。通过阅读文献还可以了解该领域惯用的关键词表达,必要时需调整原来的检索策略重新检索。

阅读文献时可根据不同的研究阶段选择不同的段落进行重点阅读。例如,研究刚起步时集中阅读不同文献的"简介"部分,获得课题的背景信息;进入实验阶段,集中阅读文献的"实验"部分,了解所用仪器、试剂和实验方法等细节;在分析结果阶段,集中阅读文献的"讨论"部分了解实验结果、原理解释及结论等。

在阅读大量原文后大家有时会发现不同作者对于同一个问题会得出不同的结论;当严格按照文献叙述重复其实验时却得不出预计的结果。那么究竟哪篇文章的数据更可信、更值得参考?这就需要对文献进行分析与评价,一般来说,文章所在期刊的影响因子越高,文章的被引用次数越多,可信度越大。

通过对原始文献阅读、分析,取其精华,就可以使文献真正成为科研前进的有力保障。通过总结,检索思路甚至课题方向会有所调整,此时需要重新分析课题,走向新的循环。总之,课题检索是一项需事先计划,同时又需不断调整的工作。实施检索前需明确检索目的、分析课题内容特征、选择合适的信息源、初步制订检索策略;检索过程中还需根据检索结果不断调整检索策略;最后应注重检索结果的整理与分析。

思 考 题

1. 结合所学专业列出你熟悉的外文电子图书数据库,并简述其检索方法。
2. 简述几种你所学专业的常用外文电子期刊数据库,并以其中一种数据库说明检索方法。
3. 简述 ProQuest 学位论文数据库的检索方法。
4. 你常用的外文专利数据库有哪些?简述其检索方法。
5. 如何查找国外标准文献?请查找一条和你所学专业相关的国外标准。
6. 结合你所学专业进行一次外文数据库综合检索,并写出检索分析报告。

第6章 常用的国外文摘数据库

本章主要介绍 SCIE、EI Compendex、ISI Proceedings、INSPEC、SciFinder Scholar、BIOSIS Previews 等常用的外文文摘数据库的检索方法。

6.1 美国《科学引文索引》

美国《科学引文索引》(Science Citation Index,SCI)由美国费城科学情报研究所(Institute for Scientific Information,ISI)出版,现称汤姆森 ISI 公司(Thomson ISI),于 1961 年开始编制,1963 年正式出版,是国际公认的权威综合检索工具,与 EI、ISTP 一起被称为世界三大检索系统。本节主要介绍其网络数据库 SCIE 的检索方法。

6.1.1 概述

1. SCI 的主要特点

(1) 收录的范围广泛。SCI 收录了世界范围内出版的数、理、化、农、林、医、生命科学、天文、地理、工程技术等自然科学各学科的核心期刊近 4000 种;收选的文献主要是期刊论文,还包括会议录、书评、专著等,报道的学科超过 100 个,主要涉及生命科学、物理、化学、生物、农业、医学等基础学科和交叉学科。

(2) 选刊严格。SCI 的核心原理是同一学科,一篇好论文被他人引用的频率高于质量不高的论文;一个高学术价值的期刊,因影响广泛,故刊载论文的被引用频次普遍高于一般学术期刊。SCI 通过严格的选刊标准和评估程序挑选刊源,从而做到收录的文献能全面覆盖全世界最重要和最有影响力的研究成果。SCI 所选择的期刊都被认为是引用频率高且质量高的期刊。

(3) 编制独特。SCI 一改其他检索工具的编制方法,不仅反映文献本身的各项信息,还以期刊论文、会议文献等资料所附的参考文献(引文或引文文献)的作者、出处等项目按照引证(来源文献)与被引证(引文文献)的关系进行排列和组织,从而形成了一种独特的检索语言和检索方法。

所谓引文文献或引文(Citation),就是一篇文章后所附的参考文献,又称被引文献、被引用文献(Cited Document)。其作者即为引文作者(Cited Author),或称被引作者。引文是借鉴前人研究成果的一种方法。

所谓来源文献(Source Document),指的是来源出版物上刊载的文章,即现期期刊上发表的文献,又称引用文献、引证文献、施引文献(Citing Document)。其作者即为来源作者(Source Author),又称引用作者、引证作者或施引作者、引用者(Citing Author)。

刊载来源文献的出版物就是来源出版物(Source Publication),即 SCI 收录的期刊等。

它是遵循文献计量学规律,采用定量与定性相结合的方法从一定范围的出版物中遴选出来的。只有来源出版物上发表的文章才能在来源文献中检索到。

假如有一种期刊被 SCI 收录,该期刊上刊载了一篇文章 A,且文章 A 提到或引用了文献 B,则文献 A 为来源文献,文献 B 为引文,该期刊为来源出版物,文献 A 的作者为来源作者,文献 B 的作者为引文作者。

(4) 权威性高。SCI 数据库的建立是以科学的文献计量学为依据的,它根据文献之间的引证与被引证关系将在特定时限内被引频次最高的期刊选录进来,且每年更新,这样选取的期刊均是自然科学各领域核心的、质量较好的期刊,它的权威性是很高的。

SCI 的上述特点使其既可作为文献检索工具使用,还可成为科研评价的一种依据。

2. SCI 的发展概况

20 世纪 50 年代,尤金·加菲尔德(Dr. Eugene Garfield)受"谢泼德引文"的启发,萌生了编制引文索引的想法,1858 年正式创办科学情报研究所,并开始编制引文索引。1963 年《科学引文索引》正式出版,出版周期几经变化,1979 年起改为双月刊,并有年度累积本和五年度累积本。SCI 期刊主要由引文索引和来源索引两大部分组成。引文索引包括作者引文索引、团体作者引文索引和匿名引文索引、专利引文索引;来源索引中还包括检索来源索引的工具"团体索引"和"轮排主题索引"。其印刷版一直连续出版。

1990 年开始出版 SCI 的光盘版,收录期刊与印刷版相同。SCI 光盘数据库有两种,一种是带文摘版的 CD-ROM With Abstracts(月更新);另一种是不带文摘版的 CD-ROM(季度更新或半年更新),检索字段主要有著者(AU)、题名(TI)、期刊/来源(JN/SO)等。

1997 年推出了 SCI 网络数据库。SCI 网络数据库的全称为 SCI Expanded,简称 SCIE。其收录的期刊除印刷版收录的近 4000 种期刊外还包括 2000 余种的外围刊。这些所谓的外围刊也是 ISI 从全世界学术期刊中精选出来的,并集中收录进 Current Contents Connect(CCC)中。SCIE 基于 ISI Web of Knowledge(现更名为 Web of Science)提供检索服务。

除上述 4 种出版形式外,SCI 在 Dialog、DataStar 等联机检索系统中提供服务,国内最常见的是通过 Dialog 系统服务的 SCI。

6.1.2 Web of Science 简介

Web of Science 是 Thomson Reuters 公司开发的信息检索平台,将自然科学、工程技术、社会科学、艺术与人文等多个领域中高质量的学术信息资源、独特的信息分析工具和专业的信息管理软件整合在一起,兼具信息检索、分析、评价等多项功能。

该平台资源丰富,其中的 Web of Science 核心合集(WOS-CC)包含 3 个期刊引文子数据库,即 Science Citation Index Expanded(SCI)、Social Sciences Citation Index(SSCI)和 Arts & Humanities Citation Index(A&HCI);两个会议论文引文子数据库,即 Conference Proceedings Citation Index-Science(CPCI-S)、Conference Proceedings Citation Index-Social Science & Humanities(CPCI-SSH);两个图书引文数据库,即 Book Citation Index-Science(BkCI-S)、Book Citation Index-Social Science & Humanities(BkCI-SSH);两个化学数据库,即 Current Chemical Reactions(CCR)、Index Chemicus(IC)。

除 WOS-CC 外，Web of Science 还有 BIOSIS Previews(BP)、Current Contents Connect(CCC)、Derwent Innovations Index(DII)、Inspec、SciELO Citation Index、中国科学引文数据库（Chinese Science Citation Database，CSCD）等文献数据库，Essential Science Indicators、Journal Citation Reports 等科研分析资源和信息分析工具，以及 EndNote Online 文献管理工具。

在该检索平台，用户可以选择单个数据库进行检索，也可进行跨库检索。它还具备布尔逻辑、截词检索等检索功能，允许对检索结果进行多种排序；可对检索结果做标记、保存检索历史、随时随地保存检索式从而进行新的检索；对保存的检索式进行注册可获得最新资源通报服务；对选中的检索结果可以显示、打印、导出到 Endnote 及全文链接。

Web of Science 的注册用户可以利用其提供的保存检索式、设置检索历史跟踪服务、设置引文跟踪、创建 RSS Feed 等个性化服务。

6.1.3　SCIE 的检索

SCIE 提供了"基本检索""被引参考文献检索""高级检索"等检索方式。

1. 基本检索

基本检索为系统默认的检索方式，如图 6.1 所示。

图 6.1　SCIE 基本检索界面

基本检索提供主题、标题、作者、团体作者、编者、出版物名称、出版年、地址、会议、语种、文献类型、基金资助机构、授权号等检索字段。

检索时选定检索字段，在其对应的检索词输入框中输入检索词，设定检索的时间等检索条件，单击"检索"按钮即可得到相应的检索结果。检索者可以在单个字段中进行检索，也可用逻辑算符同时检索多个字段；若检索字段为 3 个以上，可单击"添加另一字段"添加。

为方便检索者确定检索词,SCIE 提供了 4 个索引词表——作者索引、团体作者索引、出版物名称索引、机构扩展索引,检索时单击"词表"按钮即可打开相应词表,从中选择检索词后单击"添加""确定"按钮,系统自动将该检索词粘贴到检索界面的检索词输入框。

2. 被引参考文献检索

在检索方式下拉列表中选择"被引参考文献检索"选项,进入被引参考文献检索(引文检索)界面。该检索方式提供被引作者、被引著作、被引年份及被引卷、被引期、被引页、被引标题 7 个检索字段,被引作者、被引著作两个字段提供相应的索引词表供检索者挑选检索词。

3. 高级检索

在检索方式下拉列表中选择"高级检索"选项,进入高级检索界面,如图 6.2 所示。

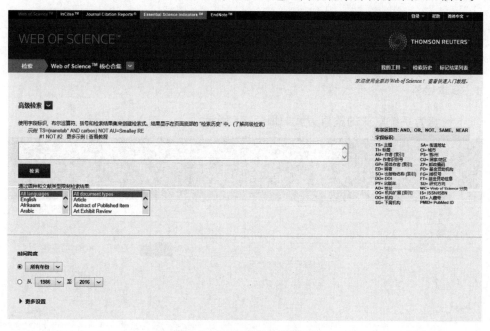

图 6.2　SCIE 高级检索界面

1) 检索式的构造

"高级检索"使用字段标识、布尔逻辑运算符和检索式引用来创建检索式,如 TS=(nanotub * SAME carbon) AND AU=iijima s 或者♯1 AND ♯2,进行文献检索。检索结果显示在页面底部的"检索历史"中。单击其中的命中文献数链接可进入检索结果显示与处理页面。

其检索字段标识如下:

TS=主题;TI=标题;AU=作者;AI=作者识别号;GP=团体作者;ED=编者;SO=出版物名称;DO= DOI;PY=出版年;AD=地址;OG=机构扩展;OO=机构;SG=下属机构;SA=街道地址;CI=城市;PS=省/州;CU=国家/地区;ZP=邮政编码;FO=基金资助机构;FG=授权号;FT=基金资助信息;SU=研究方向;WC=Web of

Scienc 分类；IS＝ISSN/ISBN；UT＝入藏号；PMID＝PubMed ID。

使用作者(AU)、团体作者(GP)、出版物名称(SO)、机构扩展(OG)字段时可打开系统提供的索引词表选词。

2）检索条件的限定

在"时间跨度"列表中选择检索的时间范围。默认检索时间为所有年份。

在"语种"下拉菜单中进行文种的选择。默认为所有语言(all languages)。

在"文献类型"下拉菜单中进行文献类型的限定。默认为所有文献类型(all document types)。

6.1.4 检索结果的显示与管理

1. 检索结果的显示

检索结果有两种显示格式：一种是题录，给出文献的题名、著作、出处等；另一种是全记录格式，在题录中单击题名链接进入全记录显示。此外，SCIE 还提供文献的馆藏信息及全文链接等。

2. 检索结果的排序方式

SCIE 提供了更新日期、被引频次、相关性、第一作者、来源出版物、出版年和会议标题 7 种排序方式，系统默认的排序方式是更新日期，检索者可在"排序方式"下拉菜单中进行选择。

3. 二次检索

对于本次检索，SCIE 提供了两种方式供检索者执行二次检索：①在"结果内检索"输入框中输入检索词，进行二次检索；②通过对检索结果进行重新限定进一步精确检索结果，实现更好的检索效果，即勾选包括学科类别、文献类型、作者、来源出版物、出版年、会议标题、机构、基金资助机构、语种、国家/地区等限定项目中的任一条件，单击"精炼"按钮，完成二次检索。

4. 检索结果的处理

对于检索结果，SCIE 提供了打印、电子邮件、添加到标记结果列表、保存到 EndNote Web、保存到 EndNote Online 等多种处理方式。

5. 检索结果的分析

单击"分析检索结果"链接，即可进入检索结果分析页面，对文献的分布情况进行分析。分析项目包括学科类别、文献类型、作者、来源出版物、出版年、会议标题、机构、基金资助机构、语种、国家/地区、授权号等。

6. 创建引文报告

单击"创建引文报告"链接，即可得到引文报告。

7. 创建引文跟踪

单击"创建引文跟踪"链接,创建引文跟踪服务,了解该文章今后的被引用情况。

8. 保存检索历史/创建跟踪服务

单击任一界面中的"检索历史"按钮,进入检索历史界面,可以保存检索策略,并创建定题服务。

6.2 美国《工程索引》

美国《工程索引》(*The Engineering Index*,EI)创刊于 1884 年,是著名的工程技术领域的综合性检索工具。本节主要介绍其网络版数据库 EI Compendex Web 的检索。

6.2.1 《工程索引》发展概况

1884 年,美国华盛顿大学教授博特勒·约翰逊博士编辑出版了工程技术方面的索引 Index Notes,其作为美国工程学会联合会主办的会刊中的一个专栏,不定期出版,这便是美国《工程索引》的前身。随后,该联合会将 1884—1891 年这 7 年间所发表的索引累积出版,定名为《近期工程文献叙述索引》(*Descriptive Index*,*Current Engineering Literature*),这便是 EI 的第一卷。第二卷是 1892—1895 年的累积本。从第二卷开始,刊名正式改为 *The Engineering Index*,并分别把 1896—1900 年和 1901—1905 年间的累积本定为第三卷和第四卷。1906 年起每年出版一卷,刊名相应改为《工程索引年刊》(*The Engineering Index Annual*)。1934 年工程索引公司(The Engineering Index Inc.)成立,专门负责《工程索引》的编辑出版工作。1962 年创办了《工程索引月刊》(*The Engineering Index Monthly*)。1981 年,工程索引公司更名为工程信息公司(Engineering Information Inc.)。1998 年起,工程信息公司合并到 Elsevier 出版集团,《工程索引》成为 Elsevier Engineering Information Inc. 的产品。

《工程索引》收录的文献来自 50 多个国家,报道的文献类型主要是期刊论文和会议文献,涉及整个工程的技术领域。

《工程索引》有多种出版形式,目前主要有以下形式。

(1) 印刷型。包括年刊和月刊。

(2) 缩微型。1970 年开始《工程索引》发行缩微胶卷(EI Microfilm)。

(3) 机读型。工程索引磁带 EI Compendex Plus 收录 1970 年以来的文献,每周更新,通过 Dialog、ORBIT、ESA-IRS、STN 等大型联机系统提供联机检索服务。

(4) 光盘型。20 世纪 90 年代之后《工程索引》发行了光盘版。EI 的光盘版数据库 EI Compendex 收录 1987 年以来的 EI 文献,记录每月更新;另外还有 EI Page One,它在 EI Compendex 的基础上扩大了收录范围,共收录 5000 多种期刊、会议录、技术报告等的题录信息。

(5) 网络型。EI 的网络版,即 EI Compendex Web,它是为适应用户的网络检索需要在

Internet 上开设的。

6.2.2 EI 网络数据库简介

EI 网络数据库 EI Compendex Web 是由 EI Compendex 和 EI Page One 合并而成的，其中，EI Compendex 是印刷版《工程索引》的电子版，Compendex 是 Computerized Engineering Index 的缩写，它收录论文的题录、摘要、主题词、分类号等，进行深加工；EI Page One 在 EI Compendex 的基础上扩大了收录范围，收录 2800 多种工程期刊、会议录和科技报告，仅收录题录，一般不列入文摘，没有主题词和分类号，不进行深加工。

EI 网络数据库原检索系统为 EI Compendex Web，目前的检索平台为 Engineering Village 2。

Engineering Village 2 是一个全球综合性的应用科学和工程技术领域的网络信息集成系统，它将工程信息资源筛选、组织、集成在一起，向用户提供"一步到位"的便捷式服务。EI Compendex Web 是其核心数据库，除此之外还有 INSPEC、USPTO、esp@cenet 等。EV2 平台的 EI Compendex Web 除了 EI Compendex 自 1969 年以来的数据外还包括 EI Page One 1990 年以来的数据。

访问网址为 http://www.engineeringvillage.com。在浏览器地址栏中输入该网址，进入如图 6.3 所示的界面。

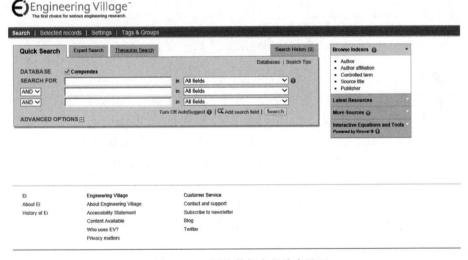

图 6.3 EI 网络数据库的检索界面

6.2.3 EI 网络数据库的检索

EI 网络数据库提供快速检索（Quick Search）、专家检索（Expert Search）、叙词检索（Thesaurus Search）等检索方式。

1. 快速检索

快速检索为系统默认的检索方式，如图 6.4 所示。

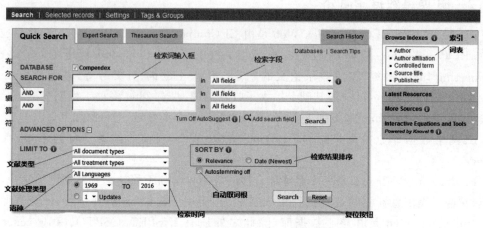

图 6.4　EI 网络数据库的 Quick Search 检索界面

1) 检索字段

快速检索提供了 All fields（所有字段，为默认检索字段）、Subject/Title/Abstract（主题/题名/文摘）、Abstract（文摘）、Author（作者）、Author affiliation（作者单位）、Title（题名）、EI Classification code（EI 分类号）、CODEN（图书馆所藏文献和书刊的分类编号）、Conference information（会议信息）、Conference code（会议代码）、ISSN（国际标准刊号）、EI Main Heading（EI 主标题词）、Publisher（出版者）、Source title（刊名）、EI Controlled term（EI 受控词）、Country of origin（原出版国）等检索字段。

检索者可以在单个字段中进行检索，也可用逻辑算符同时检索多个字段，但最多可选择 12 个。

为帮助检索者选择合适的检索词，检索系统提供了 Author（作者）、Author affiliation（作者单位）、Controlled term（受控词）、Publisher（出版者）、Source title（刊名）5 个字段的索引词表。当检索者选择这些字段检索时可打开相应的索引词表，从中选取检索词。

索引词表的使用方法相同。现以 Controlled term 词表为例介绍索引词表的使用方法。

首先单击 Browse Indexes 中的 Controlled term，打开索引词表；然后在 Search For 输入框中输入拟定的词，如 machine design，单击 Search 按钮，即可得到词表中的规范词/受控词；最后在受控词前的标记框中打√选定，该词就会被自动粘贴到检索界面中与 Controlled term 检索字段对应的检索词输入框中。

2）检索条件的限定

快速检索提供了语种、文献类型、文献处理类型、时间范围选择4个检索限定选项,检索者可以根据需要进行选择。

(1) 文献类型。在"文献类型"下拉菜单中有"全部文献类型"(All document types)、"期刊论文"(Journal article)、"会议论文"(Conference article)、"会议录"(Conference proceeding)、"专题论文"(Monograph chapter)、"专题综述"(Monograph review)、"专题报告"(Report chapter)、"综述报告"(Report review)、"学位论文"(Dissertation)、"(1970年以前)专利"(Patents before 1970)等选项,默认为"全部文献类型"。

(2) 文献处理类型。文献处理类型用于说明文献的主要特征、研究方法及所探讨主题的类型。在"文献处理类型"下拉菜单中有"全部文献处理类型"(All treatment types)、"应用"(Applications)、"传记"(Biographical)、"经济"(Economic)、"试验"(Experimental)、"一般性综述"(General review)、"历史"(Historical)、"文献综述"(Literature review)、"管理方面"(Management aspects)、"数值"(Numerical)、"理论"(Theoretical)等选项,默认为"全部文献处理类型"。

(3) 语种。在"语种"下拉菜单中有"所有语种"(All language)、"英语"(English)、"汉语"(Chinese)、"法语"(French)、"德语"(German)、"意大利语"(Italia)、"日语"(Japanese)、"俄语"(Russian)、"西班牙语"(Spanish)等选项供检索者选择,默认为"所有语种"。

(4) 时间。检索时间的限定可通过两种方式实现,一是在起止年份下拉菜单中选择限定;二是通过在最近的4次更新中选择限定。

3）检索结果的排序

系统提供了两种排序方式,即按相关度(Relevance)或者出版时间(Publication year)。

4）自动取词根

在检索中,系统会自动检索以所输入检索词的词根为基础的相应派生词(作者字段中的检索词除外)。例如,输入management,结果为managing、managed、manager、managers、management等。若勾选"关闭自动取词根"(Autostemming Off)选项,则取消该功能。

5）复位

通过单击检索界面中的Reset(复位)按钮可以清除前面输入的检索式,并将所有选项复位到默认值。

2. 专家检索

单击检索界面中的Expert Search进入专家检索界面,如图6.5所示。

利用专家检索进行文献检索时,检索者需要自行构建检索式并输入到检索式输入框中。检索式由检索词加wn加检索字段代码构成,可用逻辑算符进行组配。例如,(machine design)wn CV AND(computer aided design)wn ST,表示在受控词中含有machine design,在来源刊物名称中含有computer aided design,两个检索项之间是一种交叉限定的关系;检索的是在 *Computer Aided Design* 期刊上发表的关于machine design方面的文献。

为方便检索者选择检索词,专家检索提供了比快速检索更多的索引词表,具体为Author(作者)、Author affiliation(作者单位)、Controlled term(受控词)、Publisher(出版者)、

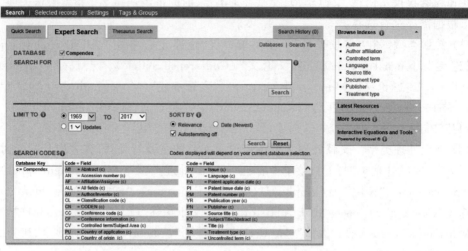

图 6.5　EI 网络数据库的 Expert Search 检索界面

Source title(刊名)、Language(语言)、Document type(文献类型)、Treatment type(文献处理类型)8 个字段的索引词表。检索时打开词表选词后,该词将被自动粘贴到检索式中。

同时还可以对检索文献的时间范围(Limit To)、检索结果的排序方式(Sort By)、检索时是否自动取词根(Autostemming Off)等进行选择限定。

3. 叙词检索

单击检索界面中的 Thesaurus Search 进入叙词检索界面,如图 6.6 所示。

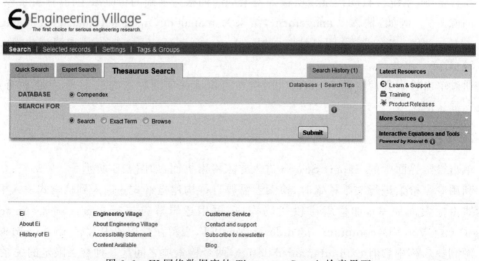

图 6.6　EI 网络数据库的 Thesaurus Search 检索界面

叙词检索用于检索某一主题的文献,此时可以利用叙词表确定叙词。其检索方法如图 6.7 所示。

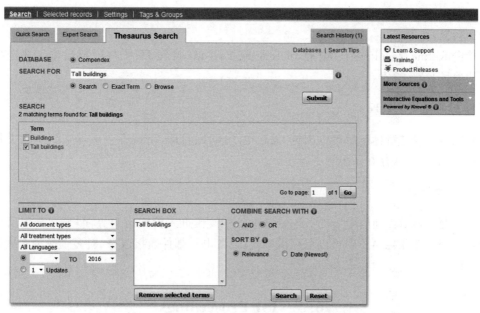

图 6.7　EI 网络数据库的 Thesaurus Search 检索

第一步,在 Search for 对应的检索词输入框中输入拟定的词,如 Tall buildings；第二步,选择叙词表的打开方式,如 Search；第三步,单击 Submit 按钮,从叙词表中选择叙词；第四步,勾选选定的叙词,如 Tall buildings,系统自动将其粘贴到 Search Box 中；最后单击 Search 按钮执行检索。

6.2.4　检索结果的显示与管理

1. 检索结果的显示

EI Compendex 检索结果的显示格式有 3 种,即题录格式(Citation)、文摘格式(Abstract)、全记录格式(Detailed record)。单击 Fulltext(全文)按钮可链接到全文页面。

2. 检索结果的排序

在检索结果界面的排序方式下拉列表中有相关度、出版时间、作者、出版物、出版者,供检索者对检索结果进行排序。

3. 精炼检索

Refine Results 栏目向检索者展示当次检索结果的相关分类统计,供检索者了解其Author(作者)、Author affiliation(作者单位)、Controlled vocabulary(受控词)、Classification code(分类号)、Country(国家)、Document type(文献类型)、Language(语言)、Year(出版年)、Publisher(出版者)、Serial title(刊名)等方面的分布情况,从而了解和掌握与该研究相关的

一些信息。如通过作者分布可了解该研究领域的主要研究人员是谁,通过文献类型可了解该研究主要的发表文献类型,通过语种可了解该研究主要是以何种文字发表的,通过文献出版年可了解该研究在哪几年发表的文献最多,通过来源出版物可了解该研究主要刊登在哪几种期刊上,等等。

单击 Refine Results 栏目中的 Include 或 Exclude 按钮,系统将限定或排除在选择框打√的项目,精炼检索。

4. 检索结果的处理

对检索结果进行标记后可以浏览、发送电子邮件、打印、下载存盘或输入到个人书目文献管理系统,还可保存在系统服务器上。

5. 检索历史

单击题录显示界面右上方的 Search History 按钮进入检索历史界面,显示当前所做过的检索过程。在此界面还中可以保存检索式、设置电子邮件通报服务、对多个检索式进行逻辑组配检索。

6.3 ISI Proceedings

会议文献是学术文献的重要组成部分,ISI Proceedings 汇集了世界上最新出版的会议录资料,包括专著、丛书、预印本以及来源于期刊的会议论文,提供了综合全面、多学科的会议论文资料,是目前世界上了解会议文献信息最主要的检索工具。

6.3.1 数据库简介

美国科学情报研究所基于 Web of Knowledge(现更名为 Web of Science)的检索平台将《科学技术会议录索引》(*Index to Scientific & Technical Proceedings*,ISTP)和《社会科学及人文科学会议录索引》(*Index to Social Sciences & Humanities Proceedings*,ISSHP)两大会议录索引集成为 ISI Proceedings。ISI Proceedings 包括科学与技术版——科学会议录引文索引(Conference Proceedings Citation Index-Science,CPCI-S,原《科学技术会议录索引》)和社会科学与人文版——社会科学与人文科学会议录引文索引(Conference Proceedings Citation Index-Social Science & Humanities,CPCI-SSH,原《社会科学及人文科学会议录索引》),是 Web of Science 核心合集的重要组成部分。

《科学技术会议录索引》由美国科学信息研究所编辑出版,于 1978 年创刊,为月刊,主要收录正式出版(包括会议录、期刊上发表的会议论文、以图书或其他形式出版的会议录)的会议文献,内容涉及农业、工程技术及应用科学、医学、环境科学等学科领域,具有多学科的特点,被誉为报道会议文献的权威性刊物,与 SCI、EI 并称世界三大检索系统。其姊妹刊《社会科学和人文会议录索引》于 1979 年由 ISI 创办,其数据涵盖了社会科学、艺术与人文科学领域的会议文献。这些学科包括哲学、心理学、社会学、经济学、管理学、艺术、文学、历史学、公共卫生等。

ISI Proceedings 每年收录 12000 多个会议的内容,年增加 22.5 万条记录,索引内容的 65% 来源于专门出版的会议录或丛书,其余来源于以连续出版物形式定期出版的系列会议录,内容涉及一般性会议、座谈会、研究会、专题讨论会等,数据每周更新,是收录最多、覆盖学科最广泛的学术会议录文献数据库。它基于 Web of Science 平台,提供强大的检索与链接功能(链接全文、馆藏等),更利于检索者获取利用知识信息。

6.3.2 数据库检索

在浏览器地址栏输入"http://isiknowledge.com/",进入 Web of Science 检索平台,在 Web of Science 核心合集数据库列表中勾选科学会议录引文索引及社会科学与人文科学会议录引文索引即可进行检索。其检索方法与 SCIE 相同。

1. 基本检索

基本检索为系统默认的检索,如图 6.8 所示。

图 6.8 ISI Proceedings 的基本检索界面

基本检索提供主题、标题、作者、团体作者、编者、出版物名称、出版年、地址、会议、语种、文献类型、基金资助机构、授权号等检索字段。

检索时选定检索字段,在其对应的检索词输入框中输入检索词,设定检索的时间等检索条件,单击"检索"按钮即可得到相应的检索结果。

检索者可以在单个字段中进行检索,也可用逻辑算符 AND、OR、NOT、SAME 组配同时检索多个字段;若检索字段大于 3 个,可单击"添加另一字段"添加。

检索时还可借助截词符 *(代表任意多个字符,包括空字符)或?(代表任意一个字符)或 $(代表零或一个字符)及表示精确检索的""等检索技术。

选择作者、团体作者、出版物名称、机构扩展为检索字段时,可从系统提供的索引词表中选择检索词。

2. 高级检索

在检索方式下拉列表中选择"高级检索",进入高级检索界面,如图 6.9 所示。

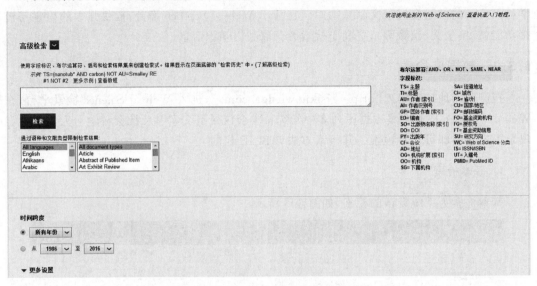

图 6.9　ISI Proceedings 的高级检索界面

在检索式输入框中输入检索式,设置检索的扩展条件,如时间范围(默认为所有年份)、语言种类(默认为所有语言)、文献类型(默认为所有文献类型),单击"检索"按钮即可进行文献检索。

检索式由字段标识、布尔逻辑运算符和检索式引用构建,如 TS=(nanotub * AND carbon) NOT AU=Smalley RE 或者♯1 AND ♯2。其检索字段标识如下:TS=主题;TI=标题;AU=作者;AI=作者识别号;GP=团体作者;ED=编者;SO=出版物名称;DO=DOI;PY=出版年;CF=会议;AD=地址;OG=机构扩展;OO=机构;SG=下属机构;SA=街道地址;CI=城市;PS=省/州;CU=国家/地区;ZP=邮政编码;FO=基金资助机构;FG=授权号;FT=基金资助信息;SU=研究方向;WC= Web of Science 分类;IS= ISSN/ISBN;UT=入藏号;PMID=PubMed ID。

当使用作者(AU)、团体作者(GP)、出版物名称(SO)、机构扩展(OG)字段时,可打开系统提供的索引词表选词。

检索结果显示在页面底部的"检索历史"列表中。单击其中的命中文献数链接可得检索结果列表。

6.4　INSPEC

INSPEC 的全称为 Information Service in Physics, Electronics Technology and Computer & Control,它是英国《科学文摘》(*Science Abstracts*,SA)的网络版数据库,是全球著名的科技文摘数据库之一。

6.4.1 《科学文摘》概况

英国《科学文摘》创刊于1898年,历史悠久、内容丰富,其报道的内容源自80多个国家的4000多种期刊、2000多种会议论文集以及大量的著作、报告和论文(1977年以前还收录英、美两国的专利文献),是科学技术领域著名的综合性文摘刊物之一,是查找物理、电气、电子、计算机和自动控制等方面文献的重要检索工具。

SA最初名为《科学文摘:物理与电气工程》(Science Abstracts: Physics & Electrical Engineering),由英国电气工程师学会(The Institution of Electrical Engineers,IEE)编辑出版。从1903年第6卷起,SA开始分为A、B两辑出版。A辑为《物理文摘》(Science Abstracts Section A: Physics Abstracts);B辑为《电气工程文摘》(Science Abstracts Section B: Electrical Engineering Abstracts)。随着科学技术的发展,1966年,SA的B辑刊名改为《电气与电子文摘》(Electrical & Electronics Abstracts)。同时,与美国电气与电子工程师学会(The Institution of Electrical and Electronic Engineers,IEEE)、英国电子与无线电工程师学会(Institution of Electronic and Radio Engineers)和国际自动控制学会(International Federation of Automatic Control)联合出版C辑《控制文摘》(Section C: Control Abstracts)。1969年,C辑更名为《计算机与控制文摘》(Computer & Control Abstracts)。从1969年起,英国电气工程师学会下设的"国际物理与工程情报服务部"(International Information Services for the Physics and Engineering Communities,INSPEC)负责编辑出版《科学文摘》。目前,SA的各分辑及学科分布如下。

A辑:《物理文摘》(Science Abstracts,Series A: Physics Abstracts,PA)。A0 通用部分;A1 基本粒子;A2 核物理;A3 原子分子物理;A4 基础物理;A5 等离子体和放电物理学;A6 固态(非电子)物理;A7 电子固体物理;A8 跨学科物理学;A9 地球物理学和天文学。

B辑:《电气与电子文摘》(Science Abstracts,Series B: Electrical & Electronics Abstracts,EEA)。B0 通用部分;B1 电路;B2 电子与元器件;B3 磁性器件及材料;B4 光电子;B5 电磁场;B6 通信;B7 测量仪器及应用;B8 电力系统。

C辑:《计算机与控制文摘》(Science Abstracts,Series C: Computer & Control Abstracts,CCA)。C0 通用与管理;C1 系统和控制理论;C3 控制技术;C4 数值和计算机理论;C5 计算机硬件;C6 计算机软件;C7 计算机应用技术。

D辑:《信息技术文摘》(Science Abstracts,Series D: Information Technology,IT)。D1 通用与管理;D2 信息技术应用;D3 通用系统;D4 办公自动化(通信);D5 办公室自动化(计算机)。

E辑:《生产与制造工程文摘》(Science Abstracts,Series E: Production & Manufacturing Engineering,PME)。E0 通用主题;E1 生产和制造工程学;E3 工业界。

《科学文摘》目前有以下几种出版形式:①印刷版;②缩微胶卷;③计算机阅读磁带版,分文摘带和题录带两种,其中文摘带又有单辑带和综合带两种,题录带不分辑;④光盘版 INSPEC Ondisc,收录时间从1989年至今,每季度追加更新记录,每年累积一张光盘;⑤网络版 INSPEC 数据库。

6.4.2 网络版 INSPEC 数据库简介

网络版 INSPEC 数据库将 5 大学科融为一体，提供涵盖理论及应用物理、电气和电子工程、计算机科学、控制技术、通信与信息技术、生产和制造工程等专业的科学技术文献检索，并且对光学技术、材料科学、海洋学、核能工程、交通运输、地理、生物医学工程、生物物理学和航空航天等领域也有广泛的覆盖。覆盖的文献年限自 1969 年至今，有近 950 万条文献，并且以每年 50 万条新文献的速度增加，每周更新。每一条记录均包含英文文献标题与摘要以及完整的题录信息。

迄今为止，网络版 INSPEC 的检索平台有 ISI Web of Knowledge、Engineering Village、OVID 等。本节介绍基于 ISI Web of Knowledge 平台的 INSPEC 检索。

在浏览器地址栏中输入"http://isiknowledge.com"，登录 ISI Web of Knowledge，选择 inspec 选项，即进入 INSPEC 数据库检索界面。

6.4.3 INSPEC 数据库的检索

1. 简单检索

INSPEC 默认检索界面为简单检索界面，如图 6.10 所示。

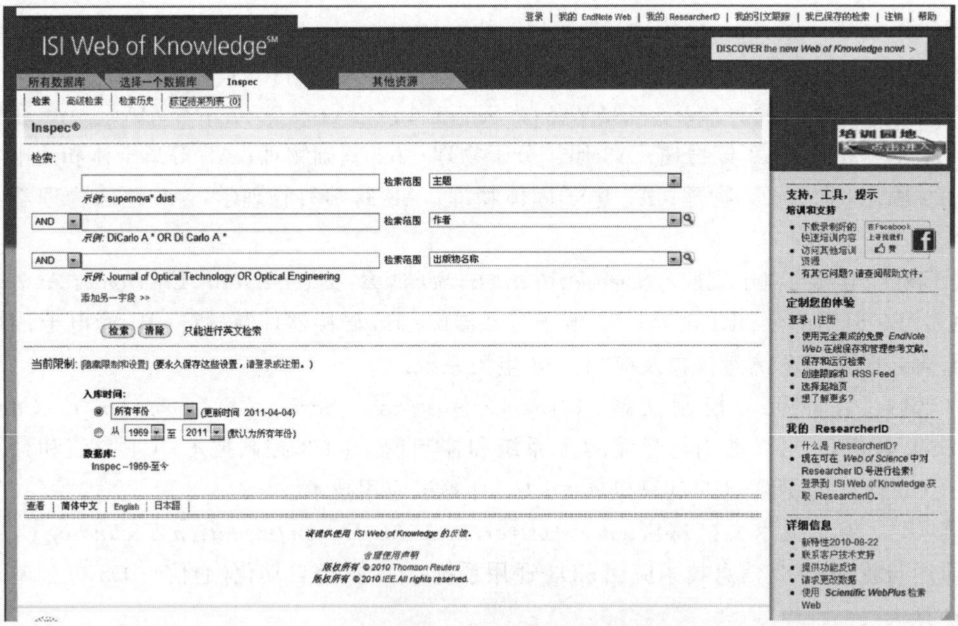

图 6.10　ISI WOK 平台的 INSPEC 检索界面

简单检索提供了主题、标题、作者、出版物名称、出版年、地址、受控词索引、受控词索引（包括非受控词索引）、分类、数值数据等检索字段，可以在单个字段中进行检索，也可用逻辑算符同时检索多个字段；若检索字段超过 3 个，可单击"添加另一字段"添加。

检索时可以通过选择入库时间限定检索时间。

为方便检索者确定检索词，INSPEC 提供了几个索引词表——作者列表、期刊列表、叙词表、分类表。从作者、出版物名称、受控词索引、受控词索引（包括非受控词索引）、分类途径进行检索时，单击词表按钮即可打开相应词表，从中选择检索词后单击"添加""确定"按钮，可以将该检索词直接添加到检索界面的检索词输入框中。

1）期刊列表

选择检索字段"出版物名称"，单击其右侧的放大镜按钮，进入 INSPEC 期刊列表。检索者使用"浏览"和"查找"功能可查找添加到检索式中的期刊名称。选定刊名后单击"添加"和"确定"按钮，该刊名将直接出现在简单检索界面里与检索字段"出版物名称"对应的检索词输入框中。

2）作者列表

作者列表的进入方式和使用方法同 INSPEC 期刊列表。

3）INSPEC 叙词

选择检索字段"受控词索引"，单击其右侧的放大镜按钮，进入 INSPEC 叙词界面。输入一个词，即可查找到包含该词或与之相关的词。

4）INSPEC 分类

选择检索字段"分类"，单击其右侧的放大镜按钮，进入 INSPEC 分类界面。输入一个词，即可查找到包含该词或与之相关的分类。

2. 高级检索

1）高级检索的检索界面

单击"高级检索"按钮，进入如图 6.11 所示的高级检索界面。

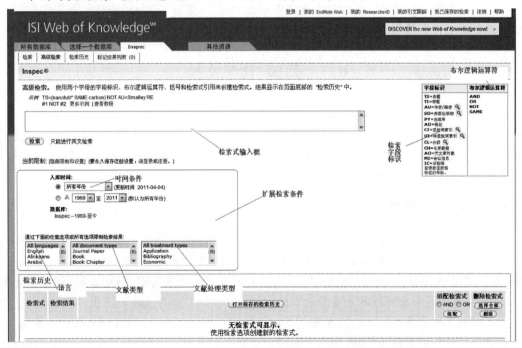

图 6.11 INSPEC 高级检索界面

2) 检索字段名称及代码

TU＝主题；TI＝标题；AU＝作者/编者；SO＝来源出版物；PY＝出版年；AD＝地址；CI＝受控词；UI＝非受控词；CL＝分类；CH＝化学数据；AO＝天文学对象；MI＝会议信息；IC＝识别码。

3) 文献类型

INSPEC 文献类型有 journal paper(期刊论文)、book(图书)、conference(会议文献)、dissertation(学位论文)等,默认为所有文献类型。

4) 处理类型

INSPEC 处理类型(treatment types)：Applications(a)仪器、设备的应用；Bibliography(b)含有参考文献数超过 50 条,作为行业书目使用；Economic(e)经济、商业上的应用,如市场预测、价格、趋势；Experimental(x)实验方法、观测或结果；General or Review(g)综述；New Developments(n)包括新的可能转变为专利的技术；Practical(p)实际应用,对工程师和设计人员有用；Product Review(r)同类产品比较、购买指南；Theoretical/Mathematical(t)理论或数学计算等。默认为所有处理类型。

5) 检索式的构造

可用检索字段代码加检索词构成检索式在单个字段中进行检索,如 CI＝computer networks；也可用逻辑算符对多个检索项组配构成检索式进行检索,如 TU＝computer AND SO＝computer。

另外,还可利用检索集合构造检索式。在高级检索下方列出了所有的检索历史,每个检索历史前都给出了一个编号"♯",可以在高级检索输入框中输入检索历史编号进行检索,如"♯1 AND ♯2"；或者直接在检索历史栏中勾选检索式,选择 AND 或 NOT,单击"组配"按钮构造检索式进行检索。

6.5 美国《化学文摘》

美国《化学文摘》(*Chemical Abstracts*,CA)创刊于 1907 年,由美国化学学会化学文摘社(Chemical Abstracts Service,CAS)编辑出版,是当今世界上最负盛名、引用最为广泛的化学化工文献检索工具。CA 有印刷版、光盘版、网络版等出版形式。本节主要介绍其网络版数据库 SciFinder 的检索方法。

6.5.1 美国《化学文摘》简介

美国《化学文摘》的前身是美国在 1895—1901 年出版的《美国化学研究评论》(*Review of American Research*)和 1867—1906 年出版的《美国化学学会杂志》(*J. of the American Society*)的文摘部分。这两种期刊当时只摘录美国本国的化学文献,创刊以后,随着发行范围的扩大,逐渐成为世界性的重要参考文献,1969 年合并了具有 140 年历史的德国的《化学文摘》,成为世界上最大的专业性文摘。它收录了 100 多个国家的期刊论文、政府出版物、会议录、图书、学位论文和 20 多个国家和地区的专利文献资料,几乎涉及了化学家感兴趣的所有领域,除无机化学、有机化学、分析化学、物理化学、高分子化学外还包括冶金学、地球化学、药物学、毒物学、环境化学、生物学以及物理学等学科领域,号称是打开世界化学化工领域文献的钥匙。但 CA 不报道化工经济与市场、化工产品目录广告和化工新闻等方面的内容。如果要检索这方面的文献资料,可查阅 CAS 编辑出版的另一种检索刊物——《化学工业札记》(*Chemical Industry Notes*)。

CA 自创刊以来,出版周期几经变化。自 1967 年起至今为周刊,每年两卷。随着科技的发展,CA 报道的类目也在不断变化,自 1967 年改为 5 部分 80 个类目;1971 年 74 卷起,按单期、双期交替报道,逢单收录生物化学和有机化学,逢双收录高分子、应用化学和化学工程、物理与分析化学;1982 年起 80 个类目的内容、名称及排列次序有所变动。自 1997 年第 26 卷开始,CA 取消了这种单、双号期刊交替报道的方式,不论是单号刊期还是双号刊期,将 5 部分 80 个类目的内容全部报道。

为便于检索,CA 出版了多种索引,按出版周期分为期索引(附在每期文摘之后)、卷索引和累积索引(1956 年以前每 10 年出版一次,1956 年改为每 5 年出版一次累积索引);按索引的类型分,有作者索引、关键词索引、主题索引、专利索引、分子式索引、登记号索引等 10 多种。其索引种类之多、体系之完备是其他检索工具无法比拟的。

1996 年,CAS 推出了光盘版 CA on CD,其内容与印刷版相对应。收录的年限从 1977 年起,分为 5 年累积版和年度累积版,内容按月更新。

1995 年,CAS 推出网络版化学资料电子数据库 SciFinder。SciFinder 包含多个数据库。其中,以 1907 年创刊的美国《化学文摘》为数据基础的 CAPLUS 已成为世界上公认的最大的化学及相关学科文献书目数据库;MEDLINE 数据库收录生物医学及相关学科的文献书目信息;REGISTRY 是化合物信息数据库;CASREACT 是化学反应信息数据库;CHEMLIST 和 CHEMCAT 分别用于查询全球重要市场管制化学品信息和化学品商业信息。

CA 除印刷版、光盘版、网络数据库外,还有联机数据库,在 Dialog 等系统提供联机检索服务。

6.5.2 SciFinder 的资源

CAPLUS,超过 2150 万条参考书目记录,每天更新 3000 条以上,始自 1907 年。

CAS REGISTRY,超过 2000 万条物质记录,每天更新约 4000 条,每种化学物质都有唯一对应的 CAS 注册号,始自 1957 年。

CASREACT,超过 570 万条反应记录,每周更新 600~1300 条,始自 1974 年。

CHEMCATS,超过 390 万条商业化学物质记录,来自 655 家供应商的 766 种目录。

CHMLIST,超过 22.7 万种化合物的详细清单,来自 13 个国家和国际性组织。

MEDLINE,超过 1200 万参考书目记录,来自 3900 多种期刊,始自 1958 年。

6.5.3 SciFinder 的检索

数据库 SciFinder 的访问网址为 http://scifinder.cas.org,在浏览器地址栏中输入该网址,进入如图 6.12 所示的界面,输入用户名、密码,进入如图 6.13 所示的检索界面。

图 6.12　SciFinder 的登录界面

1. 文献检索

文献检索 Explore Reference 是系统默认的检索界面，如图 6.13 所示。

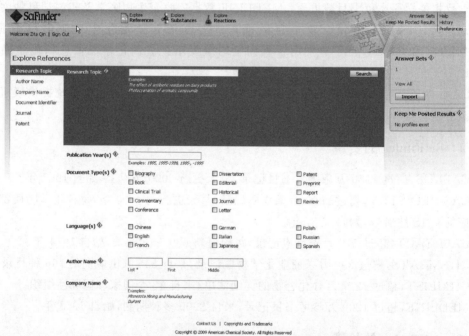

图 6.13　SciFinder 检索界面

其检索字段有 Research Topic（默认）、Author Name、Company Name、DocumentIdentifier、Journal、Patent，检索限定项有 Publication Year、Document Type、Language 等。

检索时选定检索字段,如 Research Topic;在检索式输入框中输入检索式,如 treatment of influenza a virus;在对年限、文献类型等进行限定后单击 Search 按钮即可执行检索。

2. 物质检索

单击检索界面中的 Explore Substance 按钮,进入物质检索界面,如图 6.14 所示。

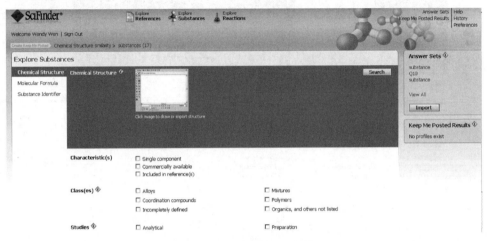

图 6.14 SciFinder 的物质检索界面

其检索字段有 Chemical Structure(默认)、Molucular Formula、Substance Identifier,选择 Chemical Structure 为检索字段时,单击画图板进行结构输入,初次使用时需要安装 Java 插件;以 Molucular Formula 或者 Substance Identifier 为检索字段时,在检索式输入框中输入对应的检索词或检索式,如图 6.15 所示。

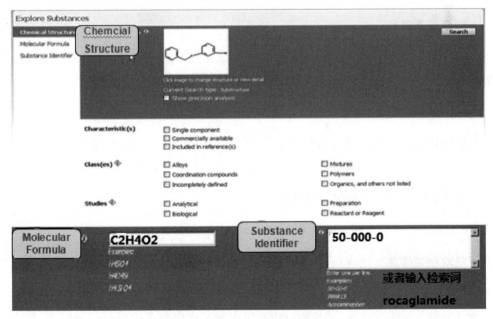

图 6.15 SciFinder 物质检索

3. 反应检索

单击 Explore Reactions 按钮,进入反应检索界面,如图 6.16 所示。

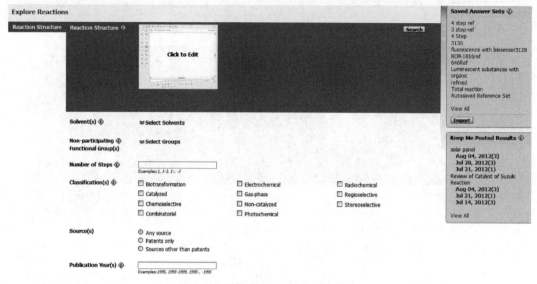

图 6.16 SciFinder 的反应检索界面

单击画图板输入查询的反应式,对 Classification、Source、Publication Year 等进行限定,然后单击 Search 按钮即可执行检索。

6.5.4 检索结果的显示与处理

1. 检索结果排序

系统提供了 Accession Number、Author Name、Citing Reference、Publication Year、Title 几种方式。

2. 检索结果的全文、保存与打印

单击 Full Text 链接可有条件链接全文,单击 Save 保存检索结果,单击 Print 可打印检索结果。

3. 检索结果的统计分析和二次检索

检索结果的统计分析和二次检索包括 Analyze、Refine 和 Categorize。

4. 获取相关信息

在文献检索结果界面,Get Substances 有助于检索者获取文献中涉及的物质信息,Get Reactions 有助于检索者获取 CAS Reaction 中收录文献中包含的那些化学反应,单击 Get Citing 或者 Get Cited 按钮可获知文献引用或被引用的情况。

6.6 美国《生物学文摘》

美国《生物学文摘》(*Biological Abstracts*,BA)创刊于 1926 年,是世界上最大的有关生命科学的文摘性检索工具。本节主要介绍其网络版数据库 BIOSIS Previews 的检索方法。

6.6.1 BA 的发展概况

《生物学文摘》的前身为《细菌学文摘》(*Abstracts of Bacteriology*,1917—1925 年)和《植物学文摘》(*Botanical Abstracts*,1918—1926 年),1926 年 12 月两刊合并后创立《生物学文摘》,由当时的美国生物学联合会负责编辑,生物学文摘公司负责出版。为适应 BA 的发展,1964 年成立了生物科学信息服务社(BioScience Information Service,BIOSIS),负责 BA 的编辑出版。

BA 收录了来自世界 100 多个国家和地区、5000 多种期刊的文献,主要报道有关生物学、农学、医学的基础理论,实验研究、现场研究的原始资料,生物学研究所采用的新方法、新技术、新材料、新发现的生物属类、名称、分布情况等,内容侧重于基础与理论方面的研究。《生物学文摘/报告、综述、会议》(BA/RRM)是 BA 的姊妹刊,专门报道生命科学领域的科技报告(Reports)、综述文献(Reviews)、会议文献(Meetings)及新书等。

BA 的出版周期自创刊后不断变动,1950 年以前每年出版 9 期;1950—1959 年改为月刊,当年出版两卷;1960—1961 年为半月刊,每年 1 卷;1962—1963 年为半月刊,每年 4 卷;1964—1971 年又改为每年 1 卷;1972 年起为半月刊,全年两卷;1998 年起每年 1 卷,每卷 24 期。

印刷版 BA 一直连续出版至今,由期刊和索引两大部分组成(BA/RRM 由题录和索引组成),为检索者提供了著者、主题、分类、生物体等检索途径。20 世纪 70 年代初在联机数据库中投入使用,数据收录从 1969 年开始。90 年代初由美国银盘公司(Silver Platter Information Inc.)出版光盘产品,收录的数据也从 1969 年开始。其光盘检索系统以 WINSPIRS 最为出色。BA 光盘数据库(BA WINSPIRS)包括作者、主题词、来源出处等检索字段,具备布尔逻辑检索等检索功能。以后 OVID 公司、美国信息科学研究所(ISI)以及美国银盘公司等先后发行了网络版数据库 BIOSIS Previews。

6.6.2 BIOSIS Previews 简介

BIOSIS Previews(BP)是美国生物科学信息服务社(BIOSIS)出版的世界上最大的关于生命科学的文摘索引数据库之一。该库包括生物学文摘(Biological Abstracts)所收录的期刊以及(Biological Abstracts/RRM)所收录的会议、报告、评论、图书、专论等多种文献,学科覆盖生物学、生物化学、生物技术、植物学、医学、药理学、动物学、农业、兽医学等领域。

BP 数据库的网络检索系统目前有美国科技信息所(ISI)的 Web of Knowledge、OVID 公司的检索系统、银盘公司的 WEBSPIRS。本节介绍基于 Web of Science 平台的 BP 数据库的检索。该数据库的网址为 http://isiknowledge.com。登录该网址,在数据库列表中选择 BIOSIS Previews,进入数据库的检索界面,如图 6.17 所示。

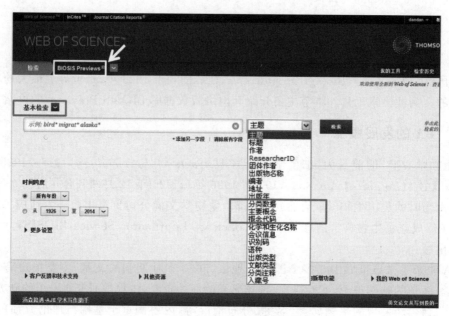

图 6.17　BP 检索界面

6.6.3　BP 的检索

1. 基本检索

基本检索界面为系统默认的检索界面,打开数据库进入的检索界面就是基本检索界面。

基本检索提供主题、标题、作者、出版物名称、出版年、地址、分类数据、主要概念、化学和生化名称、会议信息、识别码、语种、出版类型、文献类型、分类注释等检索字段,可以在单个字段中进行检索,也可用逻辑算符同时检索多个字段;单击"添加另一字段"按钮添加检索字段。

检索时可以通过选择入库时间限定检索时间。

为便于检索者确定检索词,BP 提供了几个索引词表,即作者索引、出版物名称索引、生物分类、主要概念、概念代码。从上述字段检索时,单击词表按钮即可打开相应词表,从中选择检索词后单击"添加""确定"按钮,可以将该检索词直接添加到检索界面的检索词输入框中。

1) 作者索引

选择检索字段"作者",单击词表按钮,进入作者索引。在索引词表中选定作者姓名后单击"添加"和"确定"按钮,该作者姓名将直接出现在基本检索界面里与检索字段"作者"对应的检索词输入框中。

2) 出版物名称索引

选择检索字段"出版物名称",单击词表按钮,进入出版物名称索引。其使用方法同作者索引。

3) 生物分类

选择检索字段"分类数据",单击词表按钮,进入生物分类,查找要添加到检索式中的检索词。

4）主要概念

选择检索字段"主要概念"，单击词表按钮，进入主要概念，查找要添加到检索式中的检索词。

5）概念代码

选择检索字段"概念代码"，单击词表按钮，进入概念代码界面，查找要添加到检索式中的概念代码主题词。

2. 高级检索

1）高级检索界面

在检索方式下拉列表中选择"高级检索"，进入高级检索界面，如图 6.18 所示。

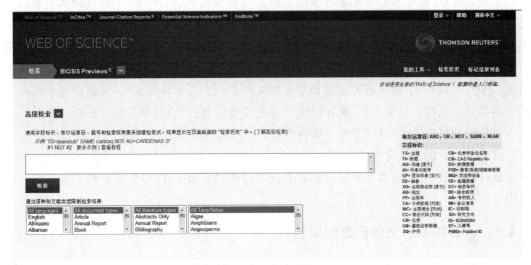

图 6.18　BP 高级检索界面

2）检索字段名称及代码

TS＝主题；TI＝标题；AU＝作者；AI＝作者识别号；GP＝团体作者；ED＝编者；SO＝来源出版物；PY＝出版年；AD＝地址；TA＝分类数据；MC＝主要概念；CC＝概念代码；CH＝化学；GN＝基因名称数据；SQ＝序列；CB＝化学和生化名称；CA＝CAS Registry No.；DS＝疾病名称；PSD＝器官/系统/细胞器数据；MQ＝方法和设备数据；GE＝地理数据；GT＝地理时间数据；DE＝综合叙词；AN＝专利权人；MI＝会议信息；IC＝识别码；SU＝研究方向；IS＝ISSN/ISBN；UT＝入藏号；PMID＝PubMed ID。

3）扩展检索条件

在"时间跨度"中限定检索的时间范围；在"语种""文献类型""出版物类型""分类注释"下拉菜单中选择限定相应的检索条件。

4）检索式的构造

使用字段标识、布尔逻辑算符、括号和检索式引用来创建检索式。例如，"TS＝cosmetics""TS＝cosmetics AND SO＝toxicology in vitro""♯1 AND ♯2"。

5）检索结果的显示

检索结果显示在页面底部的"检索历史"列表中,单击检索结果中的命中文献数可得记录列表。

6.6.4 检索结果的显示与管理

BP 对每一条记录均完整地给出了文献题名、作者、来源出版物等信息内容,单击题名链接可得到该文献的摘要等更详细的信息。

BP 提供了两种方式进行继续检索或者二次检索:其一,精炼检索的方式;其二,在结果检索框中输入检索词检索的方式。

单击检索结果显示界面中的"分析检索结果"链接,进入检索结果分析界面,对检索结果进行专利权人(了解相关的专利主要掌握在哪些专利权人手中)、作者(了解该研究领域的主要研究人员是谁)、概念代码(了解该研究涉及的主要研究领域及相应的概念代码)、文献类型(了解该研究主要的发表文献类型)、文献语种(了解该研究主要是以何种文字发表的)、主要概念(了解该研究主要涉及的学科领域)、文献出版年(了解该研究在哪几年里发表的文献最多)、来源出版物(了解该研究主要刊登在哪几种期刊上)、学科类别(了解该研究主要涉及的学科类别)、上位学科分类(了解该研究涉及的主要生物的类别)等方面的分析。

对检索结果提供了"打印""电子邮件""保存到 EndNote@web"等多种处理方式。

另外,单击"创建引文跟踪"按钮,将该文章保存在个人账户的"引文跟踪"目录里,一旦该文献有新的被引信息,引文跟踪的创建者就可以收到通知邮件,借此了解该文献今后的被引用情况。

6.6.5 保存检索历史创建跟踪服务

单击检索界面中的"检索历史"按钮,进入 BP 检索历史界面。单击"保存历史/创建跟踪"按钮,即可进入保存检索历史界面,保存后可以根据保存的检索历史创建电子邮件跟踪、根据保存的检索历史创建 RSS feed;能够从机构的任何计算机访问保存的检索历史;可以直接从 Web of Science 主页打开保存的检索历史。

6.7 综合检索实例及分析

【实例 1】

请检索下列文章的被引次数:

Thess A,Lee R,Nikolaev P,et al. Crystalline Ropes of Metallic Carbon Nanotubes. Science,1996,273(5274):483-487

【检索步骤】

(1) 确定检索词。分析课题,提炼出检索词。第一作者姓名 Thess A;文献题名 Crystalline Ropes of Metallic Carbon Nanotubes;发表刊物名称 Science;发表年份 1996。

（2）选择检索字段。根据对课题的分析，选择 SCIE"被引参考文献检索"方式，检索词 Thess A 对应检索字段"被引作者"；检索词 Science 对应检索字段"被引著作"；检索词 1996 对应检索字段"被引年份"。

（3）构造检索式。分别在"被引作者""被引著作""被引年份"对应的检索词输入框中输入"Thess A""Science""1996"，如图 6.19 所示。

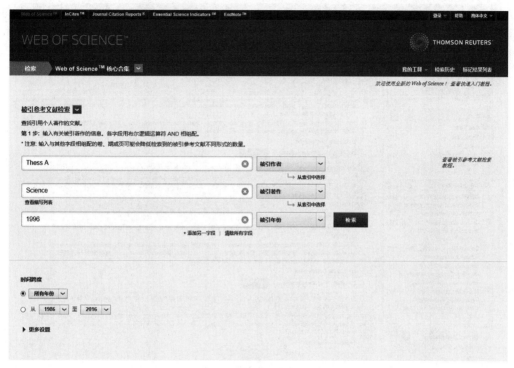

图 6.19　SCIE 数据库检索示例 1 检索界面

（4）限定检索条件后单击"检索"按钮进行检索，即可得到检索结果。

【实例 2】

在 EI Compendex 数据库中检索近 5 年来有关机械设计研究方面的期刊论文。

【检索步骤】

（1）确定检索词。该课题的检索词为机械设计，其对应的英文表达为 machine design。借助 controlled term（受控词）词表，查得 machine design 为规范词。

（2）选择检索字段。该课题要求检索有关机械设计研究方面的文献，可选择"EI controlled term（受控词）""topic（主题）"等为检索字段。本例以 EI controlled term 为检索字段。

（3）构造检索式。选择 EI Compendex 数据库 Quick Search 方式。在 Search in 中选择 EI controlled term 字段，在 Search for 检索词输入框中输入 machine design 或打开 Controlled term 词表，选择 machine design，由系统将该词直接粘贴到检索词输入框中。

（4）限定检索条件。该检索课题要求检索近 5 年的文献，因此将检索时间选定为

2012—2016 年。该检索课题要求检索的文献类型是期刊论文,因此必须对文献类型进行限定,在"文献类型"下拉菜单中选定 Journal article 选项。

(5) 单击 Search 按钮进行检索,即可得到检索结果,如图 6.20 所示。

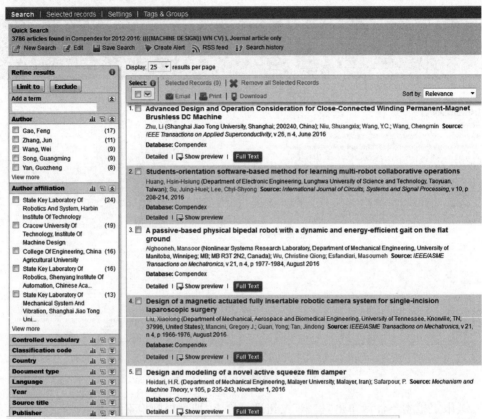

图 6.20 EI 网络数据库检索示例 2 检索结果界面

【实例 3】

在 BP 数据库中检索基因靶向研究在神经系统领域的应用方面的文献。

【检索步骤】

(1) 拟定检索词。基因靶向 gene targeting、神经系统 Nervous System。

(2) 选择检索字段。根据对课题的分析,可选择"主题""主要概念"等为检索字段。本例选用这两个检索字段,具体为"主题"检索字段中包含 gene targeting、"主要概念"检索字段中包含 Nervous System。

(3) 构造检索式。选择 BP 的"简单检索"方式。在"主题"检索字段对应的检索词输入框中输入 gene targeting;当选择"主要概念"字段时,系统提示可从索引词表选定检索词。单击"从列表中选择"按钮,输入"nerv*",单击"查找"按钮打开词表,从中确定两个检索词 Nervous System 和 Nervology,单击"添加"及"确定"按钮,将其传输到"检索"页面与"主要概念"字段对应的检索词输入框中,两个检索项之间用 AND 组配,如图 6.21 所示。

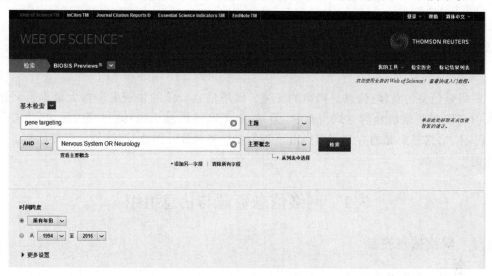

图 6.21 BP 数据库检索示例 3 检索界面

(4) 限定检索条件设定后单击"检索"按钮进行检索,即可得到检索结果。

思 考 题

1. Web of Science 为用户提供了哪些个性化服务? 你需要怎样的个性化服务?
2. 如何利用 Engineering Village 数据库的专家检索?
3. 了解本人所在学校论文被 SCIE、EI Compendex、ISI Proceedings 收录的情况,并分析哪些学科、哪些研究人员发表的论文较多。
4. 根据本人所学专业自定一个检索课题,选择 1~2 个数据库,检索与该课题相关的文献信息。

第7章 网络信息资源检索

网络是信息的载体,信息是网络的灵魂。网络信息资源的快速发展极大地丰富和拓宽了人们交流与获取信息的方式与途径,但是,由于网络信息资源具有分散、异构、动态等特点,也对网络信息资源的有效利用提出了新的要求和挑战。因此,网络信息资源检索工具便应运而生了。

7.1 网络信息资源与信息组织

7.1.1 网络信息资源

1. 网络信息资源的含义

随着互联网的快速发展,信息资源网络化成为时代潮流。与传统的信息资源相比,网络信息资源在数量、结构、分布和传播范围、传递手段、载体形态等方面都显示出新的特点。这些新的特点赋予了网络信息资源新的内涵。

网络信息资源也称虚拟信息资源,它是以数字化形式记录的,以多媒体形式表达的,存储在网络计算机磁介质、光介质以及各类通信介质上的,并通过计算机网络通信方式进行传递的信息内容的集合。简而言之,网络信息资源就是通过计算机网络可以利用的各种信息资源的总和。目前网络信息资源以因特网信息资源为主,同时也包括其他没有连入因特网的专用网络信息资源和内部网络信息资源。

2. 网络信息资源的类型

网络信息资源多种多样,可按不同的标准划分不同的类型。下面主要介绍按信息来源、信息内容、网络传输协议划分的类型。

1) 按信息来源分

网络信息资源按信息来源可分为政府信息资源、公共信息资源、商用信息资源等类型。

(1) 政府信息资源。各国政府在 Internet 上发布有关该国与政府的各种公开信息,主要包括各种新闻、统计信息、政策法规文件、政府档案、政府部门介绍、政府成就等,目的是进行国家与政府的形象展示。政府信息资源的获取主要通过政府门户网站和部分公益部门的研究报告。例如,美国法律相关信息主要集中在美国司法部(DOJ)的网站、信息政策与法规资料主要集中在白宫预算与管理办公室(OMB)。

(2) 公共信息资源。社会公共服务的机构所拥有的信息资源,它主要包括公共图书、科技信息、新闻出版、文化共享、环境保护、地理、海洋、气象、食品卫生、科学数据以及广播电视信息资源等。公共信息资源大部分由政府资助的研究机构发布,具有公益特征,可以免费获取,如瑞典隆德大学图书馆开放存取期刊列表(DOAJ,http://www.doaj.org)、中国的文化共享网络等。此外,一些私营企业也会参与公共信息的收集和制作,一些公共机构则会参与数据资源的经营,形成电子出版物市场。用户通过付费购买的方式能够获得质量较好、资源集中的信息资源,目前高校图书馆使用的学术信息资源大部分都是这类信息资源。

(3) 商用信息资源。商情咨询机构或商业性公司为生产经营者或消费者提供的有偿或无偿的商用信息,包括产品、商情、咨询等类型的信息。这类信息资源大部分对特定的目标用户开放,时效性比较强,分析性资源居多,需要付费购买。商业类门户网站信息也比较丰富,但是时效性不如付费网站,评论性资源居多,但可以免费获取。如易观网络和海脉科技对网络经济的分析报告,我国大型的专业门户网站还有赛迪网、硅谷动力网等。

2) 按信息内容分

网络信息资源按信息内容可分为网络资源指南和搜索引擎、联机馆藏目录、网络数据库、电子出版物、网上参考工具书、其他网络信息(新闻、会议、政策等消息,电子邮件、娱乐、培训、软件等)等类型。

(1) 网络资源指南和搜索引擎。网络资源指南类似于传统的文献检索工具——书目之书目,是按主题的等级排列主题类目索引,用户通过逐层浏览类别目录、逐步细化的方式来寻找合适的类别直至具体的资源。网络搜索引擎强调检索功能,允许用户在索引中查找词语或词语组合。顶级搜索引擎的索引列表涵盖数亿个网页,每天响应数千万次查询,是专用的 WWW 服务器。

(2) 联机馆藏目录。许多机构将自己的馆藏书目信息、期刊联合目录信息、馆藏数字资源信息放在网上,供用户了解馆藏资源,包括各类图书馆和信息机构提供的公共联机检索(OPAC)馆藏书目、地区或行业的图书馆的联合目录等。全国高等教育文献保障体系(CALIS)提供多所高校的馆藏书目、期刊和学位论文联合查询。用户只要通过图书馆的 URL 就可以查询该馆的图书馆馆藏,不受时间和地点的限制。

(3) 网络数据库。网络数据库是在网络上创建、运行的数据库,是数据与资源共享技术结合的产物。网络数据库所存储的信息都是经过人工严格筛选、整理和组织的具有较高学术价值、科研价值的信息资源。许多著名的国际联机数据库检索系统(如 Dialog、OCLC)都开设了与互联网的接口,用户可以通过远程登录或以 WWW 方式进行付费检索。有许多从事传统信息服务的机构开发了网络数据库,如 EBSCO 公司的 ASP、BSP 等数据库、ISI 公司的 Web of Science、万方数据资源系统、CNKI 等,这些网络数据库都是由专门的信息机构或公司来制作维护。

(4) 电子出版物。电子出版物是以数字代码形式将文字、图像、声音、视频等信息存储在磁、光、电介质上,通过互联网传播,并通过计算机或相关设备阅读的出版物,包括电子图书、电子期刊和电子报纸等。现有的电子出版物有的是传统纸本文献的电子版本,有的是完全以数字化形式编辑、制作、出版和发布,并以网络化形式发行。

(5) 网上参考工具书。互联网上有数目众多的指南、名录、手册、索引等传统的和现代的参考工具书。这些网络版参考工具书使用起来非常方便,用户只需要输入待查的词或词组就可以找到相关的定义和使用方法。

(6) 其他网络信息。网络的开放性和交互性使得网上有很多动态性很强的信息,如网上新闻、BBS、政府机构发布的信息、政策法规、会议消息、研究成果等。网上还有大量的电子邮件以及娱乐游戏、教育培训、应用软件等信息,这些信息非常丰富,而且大多免费提供使用。

3) 按网络传输协议分

网络信息资源按网络传输协议可分为 WWW 信息资源、Telnet 信息资源、FTP 信息资源、Gopher 信息资源、WAIS 信息资源、用户服务组信息资源等类型。

(1) WWW 信息资源。WWW(World Wide Web,WWW 或 Web)信息资源是基于超文本传输协议 HTTP(Hyper Text Transfer Protocol),建立在超文本、超媒体等技术基础之上,集文本、图形、图像、声音于一体,以直观的用户界面展现和提供信息的网络资源形式。通过超文本链接,用户在 WWW 上查找信息时可以从一个文档跳到另一个文档,而不必考虑这些文档在网络上的具体位置。

(2) Telnet 信息资源。Telnet 信息资源是在远程登录协议(Telecommunication Network Protocol,远程登录协议)的支持下可以访问共享的远程计算机中的资源。使用 Telnet,用户可以与全世界许多信息中心、图书馆及其他信息资源机构联系。Telnet 远程登录的使用主要有两种情况,第一种是用户在远程主机上有自己的账号,即用户拥有注册的用户名和口令;第二种是 Internet 主机提供某种形式的公共 Telnet 信息资源,这种资源对于每一个 Internet 用户都是开放的。

(3) FTP 信息资源。FTP(File Transfer Protocol,文件传输协议)信息资源是指利用文件传输协议可以获取的信息资源。FTP 可以实现不同操作系统的本地计算机和远程计算机之间的文件传送,不仅允许从远程计算机上获取、下载文件,也可以将文件从本地计算机复制传输到远程计算机上。

(4) Gopher 信息资源。Gopher 是一种基于菜单的网络服务,它为用户提供了丰富的信息,并允许用户以一种简单、一致的方法快速找到并访问所需的网络资源。其全部操作是在一级级菜单的指引下,用户在菜单中选择项目和浏览相关内容,即可完成对互联网上远程联机信息系统的访问,无须知道信息的存放位置或掌握有关的操作命令。

(5) WAIS 信息资源。WAIS 是一种数据库索引查询服务。WAIS 是通过文件内容(而不是文件名)进行查询的。因此,如果打算寻找包含在某个或某些文件中的信息,WAIS 是一个较好的选择。WAIS 是一种分布式文本搜索系统,用户通过给定索引关键词查询到所需的文本信息。

(6) 用户服务组信息资源。互联网上各种各样的用户通信或服务组是最受欢迎的信息交流形式,包括新闻组(Usenet News Group)、邮件列表(Mailing List)、专题讨论组(Discussion Group)、兴趣组(Interest Group)等。这些讨论组都是由一组对某一特定主题有共同兴趣的网络用户组成的电子论坛,在电子论坛中所传递与交流的信息就构成了互联网上最流行的一种信息资源。

7.1.2 网络信息组织

1. 网络信息组织的含义

网络信息资源的组织就是对网络信息资源进行有序化,使其有利于信息用户利用的过程。广义上的网络信息组织包含两部分,一是网络信息源组织,二是对网络信道部分的组织。由于网络信息资源具有数量剧增和不断变化的特点,使得传统的信息组织方式在网络环境下已经显得力不从心。这就要求网络信息资源的组织不能完全照搬传统的信息组织方式,必须在充分吸取成熟、有效的信息组织方式的基础上探索新的手段和技术,建立适于网络信息组织的方法体系。

2. 网络信息组织的方式

在各种网络信息资源中发展最快的是 WWW,其超媒体、超文本的特性使之在互联网信息存储与检索领域独占鳌头。目前,互联网上大多数信息的组织与发布都是采用超文本这种特殊的信息组织方式。随着网络交互性的发展,Web 2.0 的信息组织方式正在逐渐被大众用户所接受。

1)超文本(Hypertext)

超文本就是非线性文本。它的基本特征是信息的非线性排列,以节点为基本单位,节点之间以链接点相连,将信息组织为某种网状结构。超文本的组织方式提供的非顺序性浏览功能比传统的信息组织方式更加灵活、方便,而且符合人们的联想思维方式。超文本方式的另一大特征是信息表达形式的多样性,超文本信息可以是文字、图形、图像、声音、动画等多媒体形式。超文本方式使得用户可以从任何一个节点开始,从不同的角度浏览和查询信息。

2)Web 2.0

Web 2.0 是以 Flickr、Craigslist、Linkedin、Tribes 等网站为代表,以 Blog、Tag、SNS、RSS、Wiki 等应用为核心,依据六度分离、长尾理论等新理论和 XML、Ajax 等技术实现的互联网新一代模式。Web 2.0 是相对 Web 1.0 的新的一类互联网应用的统称。Web 1.0 的主要特点在于用户通过浏览器获取信息。Web 2.0 则更注重用户的交互作用,用户既是网站内容的浏览者,也是网站内容的制造者。也就是说互联网上的每一个用户不再仅仅是互联网的读者,同时也成为互联网的作者;不再仅仅是在互联网上冲浪,同时也成为波浪制造者;在模式上由单纯的"读"向"写"以及"共同建设"发展;由被动地接收互联网信息向主动创造互联网信息发展,从而更加人性化。

Web 2.0 颠覆了过去由少数资源控制者集中控制主导的信息组织方式,转变成了主要由广大用户的集体智慧和力量重构的信息组织方式,这种组织方式主要包括以下形式。

(1)博客(Blog)。Blog 是 Web 2.0 的典型应用,尤其是在我国,Blog 一直是以 Web 2.0 的排头兵的姿态出现的。我国绝大部分网络用户对 Web 2.0 的认识就是从 Blog 开始的。

Blog 在我国一般被翻译成博客,它是一种网络日志,是一种通常由个人管理、不定期张贴新的文章的网站。博客上的文章通常根据张贴时间以倒序方式由新到旧排列。许多博客主要在特定的课题上提供评论或新闻,其他内容则是个人日记。一个典型的博客结合了文字、图像、其他博客或网站的链接及其他与主题相关的媒体。能够让读者以互动的方式留下意见是许多博客的重要要素。大部分博客的内容以文字为主,有一些博客注重艺术、摄影、视频、音乐、播客等各种主题。博客是社会媒体网络的一部分。国内目前比较著名的博客服务网站有博客中国、博客网、新浪博客、网易博客、天涯博客、中国教育人博客等。

微博即微博客(MicroBlog)的简称,是一个基于用户关系的信息分享、传播以及获取平台,用户可以通过 Web、WAP 以及各种客户端组件个人社区以 140 字左右的文字更新信息,并实现即时分享。最早也是最著名的微博是美国的 Twitter,2006 年 3 月,博客技术先驱 blogger 创始人埃文·威廉姆斯(Evan Williams)创建的新兴公司 Obvious 推出了大微博服务。2009 年 8 月,中国门户网站新浪推出"新浪微博"内测版,成为门户网站中第一家提供微博服务的网站,微博正式进入中文上网主流人群的视野。

(2) 维基(Wiki)。Wiki 可以简单地解释为由网络用户自发维护的网络大百科全书。这个大百科全书由网络用户自发编辑并修改内容,每个人既可以是某个词条的读者,又可以是这个词条的编撰者,阅读和编辑的界限在 Wiki 中被模糊了。维基百科是 Wiki 的一种典型应用,还有大众点评网、豆瓣网等,只要是集合众人的智慧和看法的网站都属于 Wiki 的范畴。

(3) 标签(Tag)。标签是一种更为灵活、有趣的日志分类方式,可以让用户为自己所创造的内容(Blog 文字、图片、音频等)创建多个用作解释的关键词。Tag 类似于传统媒体的"栏目",它的相对优势在于创作者不会因媒体栏目的有限性而无法给作品归类,体现了群体的力量,使得日志之间的相关性和用户之间的交互性大大增强。

(4) 社会性网络服务(SNS)。依据六度分隔理论,以认识朋友的朋友为基础,扩展自己的人脉,便于在需要的时候可以随时获取该人脉的帮助。SNS(Social Network Service)网站就是依据六度分隔理论建立的网站,帮用户运营朋友圈里的朋友。Google 推出免费信箱也是一个 SNS 应用,通过网友之间的互相邀请,Gmail 在很短的时间内就获得了巨大的用户群。

(5) 简易信息集合(RSS)。RSS 是一种用于共享新闻和其他 Web 内容的数据交换规范,起源于网景公司的 Push 技术,将用户订阅的内容传送给它们的通信协议(Protocol),广泛用于 Blog、Wiki 和网上新闻频道。借助 RSS,网上用户可以自由订阅指定 Blog 或是新闻等支持 RSS 的网站(绝大多数的 Blog 都支持 RSS),也就是说读者可以自定义自己喜欢的内容,而不是像 Web 1.0 那样由网络编辑选出读者阅读的内容。

(6) 对等网(P2P)。P2P 是英文 Peer-to-Peer(对等)的简称,又被称为"点对点"。"对等"技术是一种网络新技术,依赖网络中参与者的计算能力和带宽,而不是把依赖都聚集在较少的几台服务器上。在用户下载的同时,用户的计算机还要继续做主机上传,这种下载方式,人越多速度越快,在加强网络交流、文件交换、分布计算等方面有很大作用。

(7) Podcast 和图片库。对现在的很多网民来说,到视频点播类网站看电影、电视剧或是网友原创视频都是很正常的事情,其中的网友原创视频就是 Podcast 的应用。Podcast 在中国一般被称为"播客",在某种程度上它和博客很像,但它的内容是音频和视频,属于多媒体的应用。与网络影视剧的点播不同,播客首先是可以自我创作的,其次它的内容是可以自由传播的,另外,它必须具有 RSS 信息聚合的功能。这里所说的图片库不同于传统的门户网站的图片库,而是以 Flickr 为代表的个人图片库,实际上它也很像一个以图片为主的 Blog,很多人把私人照片在网络上分享,其他用户可以针对图片或照片自由评论,并能随意下载使用。Flickr 最突出的特点是人们可以直接在照片上加 Tag,并且用 Tag 的方式搜索和浏览。Flickr 还加入了为照片标注地理位置的功能,这种功能是直接通过地图或人造卫星图呈现的,用户只要在地图上单击 Flickr 标注的位置,便可以将标注此地理位置的照片上传者的所有照片全部呈现出来,相当直观。

7.2 网络信息检索工具与检索方法

7.2.1 网络信息检索工具

网络信息检索工具是指在因特网上提供信息检索服务的计算机系统,其检索对象是存在于互联网信息空间中的各种类型的网络信息资源。

1. 网络信息检索工具的类型

1) 按检索机制分

(1) 分类目录型检索工具。提供按照分类编制的等级结构式网站目录,其检索方法为分类浏览方式。它将各站点按主题内容组织成等级结构,用户依照这个等级循序渐进地逐层浏览,直至找到所需信息。在各个类别下面排列着该类网站的站名和网址链接,有些还有网站简介,但并不收录所有的网页信息。现在,搜索引擎和目录型检索工具逐渐整合在一起,用户也可以直接在文本输入框中输入关键词进行检索。

分类目录型检索工具的优点是将信息分门别类,用户可以清晰方便地浏览某一大类信息,尤其适合那些仅希望了解某一方面、某个范围内信息的用户。分类目录型检索工具的缺点是由于它的综述和标引工作一般靠专业人员完成,数据库更新频率较慢,加之它对各站点的描述具有一定的局限性且较笼统,没有文献全文,只能检索到主题目录和一些简单的描述信息。该类检索工具的代表有 Yahoo!、Galaxy、Lycos、网易等。

(2) 搜索引擎型检索工具。提供按关键词查询网站及网页信息,其检索方法为关键词检索方式。搜索引擎的优点是数据库大、内容新、查询全面而充分,能向用户提供全面而广泛的搜索信息。搜索引擎的数据库会将一个网站上的所有网页全部保留下来。当用户查询的关键词在数据库的主页中出现过时,该主页就会作为一项搜索结果返回到搜索结果的页面上。该类检索工具的代表有 Google、Baidu、AltaVista、HotBot、Excite、天网等。

搜索引擎型检索工具看起来与分类目录型检索工具的网站查询非常相似,虽然也提供一个文本输入框和搜索按钮,使用方法相同,而且有些搜索引擎也提供分类目录,但是两者却有本质上的区别。在分类目录型检索工具的数据库中保存的是互联网上各个网站的站名、网址和内容简介;而在搜索引擎的数据库中保存的则是互联网上各网站的所有网页的全部内容,涉及的范围要大得多。有些搜索引擎也提供分类目录,但这种目录不是网站的分类目录,而是网页的分类目录。由于网页数目非常庞大,因此这种目录几乎无法起到分类浏览的作用。它的主要功能只是让用户能够进入某一类别,限定在这一类别中全文检索某个关键词。

(3) 混合型检索工具。兼有搜索引擎和分类目录两种检索方式,既可直接输入关键词查找特定信息,又可浏览分类目录了解某个领域范围的信息。实际上,现在的大多数网络检索工具都同时提供关键词检索和分类目录浏览两种功能。

2) 按检索范围分

(1) 综合型检索工具。又称为通用型检索工具,在采集标引信息资源时不限制资源的主题范围和数据类型,人们可利用它们检索几乎任何方面的资源。AltaVista、Excite、Yahoo!等均属综合型检索工具。

(2) 专题型检索工具。专门采集某一主题范围的信息资源,并用更加详细和专业的方法对信息资源进行标引描述,且往往在检索机制中采用与该专业领域密切相关的方法技术,这类工具常被称为专业检索工具。例如,医学专业检索工具有 HealthAtoZ、Medical World Search、Medical Matrix 和 OMNI 等。

(3) 特殊型检索工具。专门用来检索某一类型信息或数据的检索工具,例如查找电话号码、找人、找机构的 Switchboard,查询地图的 MapBlast,查询图像的 WebSEEK,检索 FTP 文件的 Archie 和 FileZ,检索新闻组的 DejaNews 等。

2. 网络信息检索工具的功能

网络信息检索工具的核心是其检索功能。经过发展,网络信息检索工具的检索功能已从比较基本和初级的阶段发展到较高级、较成熟的易操作阶段。从现有的检索工具来看,它们都具备布尔逻辑检索、短语检索、字段检索、截词检索、位置检索、概念检索等基本检索功能。此外,网络信息检索工具还陆续出现了以下相关检索功能。

1) 精确构造检索提问

多数网络检索工具提供两种不同的检索方式,即基本检索(Basic Search)和精确检索(Refined Search)。在进行基本检索时,用户只需在检索提问框中输入一个关键词即可,而无须通过其他具有不同功能的下拉菜单的限定。

在进行精确检索时,各搜索引擎提供了不同的方法来构造精炼检索提问。例如,在输入检索提问之前,用户可以给某一个检索词增加权值;排除某些词语;用确切的人名、短语以及某一个词的邻近词检索。有些搜索引擎还允许用户指定检索结果的显示形式,以及是否希望将检索限定在互联网的某一资源范围(如 Usenet 或 Web),或者限定在万维网文件的某一指定部分(如 Title 或 URL)。还有一些检索工具在输入检索提问之前或获得检索结果之后允许用户在语种、日期、地理范围、域名范围、网络信息类型、信息媒介类型等方面进行限制,以检索到更确切的信息,或者选择把新的一轮检索范围限制在检索结果之内,以提高检索效果。HotBot、Infoseek、Lycos 等都具备这些功能,尤其是 Lycos,具有在前次检索结果的基础上再用作者、篇名、关键词字段限制检索的特殊功能。

2) 按相关度排列检索结果

当用户检索到大量结果时,其中有些结果与检索要求很相关,有些比较相关,有些相关性非常小。这时自然希望最相关的结果能排在前面,相关性很小的结果排在最后。为此,各种检索工具都在检索中计算检索结果的相关度,并按相关度顺序从高到低依次排列结果,有的还在每条结果旁给出相关度值。多数检索工具是通过计算检索词在每个结果中的出现次数和出现位置来计算相关度的。

3) 关键词检索与分类浏览结合

检索和浏览在信息查询过程中各有其功用。一般来说,检索便于有的放矢,直接获取检索结果;浏览利于边查边看,发现未曾预料的信息资源。鉴于此,网络信息检索工具现在都既设置供浏览用的网络信息类目,又配备功能强大的关键词检索机制。

4）检索结果的翻译与多语种检索

Yahoo!、Google、AltaVista、Infoseek等推出了在线翻译检索结果的功能。翻译的语种不仅包括西文，如英文、法文、德文、西班牙文等，而且包括诸如中文、日文和韩文等东亚语种。由于大多数检索工具以西文为中心开展，因此目前中文与英文、法文之外的直接翻译工具较少。

7.2.2 网络信息检索方法

网络信息检索与传统信息检索的共同点是按图索骥。用户需要知道这些信息存储在哪里，然后设法获取。在网络环境下就是要知道信息地址，然后通过该地址去访问服务器，获取信息。那么怎样获取这些地址呢？首先是浏览和积累，其次是专题专业信息集合，如学科信息门户和一些搜索引擎。在公共网络上，信息资源一般有3种检索方法，即基于超文本的信息浏览、基于网络资源目录的信息查询、基于搜索引擎的信息检索。

1. 基于超文本的信息浏览

通过超文本链接，从互联网的一个WWW服务器到另一个WWW服务器，从一个目录到另一个目录，从一篇文章到另一篇文章，浏览查找所需信息的方法称为浏览，也称基于超文本的信息查询方法。

基于超文本的浏览模式已成为互联网上最基本的查询模式。在利用浏览模式进行检索时，用户只需以一个节点作为入口，根据节点中文本的内容了解嵌入其中的热链指向的主题，然后选择自己感兴趣的节点进一步搜索即可。在浏览过程中用户会不断发现新的信息资源。这类信息检索方法随机性大，无法控制检索路径和结果，适用于基于兴趣的"泛读"，而不适合精确查找。对于特定的检索领域和检索范围而言，通过一步步浏览来查找所需信息是非常困难的。同时，在专业信息检索中，尤其是国外全文资料中，通过一篇文献的参考文献的超链接逐渐点开的检索方式能够很好地发现一类或一组专业文献。这种方法的难点是首篇文献（即检索起点）和引文加工深度直接影响检索效果。

2. 基于网络资源目录的信息查询

这种方法一般是通过引导网络用户的查询概念来帮助用户找到所需的网络信息。网络资源目录一般采用人工方式采集和存储网络信息，它把采集到的网页按主题性质进行分类，以某种分类体系为依据将信息分成若干领域的主题范畴，然后再细分为学科专题目录，最后列出具体的相关网站，形成一个由信息链组成的树状结构，即总目录—专题目录—链接—文本。网上资源目录也分主题目录、字顺目录和分类目录等，其中主题目录是主体。主题目录往往在大主题下又包括若干小主题，一层一层地查下去，直到比较具体的信息标题，这类目录也称为主题树、网络资源指南或分类导航。

3. 基于搜索引擎的信息检索

搜索引擎又称WWW检索工具。基于搜索引擎的信息检索方法接近人们熟悉的检索方式，即输入检索词以及各检索词之间的逻辑关系，然后检索软件根据输入信息在索引库中搜索,获得检索结果(在互联网上是一系列节点地址)并输出。搜索引擎实际上是互联网的服务站点,有免费为公众提供服务的,也有进行收费服务的。不同的检索服务可能会有不同的界面和侧重内容,但有一点是共同的,就是都有一个庞大的索引数据库。这个索引数据库是向用户提供检索结果的依据,其中搜集了互联网上成千上亿个主页信息,包括该主页的主题、地址、包含于其中的被链接的文档主题以及每个文档中出现的单词的频率、位置等。

7.3 网络搜索引擎的应用

7.3.1 网络搜索引擎的工作原理

搜索引擎(Search Engine)是网络信息检索工具的一类。搜索引擎一般由采集器、索引器、检索器和用户接口几部分组成(图7.1)。

图 7.1 搜索引擎的工作原理

搜索引擎是通过网上机器人(Spider 或 Robot)自动在网页上按一定的方式进行远程数据采集,将采集到的信息按组织机制进行分析标引,建立相应的索引数据库。当用户通过用户接口在搜索引擎的 Web 页上输入查询信息请求时,搜索引擎的检索器即在其建立的索引数据库中利用检索软件进行检索,找到相关信息并按一定的规则整理后输送出来反馈给用户浏览。

1. 采集器

搜索引擎是工作在某个数据集合上的程序,是一个软件系统。它所操作的数据不仅包括内容不可预测的用户查询,还包括在数量上动态变化的海量网页,这些网页需要系统自己去采集,而采集器就负责信息的采集工作。

采集器利用能够自动跟踪、收集并标引网页的 ROBOT 软件,自动访问 WWW,并沿着 WWW 超文本链,在整个 WWW 上自动搜索、采集和标引网络上众多的站点和页面,从而保障了对网络信息资源跟踪与检索的有效性和及时性。大规模的搜索引擎一般都会预先搜集好一批网页,以后只搜集新出现的和在上次搜集后有所改变的网页。

2. 索引器

索引器的功能是理解采集器所搜索的信息,从中抽取出索引项,用于表示文档以及生成文档库的索引表,建立索引数据库,使检索者能够快速地检索到所需信息。

搜索引擎的有效性在很大程度上取决于索引数据库的质量。索引数据的规模越大,与用户检索请求相关的信息出现的概率就越高,检索结果越多,查全率也就越高。同时,索引数据库的更新周期也决定了信息查全率,周期越长,查全率越低;反之,查全率越高。

3. 检索器

搜索引擎的检索器负责根据用户的检索请求,从索引数据库中快速查找相匹配的网页,并将结果按顺序以 Web 方式呈现给用户。

搜索引擎的检索结果集通常过于庞大,用户无法全部浏览,如何精简检索结果,如何将最重要的结果首先返回给用户就显得非常重要。因此,需要按文件的相关程度排列检索结果,并将最相关的文件排在最前面。目前,搜索引擎确定相关性时基本上都采用基于 Web 文档内容的方法,即考虑用户所提出的检索项在文档中出现的情况,主要有概率方法、位置方法、摘要方法、分类或聚类方法等。

4. 用户接口

用户接口接受检索者提交的查询请求(包括查询内容及逻辑关系),搜索引擎根据检索者所输入的关键词在其索引中查找,并寻找相应的 Web 地址。用户接口的主要目的是方便用户使用搜索引擎,高效率、多方式地从搜索引擎中得到有效、及时的信息。用户接口的设计和实现使用人机交互的理论和方法,以充分适应人类的思维习惯。

7.3.2 网络搜索引擎的类型

1. 按检索语言分

(1) 关键词型搜索引擎。通过用户输入关键词来查找所需的信息资源,这种方式方便、直接,而且可以使用逻辑关系组合关键词,可以限制查找对象的地区、网络范围、数据类型、时间等,可对满足选定条件的资源准确定位。这类搜索引擎有 AltaVista、Infoseek、Google、天网、百度等。

(2) 分类型搜索引擎。把搜集到的信息资源按照一定的主题进行分门别类,建立分类目录,大目录下面包含子目录,子目录下面又包含子目录,如此下去,建立一层层具有包含关系的分类目录。当用户查找信息时采取逐层浏览打开分类目录,逐步细化,就可以查到要找的信息。这类搜索引擎有 Yahoo!、LookSmart、搜狐等。

(3) 混合型搜索引擎。兼有关键词型和分类型两种检索方式,既可直接输入检索词查找特定资源,又可浏览分类目录了解某个领域范围的资源。这类搜索引擎有新浪、网易、搜狐等。

2. 按检索功能分

(1) 目录型搜索引擎。提供了一份按类编排的因特网网站目录,各类下面排列着属于这一类别的网站和网址链接,有的搜索引擎还提供各网站的内容简介。其优点是能将信息系统地分门归类,便于用户清晰而方便地查找到某一大类的信息,符合传统的信息查找方式。这类搜索引擎有 Yahoo!、Open Directory project、LookSmart、About 等。

(2) 全文型搜索引擎。提供的是因特网上各网站的每一个网页的全部内容,搜索的范围要大得多,而且具有全新的、强大的检索功能,可以直接根据文献资料的内容进行检索,真正为用户提供了对互联网上所有信息资源进行检索的手段,但没有目录型搜索引擎那样清晰的层次结构,有时会给人一种杂乱无章的感觉。这类搜索引擎有 Google、百度等。

从搜索结果来源的角度来分,全文型搜索引擎又可细分为两种,一种是拥有自己的检索程序(Indexer),俗称"蜘蛛"程序或"机器人"程序,并自建网页数据库,搜索结果直接从自身的数据库中调用;另一种则是租用其他引擎的数据库,并按自定的格式排列搜索结果,如 Lycos 引擎等。

3. 按检索范围分

(1) 综合类搜索引擎。即综合性的信息检索系统,利用它几乎可以检索任何方面的信息资源,但有时会出现因字形相同而实际上互不相关的内容,或因检出的内容太泛而无法一一过目。这类搜索引擎有 Google、Yahoo!、百度、新浪等。

(2) 专业类搜索引擎。专业信息机构根据专业需求将因特网上的资源进行筛选整理、重新组织而形成的专业性的信息检索系统。专业类搜索引擎能针对用户的特定需求来提供信息,特定用户只要登录到相应的搜索引擎即可迅速、准确地找到符合要求的精准信息。因此,高质量专业类搜索引擎是学科专业领域的研究人员获取网上信息资源的重要工具,是互联网搜索引擎研究开发的方向。这类搜索引擎有 Medscape、Intute、PhysLink 等。

(3) 特殊型搜索引擎。专门搜集特定的某一方面的信息,如地图搜索引擎 Mapbar、图像搜索引擎 Eefind 等。

4. 按搜索方式分

(1) 独立搜索引擎。也称单一搜索引擎,它局限于单个搜索引擎建立的数据库进行检索,而且必须适应各搜索引擎的查询法与规则,查准率和查全率往往受到一定的限制,如 Google、Yahoo!、百度、新浪、网易等。

(2) 元搜索引擎。也称集成化搜索引擎,它集成了若干独立的搜索引擎,能够综合利用多个索引数据库系统中的信息资源,从而提高搜索引擎的查询性能。因此,元搜索引擎的开发和应用成为目前研究的方向,如 Mamma、MetaCrawler、Dogpile、Matafind 等。

5. 按运营方式分

(1) 综合搜索引擎。以搜索为专业服务和主要业务来源,提供综合性信息的搜索,主要适用于社会性搜索和有明确目的的搜索,搜索对象的相关性揭示较差,如百度、Google 等。

(2) 门户搜索引擎。适用于门户网站应用的新闻、消息、购物、地图和饮食等生活性检索,如新浪爱问、搜狐搜狗、网易有道、腾讯搜搜等。

(3) 垂直搜索引擎。针对某一领域、某一专业的资源检索,在学术应用中,垂直搜索引擎的应用较广泛,如 CALIS 学科导航、数字图书馆、学科门户等。

7.3.3 常用的网络搜索引擎

1. 英文搜索引擎

下面介绍几种较有影响的英文搜索引擎,例如 Google、Yahoo!、Bing、Excite、Lycos。

1) Google

Google(http://www.google.com)由两位斯坦福大学博士生 Larry Page 与 Sergey Brin 于 1998 年开发,目前已成为全球最大的搜索引擎。

(1) 基本搜索。Google 查询简洁、方便,仅需输入查询内容单击"Google 搜索"按钮即可得到相关资料。Google 的基本检索功能如下。

① 自动 and 查询。Google 只显示符合全部查询条件的网页,不需要在关键词之间加上 and 或+。如果想缩小范围,只需输入更多的关键词,在关键词之间留空格。

② 忽略词。Google 会忽略最常用的字词,如"http"".com""的"等字符以及数字和单字。使用英文双引号可将这些忽略词强加于搜索项,如输入"科学家的故事"时加上双引号会使"的"强加于搜索项中。

③ 根据上下文查看网页。每个 Google 搜索结果都包含从该网页中抽出的一段摘要,这些摘要提供了搜索关键词在网页中的上下文。

④ 汉字繁简转换。Google 运用智能汉字繁简自动转换系统完成繁简体文本之间的转换,同时检索繁体和简体网页,将搜索结果的标题和摘要转换成搜索项的同一文本,便于阅读。

⑤ 词干法。Google 会同时搜索关键词和与关键词相近的字词。词干法对英文搜索尤其有效,例如搜索"dietary needs",Google 会同时搜索"diet needs"和其他该词的变种。

⑥ 忽略英文大小写。Google 搜索不区分英文字母大小写,所有的字母均做小写处理。例如搜索"google""GOOGLE"或"GoOgLe",得到的结果都一样。

⑦ 拼音汉字转换。Google 运用智能软件系统对拼音关键词进行自动中文转换并提供相应提示。例如搜索"Shang wu tong",Google 自动提示"您是不是要找:商务通"。如果单击"商务通",Google 将以"商务通"作为关键词进行搜索。对于拼音和中文混合的关键词,系统也能做有效转换。

(2) 高级搜索。由于 Google 只搜索包含全部查询内容的网页,所以缩小搜索范围的简单方法就是添加搜索词。添加词语后,查询结果的范围就会小得多。具体而言,Google 提供的高级检索功能如下。

① 排除无关资料。如果要避免搜索某个词语,可以在这个词前面加上一个"-"号,但"-"之前必须留一个空格。

② 英文短语搜索。在 Google 中可以通过添加英文双引号来搜索短语整体。这一方法在查找名言警句或专有名词时很有用处。一些字符(如"-""\""=""…"等标点符号)被识别为短语连接符。

③ 指定网域。要在某个特定的域或站点中进行搜索,可以在 Google 搜索框中输入"Site:xxx.com"。

④ 限制搜索。利用 Google 目录可以根据主题来缩小搜索范围。例如,在 Google 目录的 Science→Astronomy 类别中搜索"Saturn",可以找到只与 Saturn(土星)有关的信息,而不会找到"Saturn"的其他含义。另外,还可以将搜索范围限制在某个特定的网站中、排除某个特定网站的网页、将搜索限制于某种指定的语言、查找链接到某个指定网页的所有网页、查找与指定网页相关的网页等。

⑤ 链接搜索。在"link"后面加上冒号意为显示所有指向该网址的网页。例如,"link：www.google.com"将找出所有指向 Google 主页的网页。"link："搜索不能与普通关键词搜索结合使用。

(3) 特殊搜索。Google 提供了强大的搜索功能,目前它的特殊功能如下。

① 查找 Flash 文件。Google 支持 13 种非 HTML 文件的搜索,有 PDF、Microsoft Office (doc、ppt、xls、rtf)、Shockwave Flash(swf)、PostScript(ps)和其他类型文档。新的文档类型只要与用户的搜索相关就会自动显示在搜索结果中。例如,如果只想查找 PDF 或 Flash 文件,而不要一般网页,只需搜索"关键词 filetype：pdf"或"关键词 filetype：swf"。同时,Google 也为用户提供不同类型的"HTML 版",方便用户在没有安装相应应用程序的情况下阅读各种类型文件的内容,也能帮助用户防范某些类型的文档中可能带来的病毒。

② 网页快照。Google 在访问网站时会将看过的网页复制一份作为网页快照,以备在找不到原来的网页时使用。单击"网页快照"时会看到 Google 将该网页编入索引时的页面。Google 依据这些快照来分析网页是否符合需求。在显示网页快照时,其顶部有一个标题,用来提醒这不是实际的网页。符合搜索条件的词语在网页快照上突出显示,便于用户快速查找所需的相关资料。尚未编入索引的网站没有"网页快照",另外,如果网站的所有者要求 Google 删除其快照,这些网站也没有"网页快照"。

③ 货币转换。如果要使用内置货币转换器,只需在 Google 搜索框中输入需要完成的货币转换,并按回车键或单击 Google Search 按钮。

④ 计算器。Google 为用户提供了一个内置计算器,只需要在搜索字段中输入算式,按下回车键或者单击搜索按钮即可。这个计算器可以用来做所有简单的计算、一些复杂的科学计算、单位换算以及提供各种物理常数。

⑤ 相关搜索和类似网页。Google 能够提供与原搜索相关的搜索词。这些相关的搜索词一般比原搜索词更常用,并且更可能产生相关的结果。只需用户单击提供的相关搜索词就会自动被带到这个词的结果页。类似网页主要用于对某一网站的内容很感兴趣,但又资料不够时,Google 可以找到其他有类似资料的网站。

⑥ 手气不错。单击"手气不错"按钮将自动进入 Google 查询到的第一个网页。用户将完全看不到其他的搜索结果。使用"手气不错"进行搜索,表示用于搜索网页的时间较少而用于检查网页的时间较多。例如,要查找 Stanford 大学的主页,只需在搜索字段中输入"Stanford",然后单击"手气不错"按钮,Google 将直接进入 Stanford 大学的官方主页"www.stanford.edu"。

⑦ 错别字改正。Google 的错别字改正软件系统会对输入的关键词进行自动扫描,检查有没有错别字。如果发现用其他字词搜索可能会有更好的结果,它能提供相应提示来帮助用户纠正可能有的错别字。例如,搜索"互连网",Google 会自动提示"您是不是要找：互联网"。如果单击"互联网",Google 将以"互联网"作为关键词进行搜索。因为 Google 的错别字改正软件系统是建立在互联网上所能找到的所有词条之上,它能够提示常用人名及地名的最常见的书写方式,这是一般的错别字改正软件所不及的。

⑧ 天气查询。用 Google 查询中国城市地区的天气和天气预报,只需输入一个关键词("天气""tq"或"TQ"任选其一)和要查询的城市地区名称。Google 返回的网站链接会显示

最新的当地天气状况和天气预报。例如,"上海 tq"。

⑨ 字词定义。要查看字词或词组的定义,只需输入"define 定义词"。如果 Google 在网络上找到了该字词或词组的定义,则会检索该信息并在搜索结果的顶部显示。通过包含特殊操作符"define:"并使该操作符与需要其定义的字词之间不留空格还可获得定义的列表。例如,搜索"define:HTML"将显示从各种在线来源收集到的"HTML"定义的列表。

(4) 其他应用。Google 目前还提供大学搜索、搜索定制、图片搜索、图书搜索、网页目录、学术搜索、美国专利信息全文查询、API 程序和开放源代码存取、地图搜索和 3D 绘图软件搜索等。

2) Yahoo!

Yahoo!(http://www.yahoo.com)由美国斯坦福大学的华裔博士杨致远和他的同学 David Filo 于 1994 年开发。

(1) 分类目录检索(http://dir.yahoo.com)。Yahoo!的分类目录检索已经独立运营,其目录有近 100 万个分类页面,14 个国家和地区当地语言的专门目录,包括英语、汉语、丹麦语、法语、德语、日语、韩文、西班牙语等。它按内容分为 Arts & Humanities(艺术与人文科学)、Business & Economy(商业与经济)、Computers & Internet(计算机与互联网)、Education(教育)、Entertainment(娱乐)、Government(政府)、Health(健康)、News & Media(新闻与媒体)、Recreation & Sports(休闲与体育)、Reference(参考资料)、Regional(地区)、Science(科学)、Social Science(社会科学)、Society & Culture(社会与文化)14 个大类,每个大类又分若干小类,每个小类有数以千计的相关网站与网页信息。用户可以根据要查找的内容所属的类目,选择分类目录中的某一类或者某一个小类。例如,要查找"计算机硬件"方面的信息,首先在 Yahoo!主页的分类目录中选择"Computer & Internet"大类,进入有关计算机领域的页面,在该页面中列出计算机领域的多个小类,单击"Hardware"将会进入有关多媒体技术的页面。

目前,Yahoo!的分类目录检索能够添加很多新的主题,并在首页反映变化,对集中研究某一领域的知识比较有帮助,而且具有推荐功能和目录检索功能。所谓推荐功能,就是用户可以把认为优秀的网站推荐到某一目录下;目录检索功能则是在分类表中进行检索。目前提供高级检索功能,可分为网页检索、整个分类目录检索和当前目录检索 3 类。

(2) YST 平台(http://search.yahoo.com)。YST 是 Yahoo! Search Technology 的缩写,也称"一页到位"技术,是 Yahoo!推出的整合原有的目录索引、主题索引、网页、图片、音乐、知识等的综合检索平台。

如果用户知道自己要查找的主题概念,就可以使用 Yahoo!的关键词检索方式,直接在检索框中输入关键词,然后单击 Search 按钮或按回车键,Yahoo!会找出满足检索条件的记录,并出现搜索结果返回页。在搜索结果返回页中包括 5 方面的信息,即满足搜索条件的 Yahoo!分类目录(Categories)、满足搜索条件的站点链接(Web Sites)、含有页面索引的 Yahoo!分类目录(Web Pages)、满足搜索条件的新闻文章列表(Related News Stories)、满足搜索条件的网络事件列表(Net Events)。

在搜索结果返回页底部给出了其他搜索引擎的链接点,当用户对 Yahoo!的搜索结果不满意时可以启动其他搜索引擎搜索同一个关键词。在搜索结果返回页的底部还有一个文本输入框,通过它可以进行其他搜索工作。

(3) 高级检索。在 Yahoo!主页上单击 Search 按钮右侧的 Advanced Search 链接,进入 Search Options 页面。在该页面中用户可以对搜索方式和范围加以限制。在 Search Options 页面中用户可以选择 4 种搜索方式,即智能搜索(Intelligent default)、准确短语匹配(Exact phrase match)、完全匹配(Match on all words)和任意匹配(Match on any word)。

此外,Yahoo!高级检索的特色如下。

① 指明了文献的可获取性。告知 Consumer Reports、Factiva、Forrester Research、FT.corn(60days)、IEEE publications、LexisNexis、New England Journal of Medicine、Wall Street Journal (30days)、TheStreet.com 等网站或杂志的文本不需要收费。

② 提供网络安全过滤。可以对网页质量进行认证,对不安全网页进行过滤。

③ 语言选择。可以提供 38 种语言的检索文本。

④ 文档形式界定。可以选择 pdf、html、txt、doc、xls、ppt、xml 等格式的文档。

⑤ 提供 CC 检索。对于音乐、多媒体、软件可以选用"创作共用"(Creative Commons)组织的资料,即具有 CC 标记的资源,为全球首家采用 CC 检索的搜索平台。

⑥ 国家限定。可以对资源所在国的国家做出界定。

3) Bing

Bing(https://www.bing.com)是微软公司于 2009 年 5 月 28 日推出的全新搜索引擎服务,已成为北美地区第二大搜索引擎。为符合中国用户使用习惯,Bing 中文品牌名为"必应"。2020 年 10 月 6 日,微软官方宣布 Bing 改名为 Microsoft Bing。必应能为用户提供网页、图片、视频、学术、词典、地图、翻译、资讯等全球信息搜索服务。作为最贴近中国用户的全球搜索引擎,必应一直致力于为中国用户提供美观、高质量、国际化的中英文搜索服务。其特色功能主要如下。

(1) 全球搜索与英文搜索。

中国存在着大量具有英文搜索需求的互联网用户。必应可为广大用户带来更好的国际互联网搜索结果体验。凭借先进的搜索技术,以及多年服务于英语用户的丰富经验,必应将更好地满足中国用户对全球搜索——特别是英文搜索的刚性需求,实现稳定、愉悦、安全的用户体验。

(2) 输入中文,全球搜图。

必应图片搜索一直是用户使用率最高的垂直搜索产品之一。为了帮助用户找到最适合的精美图片,必应率先实现了中文输入全球搜图。用户不需要用英文进行搜索,而只需输入中文,必应将自动为用户匹配英文,帮助用户发现来自全球的合适图片。

(3) 必应词典。

必应词典是由微软亚洲研究院研发的新一代在线词典。不仅可提供中英文单词和短语查询,还拥有词条对比等众多特色功能,能够为英文写作提供帮助。必应词典功能强大,拥有翻译功能和学习功能,支持划词搜索、模糊查询、单词对比、曲线记忆等众多实用功能,还有英语口模一起朗读英语。

(4) 必应学术。

必应学术是一个免费学术搜索产品,旨在为广大研究人员提供海量的学术资源,并提供智能的语义搜索服务,目前已涵盖多学科学术论文、国际会议、权威期刊、作者和研究领域等。

4) Excite

Excite(http://www.excite.com)是互联网上的一个经典的搜索引擎,也是最受欢迎的搜索引擎之一。它收集了 5000 万个网页信息,其网页索引是一个全文数据库。Excite 最大的特点是提供概念检索,即搜索引擎不仅查找包含关键词的主页,还查找包含与关键词有关的概念的主页。

Excite 支持分类目录检索方式,在该主页中部列出了分类目录。用户可以根据查找内容的类别在分类目录中选择相应的类目,系统会显示该类目中包含的所有子类。经过多次选择后就可以访问到包含查找内容的站点。

选择关键词检索方式,可以在检索文本框中输入关键词,然后单击 Search 按钮,Excite 在数据库中查找与关键词相匹配的记录,然后进入搜索结果显示页。在搜索结果显示页中,列出了所有符合检索条件的记录。Excite 与其他搜索引擎类似,可以使用"＋""－"指定或排除某个单词,也可以使用布尔逻辑运算符以及括号构成复杂的检索表达式。为了从众多的搜索结果中找到自己所需要的信息,用户还可以对搜索结果进行细化和设定搜索范围等。

5) Lycos

Lycos(http://www.lycos.com)创立于 1995 年,是互联网上资格最老的搜索引擎之一。它的特点是功能强大,搜索范围广。Lycos 可以进行包括 WWW、FTP 与 Gopher 等多种服务的搜索。由于 Lycos 的学术背景,它搜索一些面向教育或非营利组织的站点比较便利。1999 年 11 月,Lycos 与新加坡电信合资建立 Lycos Asia,为新加坡、中国、印度和东南亚等 9 个国家与地区提供区域性搜索服务。2000 年 Lycos 被西班牙网络集团 Terra Lycos Network 收归旗下。Lycos 整合了搜索数据库、在线服务和其他互联网工具,提供网站评论、图像及包括 MP3 在内的压缩音频文件下载链接等。Lycos 是目前最大的西班牙语门户网站,提供常规及高级搜索。高级搜索提供多种选择定制搜索条件,并允许用户针对网页标题、地址进行检索,具有多语言搜索功能,共有 26 种语言供用户选择。

Lycos 提供了一种很有特色的服务——Top 50 Websites 主题目录,它是互联网中最早而且最优秀的主题目录。Top 50 Websites 主题目录中所列的站点是由专家精心挑选的各类优秀站点,它是浏览和查询专业站点的最佳途径。如果在该页面中单击 Education 链接,就会进入显示教育方面的优秀站点的页面。

2. 中文搜索引擎

常用的中文搜索引擎有百度、搜狗、360 搜索等。下面主要介绍百度。

百度(http://www.baidu.com)是全球最大的中文搜索引擎,拥有全球最大的中文网页库。

1) 搜索语法

(1) 多词组合搜索。同时输入多个词语,词间以一个空格隔开,可以获得更精确的搜索结果。实际上,百度自动在以空格隔开的词语之间加上了"＋",并提供全部符合查询条件的结果,把最相关的网页排在最前面。

(2)并行搜索。以"A｜B"的格式来搜索包含"A"或者包含"B"的网页。如"图片｜写真",会把有关图片或者写真的网页都搜索出来。

(3)排除无关资料。如果要避免搜索某个词语,可以在这个词前面加上一个"－"号,但在"－"之前必须留一个空格。例如"旅游 －香港"就是要搜索香港以外的旅游资料。

(4)限定搜索范围在网页标题中——intitle。例如,查找刘德华演的电影,可以输入"电影 intitle：刘德华"。

(5)限定搜索范围在特定站点中——site。例如,在天空网下载软件,可以输入"msn site：skycn.com"。

(6)专门文档搜索——filetype。例如,查找信息检索的 Word 文档,可以输入"信息检索 filetype：doc"。

(7)限定搜索范围在 url 链接中——inurl。例如,查找关于 Flash 的制作技巧,可以输入"Flash inurl：jiqiao"。这个查询串中的"Flash"可以出现在网页的任何位置,而"jiqiao"必须出现在网页 url 中。

(8)精确匹配——双引号和书名号。输入的查询词不加引号,搜索结果中的查询词往往被拆分了,搜索结果可能不满意。如果给查询词加上双引号,双引号中的内容会作为整体搜索出来。例如搜索清华大学,如果不加双引号,搜索结果中"清华"和"大学"会分开,但加上双引号后获得的结果就符合要求了。书名号是百度独有的一个特殊查询语法。在其他搜索引擎中,书名号会被忽略,而在百度中,中文书名号是可以被查询的。加上书名号的查询词有两层特殊功能,一是书名号会出现在搜索结果中;二是被书名号括起来的内容不会被拆分。书名号在某些情况下特别有效果,如查名字很通俗和常用的电影或者小说。例如,查电影《手机》,如果不加书名号,很多情况下出来的是通信工具——手机,而加上书名号后,《手机》结果就都是关于电影方面的。

(9)高级搜索和搜索设置。如果用户对百度的各种查询语法不熟悉,可以使用百度集成的高级搜索界面方便地进行各种搜索查询。进入"高级搜索"界面,可以选择要搜索的关键词情况,限定要搜索的网页的时间,选择搜索网页的文档格式,限定关键词的位置,限定要搜索指定的网站;还可以进行搜索设置,改变百度默认的搜索设定,如每页搜索结果显示数量,搜索结果的页面打开方式,设定搜索网页内容的语言,设定百度搜索页面的输入法等。

2)特色搜索

(1)百度学术。百度学术搜索是百度旗下的提供海量中英文文献检索的学术资源搜索平台,于 2014 年 6 月初上线。它涵盖各类学术期刊、会议论文,旨在为国内外学者提供最好的科研体验。百度学术搜索可检索到收费和免费的学术论文,并通过时间筛选、标题、关键字、摘要、作者、出版物、文献类型、被引用次数等细化指标提高检索的精准性。

百度学术收录了包括知网、维普、万方、Elsevier、Springer、Wiley、NCBI 等的 120 多万个国内外学术站点,索引了超过 12 亿学术资源页面,建设了包括学术期刊、会议论文、学位论文、专利、图书等类型在内的 6.8 亿多篇学术文献,成为全球文献覆盖量最大的学术平台,在此基础上,构建了包含 400 多万个中国学者主页的学者库和包含 1.9 万多中外文期刊主页的期刊库。以上强大的技术和数据优势,为学术搜索服务打下了坚实的基础,目前每年为数千万学术用户提供近 30 亿次服务。

百度学术主要提供学术首页、学术搜索、学术服务 3 大主要服务。

① 学术主页：提供站内功能及常用数据库导航入口，推送"高被引论文""学术视界"等学术资讯，开放用户中心页面。

② 学术搜索：支持用户进行文献、期刊、学者三类内容的检索，并支持高校、科研机构图书馆定制版学术搜索。

③ 学术服务：支持用户"订阅"感兴趣的关键词、"收藏"有价值的文献、对所研究的方向进行"学术分析""开题分析"、进行"论文查重"、通过"单篇购买"或者"文献互助"的方式获取所需文献、在首页设置常用数据库方便直接访问。

在百度学术搜索页面下，会针对用户搜索学术内容的两类需求——精确查询需求和泛查询需求，呈现最恰当的展现形式。对精确查询需求，百度学术搜索会进行精确匹配，为用户呈现文献发表的期刊名称、期数、文献作者、主要内容甚至包括支付方式等全面信息。而对泛查询需求，用户则可以搜索到相关关键字下的论文标题等信息，直接找到"一类多篇"自己所需的论文资料。精确匹配和模糊匹配的有效配合，全方位满足了用户的不同需求。

此外，和百度其他垂直领域的搜索类似，百度学术的搜索分为普通搜索和高级搜索两类。普通搜索能让用户对关键词下的文献概要有整体预览，并能进一步根据相关性、引用次数、发表时间、是否免费等因素进行筛选。高级搜索则在此基础上更进一步，能通过标题、关键字、摘要、作者、出版物、年份、文献类型、被引用次数等细化指标极大提高检索的精准性。

（2）百度百科。百度百科是百度公司推出的一部内容开放、自由的网络百科全书，旨在创造一个涵盖各领域知识的中文信息收集平台。百度百科强调用户的参与和奉献精神，充分调动互联网用户的力量，汇聚上亿用户的头脑智慧，积极进行交流和分享。同时，百度百科实现与百度搜索、百度知道的结合，从不同层次上满足用户对信息的需求。百度百科的全部内容对所有互联网访问用户开放浏览。词条的创建和编辑只能由注册并登录百度网站的百度用户参与，用户不可匿名编写词条。为了带来更加专业、权威、可靠的信息，百度百科也引入了权威认证词条的机制。权威认证是指通过专业机构对词条进行专业认证，以保证词条内容的权威性，给用户提供高质量的专业解释化服务。

（3）百度文库。百度文库是百度发布的供网友在线分享文档的平台。网友可以在线阅读和下载这些文档，包括教学资料、考试题库、专业资料、公文写作、法律文件等多个领域的资料。

（4）百度知道。百度知道是一个基于搜索的互动式知识问答分享平台，是用户有针对性地提出问题，通过积分奖励机制发动其他用户来解决该问题的搜索模式。同时，这些问题的答案又会进一步作为搜索结果提供给其他有类似疑问的用户，达到分享知识的效果。百度知道的最大特点就在于和搜索引擎的完美结合，让用户所拥有的隐性知识转化成显性知识，用户既是百度知道内容的使用者，同时又是百度知道的创造者，在这里累积的知识数据可以反映到搜索结果中。通过用户和搜索引擎的相互作用实现搜索引擎的社区化、人性化。

（5）百度图片。世界上最大的中文图片搜索引擎。百度从数十亿中文网页中提取各类图片，建立了世界第一的中文图片库，已搜索图片上亿张。

（6）百度音乐。百度音乐是音乐门户，为用户提供海量的正版高品质音乐、极致的音乐音效和音乐体验、权威的音乐榜单、极快的独家首发歌曲、极优质的歌曲整合歌单推荐、极契合用户的主题电台、极全的 MV 视频库、人性化的歌曲搜索,让用户更快地找到喜爱的音乐,为用户还原音乐本色,带给用户全新的音乐体验。

(7) 百度贴吧。贴吧是百度旗下的独立品牌,全球最大的中文社区。贴吧是一种基于关键词的主题交流社区,它与搜索紧密结合,准确把握用户需求,通过用户输入的关键词自动生成讨论区,使用户能立即参与交流,发布自己所拥有的感兴趣话题的信息和想法。

(8) 百度阅读。百度阅读是百度为了满足用户阅读类需求而推出的产品,包含面向版权方的百度阅读开放平台和面向阅读类用户的各个展示终端。对于用户在百度阅读开放平台上提交的资源,百度阅读为用户提供多终端的展现,包括百度应用、百度文库书店、百度无线等优质产品,多个终端逐步接入中。

7.4 免费学术信息资源的分布与获取

网络免费学术信息资源是指在互联网上可以免费获得的具有学术研究价值的社会科学或自然科学领域的电子资源。免费学术资源作为网络数字信息资源的重要组成部分,以其独特的性能正日益成为高校教学与科研工作中不可忽视的重要信息源。

7.4.1 免费学术信息资源的分布

1. 教育机构网站

教育机构网站提供学校的历史沿革、科研、教学情况,招生就业、学术交流、专家教授信息(如简历、研究方向、研究成果)等,教育机构的期刊书目信息与文献信息可免费获取,还有一些大学学报可提供部分全文信息。例如,加州大学的电子学术典藏 eScholarship,俄亥俄州立大学图书馆的 Knowledge Bank,瑞典隆德大学图书馆制作的开放存取期刊目录(Directory of Open Access Journals,DOAJ)等。

2. 科研院所网站

科研院所等研究机构的信息主要是一些动态性的学术性活动。许多研究机构都有自己的出版物,而且部分或全文免费提供。科研工作者可以在研究中心的网站上获得很多有用的学术资源,如国研网(http://www.drcnet.com.cn)、社科网(http://sinoss.net)、中国社会科学院世界经济与政治研究所的经济学"经典学术著作"全文在线阅读、美国研究图书馆协会(ARL)建立的学术门户(Scholars Portal Project),提供本馆购买的全文与摘要数据库。类似的机构还有美国计算机协会、欧洲社会科学资料档案协会等。

3. 出版发行机构网站

出版发行机构提供的主要是书目信息,也有部分免费的全文信息,其目的主要是配合文献的销售。例如,斯坦福大学出版社目前可提供 900 余种期刊和 110 多万篇全文文献的开放存取,EBSCO 出版公司的免费数据库《图书馆、信息科学与技术文摘》(Library Information Science & Technology Abstracts,LISTA)。

4. 图书馆网站

图书馆网站基本上都会提供网络信息服务,如期刊文献检索、网络资源导航和虚拟参考咨询服务等。比较著名的如中国数字图书馆,信息科学与技术数字图书馆(Digital Library of Science and Technology,DLIST),美国全国科学、数学、工程和技术教育数字图书馆,澳大利亚电子人文科学门户等。

5. 数据库商网站

有些数据库开发商在其官方网站上提供部分数据的免费检索,绝大部分是文摘和题录形式。例如,中国期刊网的中国专利数据库允许用户免费下载其所开发的各个数据库中以往各年的题录和摘要;维普资讯网可免费检索中文期刊数据库,但不提供全文;荷兰能源研究基金会制作的互联网能源信息数据库(The Energy Information on Internet)搜集了网上可访问并带有详细描述的与能源有关的信息源,可免费查询。

6. 专业或行业信息网

互联网上分布着许多各行各业的专业网站,其中不乏知名大学和研究机构主办的优秀站点。例如,北京大学法律信息网的特色栏目——法学文献,收录了包括大多数北京大学法学教师在内的上千位作者不同时期的法学作品,是一个优秀的法学文献交流平台,目前向社会免费提供检索、浏览和下载;知名企业(如 IBM、微软、Oracle、贝尔、贝恩、麦肯锡等)网站中也有很多培训教材、案例分析、市场分析和新技术探讨的学术资源。

7. 个人网站、学术论坛和博客

互联网上有很多专家学者通过建专业学术网站、逛学术论坛或者开博客等方式对自己感兴趣的内容发表意见。许多专业人员的意见很有学术思想和学术见解,可供参考,如 ABBS 建筑论坛、博客网站 science blog、李德毅院士个人网页等。

7.4.2 免费学术信息资源的获取

1. 免费参考工具书信息

传统的文献信息检索离不开工具书,网络搜索或查询信息也需要"网上工具书",或称网络参考咨询工具(Reference Tools on the Web)。随着网络的发展和普及,大量的印刷型工具书被制作成网络版,同时也出现了直接的网络检索网站和搜索指南。下面介绍几个免费的参考工具书的网站。

(1) 中文工具书知识库(http://dlib.zslib.com.cn:8080/was40/tool/tool.htm)。

(2) 中华在线词典(http://www.ourdict.en)。

(3) Encyclopedia Britinnica Online(《不列颠百科全书》网络版,https://www.britannica.com/)。

(4) Encyclopedia.com(http://www.encyclopedia.com)。

(5) 全国电子企业名录大全(http://www.toper.com.cn/toper-dir/)。
(6) 中国年鉴网(http://www.yearbook.cn/)。
(7) 湖北年鉴信息网(http://www.hbnj.com.cn)。
(8) 美国指南(http://www.dongyu.us/)。
(9) 中国资讯行高校财经数据库(http://www.bjinfobank.com)。

2. 免费图书信息

网上免费的图书信息主要为书目信息,也有部分全文信息。提供书目信息的网站主要包括图书馆联机公共目录查询、图书出版发行机构的网站、网上书店等。通过出版商和发行商以及网上书店可以了解最新的出版动态。

1) 可获取图书全文信息的网站
(1) 世界数字图书馆(The World Digital Library,http://www.wd1.org/zh/)。
(2) 书生读吧(http://www.du8.com/)。
(3) E书久久(http://www.eshu99.com)。
(4) Alex电子文库(http://www.infomotions.com/alex)。

2) 可获取图书书目信息的网站
(1) CALIS联合书目目录(http://www.calis.edu.cn/Calis/llml/)。
(2) WorldCat(http://www.oclc.org/zhcn-asiapacific/worldcat.html)。
(3) 中华读书网(http://www.booktide.com/)。
(4) 当当网上书店(http://www.dangdang.com)。
(5) 中国图书网(http://www.bookschina.com/)。

3. 免费期刊信息

网上的期刊有纸质版期刊的电子版本或者论文题录或文摘版,也有纯电子版本的,但纯电子版本的相对很少。前者由期刊出版社提供,读者可以通过相关网页免费浏览该期刊在一定时间段内的目次、篇名、摘要等,极少部分有全文信息。网络上绝大部分的期刊全文都需要付费使用,而有少部分的电子期刊纯粹是为了学术交流,无商业行为,因此允许用户免费阅读和下载,也有部分电子期刊为用户提供了试用期,在试用期内可免费使用。但这类免费的期刊是少数,所以在科研中如何获得这样的学术期刊信息显得尤为重要。可获得期刊信息的网站如下:

(1) 龙源期刊网(http://www.qikan.com)。
(2) 全国期刊联合目录(http://union.csdl.ac.cn/Union/index.jsp)。
(3) Science Online的中国站点(http://www.sciencemagchina.cn/)。
(4) Find Article(http://findarticles.com/p/articles/an_l)。
(5) 美国学术出版社(Academic Press,http://www.academicpress.com)。
(6) ADS(http://adsabs.harvard.edu/index.html)。
(7) All Academic(http://www.allacademic.com/)。
(8) Mag Portal.com(http://www.magportal.com)。

4. 免费报纸信息

可获得报纸信息的网站如下：

(1) 人民网(http://www.people.com.cn)。

(2) 新华网(http://www.xinhuanet.com)。

(3) 中新网(http://www.chinanews.com.cn)。

(4) 泰晤士报(The Times, http://www.timesonline.co.uk)。

(5) 今日美国报(The USA Today, http://www.usatoday.com)。

5. 免费政府出版物

政府出版物是各国政府及其所属机构发表和出版的文献，反映了政府机构的活动、官方的意识和观点，且大部分是政府在决策和工作过程中产生的文献，具有信息量大、可靠性强、参考性高等特点。可获取政府出版物的网站如下：

(1) 中国网(http://www.China.org.cn)。

(2) 中国普法网(http://www.legalinfo.gov.cn)。

(3) 美国政府官方网站(http://www.firstgov.gov)。

6. 免费会议信息

会议文献是产生于会议过程中的各种资料和基于会议资料的各类出版物的总称。会议文献往往代表某一领域最新的研究成果，而且传递信息及时，具有学术性强、内容专深的特点。可获取会议信息的网站如下：

(1) 中国科学技术协会(http://www.cast.org.cn/)。

(2) 国家科技图书文献中心会议信息(http://www.nstl.gov.cn/index.html)。

(3) 国际学术会议(http://www.allconferences.com/)。

(4) Internet Conference Calendar(http://www.conferencecalendar.com/)。

7. 免费学位论文

学位论文具有选题新颖、引用材料广泛、阐述系统、论证详细的特点。而以往学位论文的获取很不容易，所以影响到其利用率。学术价值高但又只能束之高阁未免有些可惜，所以现在学位论文的检索越来越被重视。可获取学位论文信息的网站如下：

(1) 万方数据公司中国学位论文数据库(http://c.g.wanfangdata.com.cn/Thesis.aspx)。

(2) CNKI 中国优秀博硕士学位论文全文数据库(http://acad.cnki.net/Kns55/brief/result.aspx?dbPrefix=CMFD)。

(3) 国家科技图书文献中心的中文学位论文(http://www.nstl.gov.cn/)。

(4) PQDD(ProQuest Digital Dissertations, http://proquest.calis.edu.cn/)。

8. 免费专利信息

专利信息是指以专利文献为主要内容，其他与专利有关的各种信息的总称，可从中获取技术信息、法律信息、经济信息和战略信息。可获取专利信息的网站如下：

(1) 中国知识产权网(http://www.cnipr.com)。
(2) 中国专利信息网(http://www.patent.com.cn)。
(3) 德温特专利信息数据库(http://www.derwent.com/)。
(4) 欧洲专利局网(http://ep.espacenet.com)。

9. 免费标准信息

标准文献是在特定活动领域必须执行的规格、定额、规划、要求的技术文件。标准涉及工农业、工程建设、交通运输、对外贸易和文化教育等领域，包括质量、安全、卫生、环境保护、包装储运等多种类型，并有技术标准、工作标准和管理标准之分。可获取标准信息的网站如下：

(1) 中国标准服务网(http://www.cssn.net.cn/)。
(2) 中国标准化协会(http://www.China-cas.org/)。
(3) 万方数据公司中外标准(http://www.wanfangdata.com.cn/)。
(4) 国际标准化组织(ISO)(http://www.iso.org/iso/home.htm)。
(5) 国际电工委员会 IEC(http://www.iec.ch/)。
(6) ANSI 美国国家标准学会(http://webstore.ansi.org/)。

7.4.3 开放存取信息资源

学术期刊一直是学术传播体系中最为重要的传播媒介。自 20 世纪 70 年代以来，学术期刊的出版日益集中于少数商业出版者，价格持续上升。出版市场出现了学术期刊危机，学术期刊的商业出版模式给商业出版者带来了最大的商业利润，但却不能有效地服务于学术交流。一方面，科研机构及科研人员无偿地将自己的学术研究成果版权转让给商业出版者，另一方面，他们却不得不支付越来越高的期刊订购费用。由于商业出版机构的垄断，科研机构及科研人员在获取自己领域的学术文章时会遭遇障碍。为了重新确立自己的学术地位，科研机构及科研人员积极探索新的学术交流途径。互联网作为一种开放的信息交流平台，使传统的学术交流方式发生了变革。在 20 世纪 90 年代末，开放存取以"削弱出版社的权势，恢复研究成果的公共品性质"应运而生。

开放存取(Open Access，OA)是网络学术信息传播的一种重要的方式。人们可以通过开放存取模式获取大量的免费学术信息资源，从而也使网络上的学术信息资源成了"世界上最大的图书馆"。学术资源的开放存取运动在中国起步较晚。2003 年 12 月 29 日，中国科学院文献中心张晓林博士参加了在匈牙利举办的"开放存取与促进学术出版"国际研讨会。2004 年 5 月，中国科学院院长路甬祥等代表各自的机构签署了《柏林宣言》，表明了中国科学家和研究机构支持开放存取的立场。2005 年 6 月"科学信息开放获取战略与政策国际研讨会"的召开表明我国对开放存取采取了实际行动。

1. 开放存取的含义

目前，被广泛引用的是 2002 年在《布达佩斯开放存取计划》(Budapest Open Access Initiative，BOAI)中对开放存取给出的定义，即用户通过公共互联网免费阅读、下载、复制、传播、打印和检索作品,或者实现对作品全文的链接、为作品建立索引和将作品作为数据传递给相应软件,进行任何其他出于合法目的的使用,除了保持作品的完整性之外,没有经济、法律或技术的限制。开放存取唯一的限制是应使作者有权控制其作品的完整性及作品被正确接受和引用。因此,开放存取具有两方面的含义,一是学术信息免费向公众开放,不受价格的约束;二是学术信息实现真正意义上的随意、自由索取,打破了使用权障碍。

狭义的开放存取资源主要指通过开放存取的实现途径出现的信息资源,即开放存取期刊、学科库、机构库和个人网站、博客中收录的资源;广义的开放存取资源指任何用户均可免费在线获取的、不受许可限制的所有数字化学术信息资源,包括正式发表的论文的后印本(postprint)、正式出版的著作、教材、会议论文集与研究报告等学术成果,非正式出版的论文的预印本(preprint)、学位论文、工作论文、各种原始数据和元数据、教学参考资料、照片、图表、地图以及数据库、政府出版物、网站等。

开放存取与传统的学术信息取得的运行机制的区别在于信息资源共享的自由理念和服务机制。传统模式通常采用读者付费的模式,出版物以商品的形式有偿提供给用户,信息的载体可能是印刷版,也可能是电子版;开放存取模式则采用作者付费的模式,信息的载体以电子版形式为主,无偿提供给用户使用。

2. 开放存取资源的发布形式

1) 开放存取期刊

开放存取期刊(Open Access Journals)是指可以在公共网络上免费获取,并允许用户进行阅读、下载、复制、传播、打印、检索、链接到全文,用于编制索引、作为软件数据库使用或用于任何其他法律允许的,没有经费、法律或技术方面障碍的,经过同行专家评阅的高质量的全文电子期刊。

开放存取期刊与传统期刊的区别不在于期刊的载体是纸本还是磁、光等介质,而在于对期刊的访问方式和访问权限。传统的期刊一般先由图书馆或其他机构团体购买,然后为其成员提供全文检索服务;而 OA 期刊用户利用互联网就可以不受限制地访问期刊论文全文。虽然网络环境下期刊的出版和传播成本大大降低,但这并不意味着不需要成本(尤其是开展同行评审工作)。为提供基本运行费用,OA 倡导者提出了多种成本弥补途径,包括争取相关机构的赞助、广告收入和为用户提供增值服务等,但最为主要的是作者付费模式,即作者从项目或课题经费中抽取部分经费用于出版研究成果。作者付费模式可以保证开放存取出版的可持续发展。

2) 开放存取知识库

开放存取知识库(Open Access Repositories)是开放存取的新方式,为科学研究人员提供电子版学术文献的存储和检索。通过开放存取知识库,科学家们可以利用自存档技术提交、存放自己的论文,从而使其文献可以迅速、便捷地在科学领域传播、检索、利用以及评论,推动学术交流的无障碍传播。

开放存取知识库分为学科知识库(Subject Repositories)和机构知识库(Institutional Repositories)。学科知识库是科研工作者的研究成果还未正式发表,出于和同行交流的目的而进行的自我典藏论文,并通过互联网发布,围绕特定的学科主题而创建的,内容以 e 印本为主。早期的开放存取知识库多为学科知识库,现在主要集中于物理、数学、化学、生物和计算机等学科。最具代表性的学科知识库是 arXiv 文档库。国内外建立的学科库比较多,但是主要集中于物理学、数学与计算机等少数几个自然学科领域。目前虽然有突破学科界限的发展趋势,但总体看来,除了少数的几个学科库,大部分学科库 e 印本数量较少,发展不是很好。机构知识库是存放某一个或多个学术机构的专家、教授、学生创造的,可供机构内外用户共享的数字化学术文献的数据库。机构库起步比较晚,但发展速度较快,尤其是欧美等国家,由于不少机构制定了明确的开放存取政策,因此很多机构或者大学都把机构知识库作为基础设施建设的一部分。

3) 开放存取门户网站

开放存取门户网站旨在通过跟踪、报道以及揭示关于开放存取的发展动态、研究资料、实施实践、支撑信息和相关的分析为开放存取的研究和实践提供一个可靠的信息保障平台,帮助开放存取的研究者、政策制定者和组织实施者推动和实施开放存取。

4) 开放存取个人主页或者博客

个人主页是从英文 personal homepage 翻译而来的,更适合的意思是"属于个人的网站"。所以个人主页与个人网站其实是同一个意思,个人主页是习惯上的叫法。博客也称为网络日志,就是以网络作为载体,简易、迅速、便捷地发布自己的心得,及时、有效、轻松地与他人进行交流,再集丰富多彩的个性化展示于一体的综合性平台。博客也是个人主页。

各方面的专家、名人有很多都会写博客或建个人网页,并将其研究方向的相关动态、研究心得、体会或者研究成果等放到博客或网页上,或者将自己遇到的问题和疑难提出供大家讨论、交流。这种方式能大大开阔研究者的视野,从而得到灵感、启发。虽然在个人网页和博客上的学术资源相对比较少,比较分散,但是具有比较高的学术价值,也有很多值得我们借鉴的资源,而且能免费获取,这也是网络资源开放存取的一种重要的发布方式。

3. 开放存取资源的获取

目前,网上已有相当数量的开放存取资源。很多研究人员或机构对互联网上的开放存取资源进行了收集整理,提供专门的站点,目前较有影响的如下。

1) 开放存取期刊

(1) 瑞典隆德大学开放存取期刊目录(https://doaj.org)。开放存取期刊目录(Directory of Open Access Journals,DOAJ)是由瑞典 Lund 大学图书馆整理的一份互联网上的开放存取期刊目录,其目的是集成分散在互联网上的所有学科和语言的开放期刊,并利用技术对互联网上可免费获取的全文资源实施质量控制及提供检索平台。DOAJ 收录的期刊和论文都可以自由存取、免费使用,都有严格的质量控制体系来对内容加以审查,对学术研究有很高的参考价值。据 2016 年 8 月统计,DOAJ 有 9175 种开放存取期刊,2255800 多篇文章。

(2) 斯坦福大学 Highwire 出版社免费全文网站(http://home.highwire.org/)。斯坦福大学 Highwire 出版社是美国斯坦福大学图书馆所属的电子期刊出版机构,1995 年由斯坦福大学图书馆创建,是世界上最大的自然科学免费全文网站之一,内容涉及生命科学、医学、物理及少部分社会科学等方面的出版物。Highwire 出版社收录了许多全球知名的高影响因子期刊,现收录2000多种期刊,7659000多篇全文,2434000多篇免费全文。

(3) 生物医学期刊出版中心开放存取期刊(http://www.biomedcentral.com)。生物医学期刊出版中心(BioMed Central)是一个独立的出版商,提供网上免费存取、经过同行评议的生物医学研究资料。对于所有发表在 BioMed Central 刊物上的研究文章,读者均可在网上免费浏览,不受任何限制。其现收录近300种经过同行评审的开放存取期刊。

(4) 美国科学公共图书馆开放存取期刊(http://www.plos.org)。美国科学公共图书馆(The Public Library of Science,PLoS)是美国最具影响力的开放存取出版机构。美国科学公共图书馆是为科技人员和医学人员服务的非营利性机构,致力于使全球范围内的科技和医学领域文献成为可以免费获取的公共资源。PLoS 的宗旨是创建高质量的学术期刊,并放在网上供全世界免费使用。

2) 开放存取学术论文

(1) 美国电子预印本(http://arxiv.org)。美国电子预印本(arxiv.org)文档库是美国国家科学基金会和美国能源部资助的项目,涉及物理学、数学、计算机科学、定量生物学、计量金融学和统计学6个学科领域。arXiv 预印本文档库中的论文没有评审程序,科研人员按照相应格式将论文排版后按学科类别上传即可。论文作者在将论文提交给预印本文档库的同时也可将论文提交给学术期刊,如果论文在期刊上正式发表,则在相应的论文记录中加入正式发表期刊的卷期信息。

(2) 中国预印本服务系统(http://prep.istic.ac.cn)。由中国科学技术信息研究所与国家科技图书文献中心联合建设,于2004年3月开通使用,是一个以提供预印本文献资源服务为主要目的的实时学术交流系统。它由国内预印本服务子系统和国外预印本门户(SINDAP)子系统两部分构成。国内预印本服务子系统收藏的主要是国内科技工作者自由提交的预印本文章,一般只限于学术性文章。科技新闻和政策性文章等非学术性内容不在收录范围之内。其收录范围按学科分为自然科学、农业科学、医药科学、工程与技术科学以及图书馆、情报与文献学5大学科门类,除图书馆、情报与文献学以外,其他每一个大类再细分为二级子类,如自然科学又分为数学、物理学、化学等。国外预印本门户(SINDAP)子系统是由中国科学技术信息研究所与丹麦技术知识中心合作开发完成的,它实现了全球预印本文献资源的一站式检索。通过 SINDAP 子系统,用户只需输入检索式一次即可对全球知名的16个预印本系统进行检索,并可获得相应系统提供的预印本全文。目前,因丹麦科技大学图书馆技术信息中心关闭其平台,原"国外预印本门户"停止服务。

(3) 中国科技论文在线(http://www.paper.edu.cn)。中国科技论文在线是经教育部批准,由教育部科技发展中心主办,针对科研人员普遍反映的论文发表困难,学术交流渠道窄,不利于科研成果快速、高效地转化为现实生产力而创建的科技论文网站。中国科技论文在线免去传统的评审、修改、编辑、印刷等程序,给科研人员提供一个方便、快捷的交流平台,提供及时发表成果和新观点的有效渠道,从而使新成果得到及时推广,科研创新思想得到及时交流。该网站收录论文的专业领域以科学技术类论文为主,兼收部分社会科学类论文,有科技期刊论文、博士论坛论文和专题论文(会议论文和专题比赛论文)。

3) 开放存取学位论文

澳大利亚数字博硕士论文系统(http://adt.caul.edu.au)由澳大利亚大学图书馆理事

会管理维护,它整合了澳大利亚 41 所大学的博硕士论文,提供一站式检索界面,用户可以浏览全部文摘,根据作者的授权不同,用户可以免费阅读论文的前两章或全文。

4) 开放存取图书

(1) NetLibrary 电子图书(http://www.netLibrary.com)。NetLibrary 是 OCLC 的一个部门,是当前世界上电子图书的主要提供商,它提供来自 400 多家出版商的 5 万多种高质量电子图书,这些电子图书的 90% 是 1990 年后出版的,每月均增加几千种。NetLibrary 电子图书覆盖了科学、技术、医学、生命科学、计算机科学、经济、工商、文学、历史、艺术、社会与行为科学、哲学、教育学等学科,其中 80% 的电子图书面向大学读者层。其电子图书采用通用的 HTML 格式,用户无须下载特定的阅读器即可阅读。用户除了可以访问正式订购的电子图书外,还可以免费访问 3400 多种无版权图书。2009 年 12 月,EBSCO 正式收购了 NetLibrary,现已转为 EBSCOhost 平台上的 eBookCollection 数据库。

(2) 在线图书网页(http://onlinebooks.library.upenn.edu)。在线图书网页是由 John Mark Ockerbloom 创建于美国宾州大学的数字图书馆,是目前全球最大的免费在线图书资源。其收录图书两万种,覆盖上百个学科。

(3) 古登堡开放存取图书(http://www.gutenberg.org/)。1971 年,Michael Hart 发起古登堡计划。古登堡计划的核心思想就是让人类文明中的重要文字内容能被全世界分享。古登堡项目是网络上的第一家,也是最大的公益数字图书馆,它以自由和电子化的形式致力于尽可能提供大量的无著作权争议的作品,大多数西方古籍经典作品都可以在其中找到。古登堡计划把属于公共版权的文学作品输入计算机,借助计算机和网络强大的存储传输能力让所有人自由、方便地获取和研究。目前,该项目的藏书量已经超过了 5 万本,以西方传统文学作品为主,也收录食谱、书目、期刊、音频文件、乐谱文件等,有英语、德语、法语、意大利语、西班牙语、荷兰语、芬兰语以及中文等不同语言的著作。

5) 开放存取教学资源

随着网络教育的发展,秉承知识共享精神和网络资源开放的观念,开放课程在全世界范围得到了长足的发展。比较著名的开放存取教学资源如下。

(1) 美国麻省理工学院开放式课程(http://ocw.mit.edu/index.html)。1999 年美国麻省理工学院提出了"开放式课程网页"(Open Course Ware,OCW)的概念,向世界范围的学习者无偿提供优秀课程资源。

(2) 中国开放式教育资源共享协会开放式教育资源(http://www.core.org.cn)。中国开放式教育资源共享协会(China Open Resources for Education,CORE)是 2003 年由美国 IET 基金会发起并联合北京交通大学创建的非官方机构。CORE 以推进中、美两国高校之间的紧密合作与资源共享为使命,向中国高校免费提供以美国麻省理工学院为代表的国内外大学的优秀开放式课件和先进教学技术、教学手段等教学资源,以提高中国教育质量,同时将中国高校的优秀课件与文化精品推向世界,促成教育资源交流与共享。

6) 开放存取门户网站

(1) Socolar OA 平台(http://www.socolar.com/)。目前它是一个旨在为用户提供开放存取资源检索和全文链接服务的一站式公共服务平台,为非营利性项目,旨在全面收录来自世界各地、各种语种的重要 OA 资源,并优先收录经过学术质量控制的期刊,可提供 OA

资源的检索和全文链接服务、用户个性化的增值服务、OA 知识的宣传和交流、OA 期刊的发表和知识库服务等功能。

（2）Google Scholar(http://scholar.google.com/)。Google 的学术搜索是最受欢迎的搜索引擎之一，它联合了包括哈佛大学在内的 5 所知名大学，把它们的所有资源都放在网上供用户检索。Google 学术搜索提供可广泛搜索学术文献的简便方法，可以从一个位置搜索众多学科和资料来源，例如来自学术著作出版商、专业性社团、预印本、各大学及其他学术组织的经同行评论的文章、论文、图书、摘要和文章。Google 学术搜索可帮助用户在整个学术领域中确定相关性最强的研究。

（3）Open Access Library(http://www.oalib.com/)。OA 图书馆是个公益性网站，里面所有的资源都来自著名的出版商和数据库，可以满足各个领域学者的需求。同时，那些已经评审或者未发表的文章都可以在线查看，以此提供学术交流的机会。读者可以用关键字在 OA 图书馆搜索下载完整的 PDF 格式的文章，不需要注册和交任何费用。OA 图书馆主要分为两部分，一是 OA 资源和 OA 新闻；二是 OA 内容搜索。OA 资源主要介绍一些 OA 资源，包括预印本资源、OA 期刊库、OA 电子课件、OA 机构存储库、OA 期刊等；OA 新闻主要介绍 Open Access 的一些基本知识和国内外最新的 Open Access 新闻；OA 内容搜索整合了所有 OA 资源，使用者可以很方便地检索所需要的资料。

7.5 看不见的网络及其检索利用

为了方便地获取互联网上的信息，搜索引擎扮演着越来越重要的角色，几乎所有上网的人都会用到搜索引擎来查找信息，因此很多网络用户认为搜索引擎能提供网络上最为全面的信息。事实上，没有任何一个搜索引擎能知道网站的每一个网页。由于搜索引擎在网络信息资源采集方法、索引技术和处理能力等方面存在问题，致使越来越多的信息不能被有效地索引而被隐藏起来，从而形成了为数众多的看不见的网络。

7.5.1 看不见的网络及其成因

1. 看不见的网络的定义

看不见的网络是指在互联网上可获得的资源，但由于技术限制或者由于特定选择而不能或未被纳入通用搜索引擎网页索引中的文本网页、文件或其他高质量的权威性信息资源。我们有时也叫它"深度网站""隐形网络""隐蔽网络""深网""暗资源"等。具体地说，看不见的网络有通用搜索引擎所不包含的内容。实际上这些内容本身并不是"看不见的"，只是由于绝大部分网络用户使用信息检索工具很难找到这些内容而已。除非用户知道它的确切位置，否则很难找到它。

2. 看不见的网络的成因

1）搜索引擎自身存在的技术障碍

（1）搜索引擎自动代理搜索软件的工作原理导致它无法索引到未与任何网页建立相关

链接的网页。

（2）搜索引擎索引没有文字线索的非文本类型的文件能力较弱。

（3）搜索引擎以静态网页为主要索引对象，无法实现对动态信息的检索。

（4）搜索引擎不能完成输入动作，无法检索网络数据库。

2）搜索引擎对自动代理软件的访问限制

（1）对搜索内容的格式进行限制导致不可见。

（2）搜索引擎对索引深度、索引频率的限制导致不可见。

（3）Spider陷阱：即对于基于脚本语言的网页，如果其URL中含有"?"，Spider通常放弃对该类网页的访问。

（4）因遵守机器人排除协议或当地政策限制而不可见。

此外，一些不可见网络包含了军事、政治、商业机密信息或者色情、暴力、邪教、反动话题等内容，因为遵守当地的政策规定，搜索引擎限制了对它们的搜索。而且这些网站也会利用Frame等技术设置检索障碍或者Spider陷阱或设置口令保护，禁止索引。

3）用户的检索期望和技能存在缺陷

（1）用户对搜索引擎功能的期望过高。

（2）用户的检索技能过于简单。

网络信息不可见的根本原因在于网络信息自身发展速度太快，在内容、格式、更新速度等方面的发展难以控制，搜索引擎只是对网络信息进行检索控制的一种方式，因其本身的工作特性，它不可能实现对网络信息的完全控制，这就最终导致大量网络信息成为不可见的资源。为了发现这些搜索引擎不可见的资源，我们还需要借助其他方式，从而实现对网络信息的控制和检索。

7.5.2 看不见的网络的类型

从技术和非技术原因的角度考虑，人们将看不见的网络分为4类。

1. 模糊网站

模糊网站是指搜索引擎索引可以检索标引但又没有收录的文档。这类型的网站数量庞大，检索起来相当困难。造成这种情况的原因很多，例如，搜索引擎搜索的深度、搜索频度限制，可浏览结果的最大数量，未被链接的网址等。

2. 个人网站

从技术上讲，个人网站能够被标引，但却被有意排除在搜索引擎之外。例如，网站管理员采用密码保护，使用robots.txt文件或"不得标引"的元图标等阻止搜索引擎Spider访问、阅读和标引。一般来说，个人网站不经许可是无法访问的。

3. 专用网站

很大程度上，搜索引擎不能访问专用网站上的网页，因为它们只对那些同意出交换条件才能浏览内容的用户开放。只有愿意注册的用户才能访问网页。注册一般是免费的，但对于搜索引擎而言,其搜索程序显然不能满足即使是最简单注册过程的要求。

4. 真正看不见的网站

由于某些技术上的原因,有些网站或网页是真正看不见的,搜索引擎不能检索或标引它们的内容。真正看不见的网站资源包括以下几种类型。

(1) 搜索引擎 Spider 不能处理的文档格式的网页。如 PDF、PostScript、Flash 及压缩文件等。这些文件几乎没有文本内容,因此难以对其分类或与其他文本文件进行相关性比较。当然,也有些文件格式 Spider 是能够处理的,只不过被它们省略而没有标引。

(2) 动态网页。搜索引擎不愿意标引此类网页并非技术上的问题,而是不道德的文稿编排程序的使用,给搜索引擎制造大量垃圾的网页,从而使其陷入巨大的麻烦之中。因此,它们只有选择不标引有文稿编排程序指令的网站。

(3) 数据库。网络上可检索的数据库组成了看不见的网站中的大部分内容。通过网络可以检索这些数据库,但这些数据库却不一定真正存在于网上。搜索引擎所面临的最大的技术难题是检索存储在数据库中的信息。对于检索数据库的实质内容,搜索引擎的 Spider 不能理解。要想检索某数据库,就必须使用数据库本身所提供的强大的检索工具。

7.5.3 看不见的网络的功能

1. 数量巨大,增长迅速

"看不见的网络"数量十分巨大,发展十分迅速,因此对其进行积极的开发和利用能够获得更全面的信息。

2. 主题精深,信息免费

大约一半的"看不见的网络"资源存在于各种主题明确的网络数据库中,这些数据库多是关于某一学科或具体领域的资源和动态信息,这些资源所涉及的范围虽小,但包含的内容却更为精深,能够及时反映学科或领域的最新信息,也能提供可见网页难以覆盖的全面信息。不仅如此,95%的"看不见的网络"中的资源是公开的,无须付费和订阅。

3. 信息权威,不易获得

许多看不见的网络资源是由权威机构或组织维护的,内容一般都很完整,在某一特定主题领域具有较高的权威性和合法性。许多网站是由书籍或杂志出版商提供的,他们在社会上有着良好的声誉,其权威性易于确定。大部分信息被存储在数据库中,搜索引擎不能直接访问,因此在网上的其他地方根本无法找到。对于专业研究者来说,这些信息资源就是一个巨大的宝藏,在学术研究方面起着决定性的作用。"看不见的网络"向学者们提供更加详尽的内容,是专业研究的"一次"参考资料。

4. 检索专业,结果精准

网络数据库构成了"看不见的网络"的主要部分,这些数据库经常将信息搜集和处理范围限定在一些特定的主题领域,数据库信息资源的创建者一般会尽可能地使其资源更全面,而且提供专业化的检索接口,对信息标引比较充分,对检索速度没有任何限制,这意味着能够更好地返回所有相关结果,而不仅仅是返回最先查找到的信息。在检索中的各种限制能同时确保较高的查全率和查准率。

7.5.4 看不见的网络的利用

通过以上内容可以看出网络信息并非真正隐藏起来,只是有些一时难以获得,所以说网络信息可见是绝对的,看不见则是相对的。随着人们对这类隐藏信息的重视程度的提高,目前已提出了一些解决办法来实现对不可见信息的检索。

1. 利用一般搜索引擎"间接"检索看不见的网络资源

对于"看不见的网络"中的核心内容——网上专业数据库中的珍贵信息资源,通常要经过人机交互才能进行查询,所以搜索引擎无能为力。然而,用户可以利用搜索引擎或者网络指南"间接"地查找看不见的网络资源。

(1) 利用搜索引擎的检索功能查找。一些著名的通用搜索引擎或网络指南(如 Google 和 Yahoo!)都提供了查找数据库的功能。如果用户要查找有关某个主题的信息内容,可以先利用 Google 或 Yahoo! 等搜索工具查找关于这个主题的数据库。具体做法就是在搜索栏中输入主题词,在主题词后面再输入"database"(数据库)。例如,如果要查询有关语言(Language)方面的信息,可以在搜索栏中输入"language database"(语言数据库),搜索引擎会把有关语言方面的数据库的网址以目录的形式反馈给用户,用户可以根据所提供的数据库网址查找到这些专业数据库的主页,然后在数据库的界面上通过人机交互从这些专业数据库中获取深层信息,也就是一般的搜索引擎或网络指南无法直接搜索到的信息——看不见的网络资源。

(2) 利用搜索引擎的检索入口查找:随着搜索引擎的发展,对于一部分的"看不见的网络"也提供了相关的检索入口。例如,Google、百度都提供了对特殊格式文件的检索,通用的做法是在检索词前加"filetype:"。在不同搜索引擎中还会提供专门的格式文件检索,如百度 MP3、视频、图片搜索;对于一些动态信息,搜索引擎也可以提供专项目录,如 Google 地图、日历服务;另外,Google 开发的 Google Scholar 还可以进行学术搜索,为找寻专业信息数据库提供了良好的入口。

2. 在操作系统中增加具有检索专业数据库功能的附件或软件

用户使用该类软件,输入关键词后得到的结果不是站点列表,而是直接的相关资料。这类软件是真正对看不见的网络进行检索,它可以将用户的检索请求同时推送到多个相关网络数据库中进行检索,然后把结果送回给用户。

1) Mac 操作系统中的 Sherlock

在苹果的 Mac 操作系统中,Sherlock 作为其新增部分,可利用插件(Plug-ins)搜索几乎所有的数据库。通过简单的程序运行,插件可以让 Sherlock 引擎知道如何请求外部数据库的响应并反馈数据库的响应。这样,通过一个请求就可以查询整个网络。Sherlock 曾经被当作一种元搜索工具,但是从其搜索看不见的网络资源的能力及其插件结构来看,Sherlock比当今的任何通用搜索引擎都更具潜力。现在 Sherlock 有几百个插件可供选用,这些插件都是免费的,而且可从许多网站下载使用。苹果公司的网站有超过 400 个插件可供下载使用,而许多个人网站也有自己的插件可供下载。Sherlock 已经被苹果操作系统 8.5 版本及新版本作为一种标准部件来安装。一旦合适的插件被放入了系统文件夹中的互联网搜索文件夹,当要求查询时,用户就可以通过单击来激活某一特定站点的查询功能。这样,有多少插件被激活,Sherlock 就会同时向多少相应的数据库提出所需的信息要求,这是 Sherlock 拥有的非常强大的一个功能。

2) Zapper

Zapper(http://www.zapper.com)就位于桌面,使用十分便捷,可将一个提问式输入到它的检索框内,源文本可任意选择,可以是一个网页、一个电子邮件或是字处理程序文件,Zapper 会将检索提交给网络上各种不同的信息源。但 Zapper 所能做的远远不止大多数元搜索引擎所能做的这些,被检索的资源将与用户的提问式十分对口(如将医学提问式提交给医学网站)。Zapper 分析结果选择最佳匹配,且提供结果。其智能生成的注释可显示信息的出处。

3. 利用专业主题目录指南

专业主题目录按照主题分类提供大量网站的链接,检索精度高、资源权威、使用权威且大部分可免费获取是其主要特点,用它来查找主题相对宽泛、质量相对较高及已经过选择、评价、标注的信息资源来说效果较好。一般搜索引擎如 Yahoo! 就有分类目录,可实现分主题浏览。此外,还有更多的专业性选择指南,如 Librarians' Index to the Internet、The Invisible Web Directory、Findlaw、InfoMine、About.com 等。

1) Librarians' Index to the Internet

Librarians' Index to the Internet(互联网图书馆员索引,http://www.lii.org)是检索"看不见的网络"最受欢迎的入口之一,由美国加州伯克利图书馆建设维护,它提供超过 11 万条高质量的、可检索的网络资源的注释性主题目录资源,包含最佳资源、目录、数据库和特殊资源等,也提供各种知名搜索引擎的检索功能。

2) Findlaw

Findlaw(http://www.findlaw.com)是互联网上为律师、商人、学生、法律专家、公众、法律团体等提供法律资源的综合性法律网站。其特点是资源极其丰富,提供简单检索、高级检索、名称检索、法律网站检索、法律数据库检索等多种检索方式。FindLaw 的另一特点在于能及时发布法律界的最新消息和提供法律专家案例分析,且其中的 For Legal Professionals 为用户提供了一系列免费数据库和与法律相关的主题信息。

3) InfoMine

InfoMine(http://informine.ucr.edu)是一个由加利福尼亚大学图书馆、加利福尼亚州立大学图书馆等机构建立的虚拟图书馆,主要用来为大学教师、学生和研究人员提供网络信息服务。InfoMine 提供 12 万多个学术站点的链接,内容包括数据库、电子期刊、电子图书、BBS、邮件列表、论文、在线图书目录等学术资源,为方便用户检索将站点分为商业与经济、政府信息、人文社会科学、生物、农业与医药等9大类。

4. 利用专业搜索引擎

与专业目录不同的是,专业搜索引擎响应用户的查询要求,返回给用户的是其所需的信息,因此专业搜索引擎是用户查找"看不见的网络"的重要工具。常用的专业搜索引擎有LexiBot、Profusion、Elibrary等,下面简要介绍。

1) LexiBot

LexiBot(https://brightplanet.com/)是一种"定向查询"引擎,采用一种适合搜索深层信息并且将其"拉"出来的技术,采用多线程并发资源查询及文件的下载方式,可对所有类型的文件或网站进行检索。用户既可以限制到所查资源的专业领域,也可以限制重复WWW资源的出现。

2) Profusion

Profusion(http://www.profusion.com)是Intelliseek创建的元搜索引擎,按人文与艺术、教育、金融、法律等21个主题划分,每个主题下又分若干小主题,如教育下细分教育资源、K12资源、大学资源和家庭教育等。用户可以从中选择需要的搜索引擎或主题指南。

3) Elibrary

Elibrary(http://www.elibrary.com)提供免费检索以及该网站上检索结果的简明摘要,对于全文检索收取一定的费用。电子图书馆数据库只包括具有版权的内容,获得许可的内容包括来自400家出版商的资料,有1000多个标题。其内容可分为6类:550多万篇报刊文章,近75万篇杂志文章,4.5万多个图书章节,1500幅地图,14.5万多个电视及广播手稿以及11.5万多幅照片和图片。电子图书馆95%的内容在网上的其他地方是不能找到的。

5. 利用"看不见的网络"导航网站

"看不见的网络"导航网站按照一定的领域和研究方向分门别类,编制目录供用户浏览和检索。

1) CompletePlanet

CompletePlanet(http://www.completeplanet.com)所搜集的看不见的网络资源主要是公共的文本信息内容,而并不包括"看不见的网络"其他方面的内容,如个人数据、电子邮件、非HTML网页形式的文件、图像、音乐和视频等。在CompletePlanet中进行查询,用户只需在搜索栏中用自然语言输入一个提问或者一些词条,网站会自动将用户的提问转化为各种可能的布尔逻辑式再传送给用户,由用户来选择用哪种提问式进行检索。除了直接查询功能以外,用户还可以利用CompletePlanet中的"浏览树"(Browse Tree)。在"树根"处将信息内容分为3～4个领域或类别,用户可以根据详细的分类表来查询所需信息。值得一提的是,CompletePlanet允许将同一信息内容放在多个主题类别之下(最高可达5个),而大多网络指南只能将其放在一个主题之下。这样,利用CompletePlanet进行信息检索的漏检率将低得多,相反,查全率也就提高很多。

但是,CompletePlanet有一个很大的不足,就是其检索结果中常常会出现许多看得见的网络信息,这些信息都是用一般搜索引擎可以搜索到的,在搜索结果中也很难判断哪些结果是在专业数据库中的。也就是说,其作为"看不见的网络"搜索工具,针对性不是太强,没有发挥此种工具的最大优势,发掘出更多、更有价值的看不见的信息。

2) Direct Search

Direct Search(http://www.freepint.com/gary/direct.htm)向用户提供各类专业数据库的链接。通过 Direct Search,用户可以直接查到所需信息所在的数据库的检索界面,然后在数据库中进行检索,从而快速、方便地找到所需的信息内容。

利用 Direct Search 检索看不见的网络资源一般采用分类检索的方式。用户可首先确定所需信息属于哪个类别,然后单击该类别,系统将会返回该类别的所有相关数据库主页网址及 Direct Search 网站对该数据库的简单介绍。如果所选类别涉及的领域较广,则返回的该类别的所有相关数据库会被划分为更小的类别,以方便用户在更小的类别中选择适当的数据库查询所需信息。

Direct Search 也有直接检索功能,但它并不能根据用户输入的某个主题词直接返回有关该主题词的数据库结果,它只能告诉用户网站的哪个页面中包含有关该主题词的数据库结果,对用户仅起到指引的作用。想要找到相关数据库,用户可以按 Ctrl+F 键,在该页面中查找该主题词所在的位置,从而找到含有该主题词的数据库。

Direct Search 是学术研究者查找专业信息的好帮手,因为其囊括了许多学科领域的专业信息资源。然而它却不好用,无论是它的分类方法还是查询方式,都给用户带来"人机交互界面不太友好"的感觉。

3) The Invisible Web Catalog

The Invisible Web Catalog(http://www.invisibleweb.com)号称是网上最大的可检性数据库,包括 1 万多个专业数据库和可供检索的网上资源,这些资源经常被传统检索所忽略。这些资源涵盖众多学科领域,很多都是具有很高价值的专业信息。所有的信息都被网站编辑详细地分析并加以阐述,以确保用户能在数以百计的主题类别中找到可靠的信息。

在 The Invisible Web Catalog 的主页上有一个快速搜索栏,在这个搜索栏里进行搜索,用户不要输入详尽明确的主题词,而最好输入范畴稍大点的主题词检索所需信息。例如可以输入"老式汽车",而不要输入"1970 年的大众汽车"来进行检索。网站也提供高级搜索功能。

除了可以直接搜索看不见的网络之外,用户还可以浏览站点提供的分类目录。这个目录是人工编撰的,有 800 多个类别,其中包括 18 个大类,各个大类中还包含许多子类别,各个子类别中又包含许多小类。用户检索时可以采取"顺藤摸瓜"的方式,直到查出相关数据库站点。

The Invisible Web Catalog 十分注重信息检索时的层次结构,这从系统返回的查询结果中可见一斑。无论是分类检索还是直接检索,返回的相关主题词的检索结果中都会提供明晰的类别结构,该主题词属于哪个大类、哪个子类别、哪个小类等都会清楚地反映在检索结果中,并且,如果主题词所属类别不止一个,也会同样反映出来。用户可以根据要求选择在哪个类别中查找所需的数据库。同时,检索结果的页面下方也会列出与主题词相关的数据库站点的链接和对该数据库的详细介绍及其检索方式,以供用户参考使用。这个检索结果目录有两种排序方式可供选择,即按字母顺序排列和按相关度排序。

The Invisible Web Catalog 收录了大量"看不见的网络"资源,尤其是网上可检索的专业数据库,为人们查找专业信息提供了很大的方便,使用户可以快速、便捷地搜索"看不见的网络",从而获得以前无法查到的宝贵的专业信息。

以上介绍的3个"看不见的网络"搜索工具在查找网上的专业信息上的综合性能是依次递增的。此外,还有一些比较有特色的"看不见的网络"搜索工具。

(1) Find Articles(http://www.findarticles.com)。最著名的免费数据库之一,包含大量已出版的文章,超过 300 种的杂志、期刊,时间可回溯到 1998 年。其主题有商业、保健、社会、娱乐、体育等。它的检索技术来自 LookSmart,资料来自 Gale 出版集团。用户可按出版物名称和主题方式查找所需信息,浏览全文并免费下载。

(2) Educator's Reference Desk(http://www.eduref.org)。由锡拉丘兹信息学院所建立的一个为教育服务的大型数据库,该数据库在建立之时就拥有2000多个学习计划以及3000多个网络教育信息站点的URL,并从 AskEric 收集到 200 多个咨询文档,按主题分为参考咨询、普通教育、教学、家庭生活等 12 大类,每一类下又细分若干小类,提供 Eric 数据库的入口和 Gateway to Educational Materials(GEM)的链接。

(3) 北大天网(http://bingle.pku.edu.cn)。我国"九五"重点科技攻关项目"编码和分布式中英文信息发现"研究成果,由北京大学计算机系网络与分布式系统研究室开发,于1997 年 10 月 29 日正式在 CerNet 上提供服务。相对于普通搜索引擎,其特色是利用教育网优势,有强大的 FTP 搜索功能等。

有效地利用这些新型搜索工具对查找看不见的网络资源及网上的专业信息帮助极大。

7.6 综合检索实例及分析

【实例】

国内外微型飞行器的研究机构和项目。

【检索步骤】

1. 分析检索课题

本课题要检索"国内外微型飞行器的研究机构和项目",首先要了解课题检索的目的和要求及有关的专业知识。

微型飞行器:充分利用微机电系统(MEMS)、微电子、智能控制和导航等高技术的微型智能系统,可装置通信、微型摄像和生化取样等工作载荷,进行自主飞行,完成通信摄像等任务。微型飞行器的尺寸小于 20cm、巡航范围不小于 5km、飞行时间不小于 15min。微型飞行器的重要应用是军事侦察,在非军事领域可用来搜寻灾难幸存者、有毒气体或化学物质源、消灭农作物害虫等。

拟定检索词:微型飞行器、微型飞行机器人、Micro Air Vehicle、MAV、flying insect robots、micro-mechanical、flying insect。

2．选择检索系统

根据课题要求，为了更加全面地检索信息，选择有代表性的中英文搜索引擎来检索，以保证检索结果的准确性，如百度、Google、Yahoo!、Dogpile 等。

3．制定检索策略

通过试查，可以确定检索词为微型飞行器、微型飞行机器人、Micro Air Vehicle、MAV、flying insect robots、micro-mechanical、flying insect。

利用以上搜索引擎的关键词查询功能，也可组合查询等。

4．实施检索，选择相关检索结果

1) 百度

使用检索词"微型飞行器"在百度专利中检索到相关信息 27 条，摘录一条如下：

鸟式微型飞行器　申请号/专利号：92221793　一种鸟式微型飞行器，包括机体、机体内安装的发动机、传动机构和操作机构。机体的形状为鸟状，由鸟头、鸟身、鸟尾、鸟翼和鸟脚组成；传动机构由传动轮、变速装置、传动带和安装在鸟身上部的曲轴组成；鸟翼通过连接件与曲轴相连，并随曲轴的转动而闪动产生飞行动力。此种飞行器体积小、使用方便、可以像鸟一样自由升降、不需专用机场，而且与现有飞行器相比结构简单、成本低，因此会给人们的生活带来极大的方便。

2) Google

使用检索词"微型飞行器"在学术搜索中检索到相关信息 844 条，摘录一条如下：

微型飞行器的研究现状及其关键技术　吴怀宇…-武汉科技大学学报：自然科学版，2000-cqvip.com　介绍微型飞行器的概念及功能特点，重点综述了目前国内外微型飞行器的研究现状，归纳出微型飞行器的六大关键技术和目前存在的主要问题，提出了未来微型飞行器的发展趋势。

使用检索词"Micro Air Vehicle"在 Scholar 的论文和专利的摘要中分别检索到相关信息 3760 条，摘录一条如下：

Challenges facing future micro-air-vehicle development　DJ Pines…-Journal of Aircraft，2006-csa.com　One-hundred years after the Wright Brother's first powered historic flight at Kitty Hawk，North Carolina，on 17 December 1903，aerospace engineers still face challenges in understanding and harnessing the physics of flight. Whereas the 20th century ushered in the era of …

3) Yahoo!

使用检索词"flying insect robots"检索到信息 59 条，摘录一条如下：

Flying Insect Robots According to a report from the Wright-Patterson Air Force Base in Dayton，Ohio，the U. S. government is researching the use of tiny robots masquerading as insects for spy …

4) Dogpile

使用检索词"Micro Air Vehicle"检索到信息一批,摘录一条如下:

Micro air vehicle-Wikipedia, the free encyclopedia A micro air vehicle (MAV), or micro aerial vehicle (once called by The Washington Post Robobugs), is a class of unmanned aerial vehicles (UAV) that has a …

5. 分析、整理检索结果

国内外微型飞行器的研究机构和项目如下(部分)。

(1) 南京航空航天大学:仿鸟微型扑翼飞行器,模拟鸟类扑翼飞行方式的扑翼飞行器能同时产生升力和推力,从而可以省略推进装置和部分控制面,大大简化结构,降低机体重量。

(2) 北京航空航天大学:微型飞行器的仿生力学,研究一种蝴蝶(Morpho peleides)前飞时的气动力特性。

(3) 上海大学:C8051F020 的微型旋翼飞行器实验平台的控制系统,开发了一个以微型旋翼飞行器的非对称变距装置为测试主体的实验平台,并设计了一套基于 C8051F020 的微型旋翼飞行器实验平台的控制系统。

(4) 美国航宇环境公司:"蜂鸟"超微型扑翼无人机,"蜂鸟"无人机仅重 10g,长度不超过 7.5cm。

(5) 美国北卡罗来纳州立大学:"机器蝙蝠"微型飞行器,这个"机器蝙蝠"只有手掌大小,拥有形状记忆合金的节状四肢以及用智能材料制作的"肌肉",开发过程着重强调机器蝙蝠的感觉。

(6) 美国加利福尼亚大学伯克利分校:微型机械飞行虫,让飞行器可以在薄翼"翅膀"的帮助下不断升高,快速飞行,还可以根据需要进行盘旋。这些飞行器的"翅膀"的拍打节奏和频率精度可与自然界的昆虫一致。

(7) 荷兰代夫特科技大学:世界上最小的摄影飞机,翼展长 4in(1in=2.54cm),重量仅 3g。

思 考 题

1. 什么是网络信息资源?网络信息资源有哪些类型?
2. 检索网络信息资源有哪些技巧?
3. 搜索引擎有哪些类型?
4. 如何获取网上免费的学术信息资源?
5. 开放存取资源有哪些发布方式?
6. 为何存在"看不见的网络"?
7. 怎样利用"看不见的网络"?

第8章 信息的综合利用

8.1 信息的搜集、整理与分析

8.1.1 信息的搜集

信息搜集是课题研究和撰写论文的基础。科学研究必须建立在对前人研究成果的继承和最新科学技术的吸收的基础之上；在每一项科学研究中必须搜集信息，通过搜集到的信息了解课题已有的成果及目前状况，只有这样才能避免重复他人的研究课题，也只有这样才能在一个新的起点上开始科学研究，在他人已有成果的基础上发展创新。

1. 信息类型

（1）第一手资料。第一手资料包括与论题直接有关的文字材料、数字材料（包括图表），如统计材料、典型案例、经验总结等，还包括自己在实践中取得的感性材料，第一手材料越多越能保证论文的创新度。

（2）他人的研究成果。这是指国内外对有关该课题学术研究的最新动态。这类材料不仅提供论文以充分的论据，而且是论文研究的起点。它能提供有益的启发、借鉴和指导。

（3）相关学科的材料。相关学科能够拓展研究视野和写作思路，提供多元化的分析方法和分析角度。例如，研究经济学的有关课题，就与管理学、社会学、统计学、人口学等方面的知识信息相关。

（4）权威论述、国家政策等。学术权威的论述或国家的方针政策可以作为提出解决问题的重要证据，这不仅能增强论文的说服力，也可以避免对中央的精神产生歧义。

2. 信息搜集的途径

从大方面来看，信息可以分成直接信息和间接信息两种。直接信息是指从研究对象中直接获取的最新信息；间接信息是指科技文献、情报资料及其他存储的科技信息。因为来源不同，两者的搜集必须采取不同的方法。

1）直接信息的搜集

直接信息的获得通常有做实验和实地考察两种方式。

（1）做实验。做实验是指在理想条件下使自然现象（或过程）可控制地重演，并给人们获取第一手资料。实验方法能够强化研究对象，使其处于极端状态，有利于揭示新的规律。利用实验获取直接信息的常用方法有观察记录、测量记录等。

（2）通过考察直接获取信息。科技工作者在对研究对象不加任何干涉的条件下进行观察的过程就叫考察。和实验不同，考察要求选好观察点后细心地观察每一个细节。

2) 间接信息的搜集

间接信息可分为书面存储和非书面(包括计算机软件、微缩照相、电视录像、电影等)存储信息两大类。通过信息检索搜集信息应该有明确的目的,利用信息检索理论与实践的知识与技能准确地选择检索途径、检索方法,有效地利用检索工具,选择最有代表性的信息。书面文献的分类和搜集方法如下。

(1) 一次文献。直接从事研究的科技工作者所写的文字资料,是新技术、新知识、新发明等的科研成果的记载和报道。它包括学术专著、论文期刊、科技报告、专利文献(主要指专利说明书)、教科书、技术标准和其他有一定价值的文献(如学位论文、内部学术报告等)。

(2) 二次文献。在一次文献的基础上经过加工、压缩后产生的资料,以便作为查找一次文献的检索工具。它包括题录、文摘、索引等。二次文献是经过加工提炼的文献资料,为科技工作者广泛了解科技动态提供了方便的工具,为查找一次文献提供线索。

8.1.2 信息的整理

文献信息是人类知识的结晶,及时获取信息、准确地分析信息是有效利用的前提。通过各种渠道采集的原始信息通常是真假混合、繁杂无序的,因此还需要进行加工整理。信息的整理过程实际上就是信息的组织过程,目的是使信息从无序变为有序,成为便于利用的形式。一般来说,信息整理按其对信息加工的程度可分为信息选择和信息提炼。

1. 信息选择

信息选择指对从各类信息源采集而来的信息进行优化选择。由于多种原因,从信息源采集到的信息不一定有用,所以在整理信息时首先要进行信息的选择。

1) 信息选择的基本原则

信息选择主要遵循以下原则。

(1) 相关性。指信息内容与信息需要的关联程度。对于信息与用户问题之间的关联程度往往靠主观判断,所以相关性的判断是比较含糊的,因为无法准确地测量出信息对研究课题的接近程度,只能根据主观判断挑选出人们认为最接近研究课题的内容。

(2) 新颖性。指信息内容要具有新意,选择能够反映专题技术领域中最新研究成果的信息,只有新颖、及时的信息才能准确地把握科学研究的方向。

(3) 准确性。指信息的真实性,它要求所选信息内容能够准确地反映客观现实。在所有信息中,要对真实、准确且具有权威性的信息给予充分考虑,尽量多用这些信息,以保证研究建立在比较客观、正确的基础上。

2) 信息选择的方法

信息选择的主要目的是去粗取精、去伪存真,使所选信息具有更强的针对性与时效性,要达到这一目的,通常采用以下方法。

(1) 比较法。比较法就是对照各种信息,通过比较、判断信息的优劣、新旧,鉴别信息的真伪,从而去掉陈旧、过时的无用信息或虚假信息,选择新颖、可靠的信息。

(2) 核查法。审查、核对原始材料记载的各种数据,保证选择准确、可靠的信息。

(3) 分析法。通过对信息内容的初步分析判断其是否正确、价值大小、质量高低等。

2. 信息提炼

经过选择的各种信息不一定都能吸收利用,人们可根据需要对信息内容进行进一步的整理,从中提炼出各种优质信息。信息提炼一般不需要对信息内容进行复杂的分析和浓缩,它可采用以下方法。

(1) 汇编法。即汇编原始资料,可将原始资料中的各种有用事实与数据汇总在一起,然后按一定的方法编排加工,以方便利用。

(2) 摘要法。摘要是对原始信息的内容进行浓缩加工,抽取其中的主要事实和数据而形成的二次文献。摘要的产生可以是随原始信息一起,由原始信息的作者完成,也可以是信息机构加工的产品,还可以是个人在阅读原始信息时为便于记忆与利用而将信息加工成摘要形式。无论是何种形式的摘要,都是对原始信息的浓缩,对原始信息的主要内容具有替代作用。

(3) 综述法。综述是对同一课题的大量原始信息进行分析、归纳和综合而形成的具有研究性的信息产品。综述可以是叙述性的,也可以是评论性的。叙述性的综述客观、全面地叙述某一课题的事实、数据等大量信息,不综述作者的个人观点,对综述本身也不加评论。评论性综述是在叙述性综述的基础上综述作者的观点和评论,这些观点和评论都是作者研究性、创造性工作的成果。从个人信息整理的角度来看,综述一般是叙述性的,它方便了综述作者对信息的进一步利用。

8.1.3 信息的分析

1. 信息分析的特性

信息是重要的,但人们拥有的信息能否为人们所用取决于人们对信息的分析研究。科学研究不仅要搜集足够的信息,而且必须应用理论思维方法对搜集、整理的信息进行分析与研究,以便从中得出正确的结论,应用结论指导研究。简单地说,信息分析就是根据特定的需要对已知信息进行深层次的思维加工和分析研究,形成满足需要的新信息的过程。

信息分析工作的目的、内容、用途、要求等决定了信息分析工作的以下一系列特性。

(1) 针对性。针对性是对信息分析的对象来说的。信息分析总是针对一定的事物开展,信息分析的目的就是让经过分析研究的信息为生产、决策、科研等工作服务,使信息真正成为可以利用的财富,从这个意义上讲,信息分析不是盲目的,信息分析工作必须针对特定的、需要解决的问题进行分析研究。

(2) 创造性。信息分析是一种高层次的信息活动,这种信息活动融入了信息分析人员的大量智慧。信息分析是对信息进行深层次的思维加工和分析研究活动,它需要在全面搜集有关信息的基础上经过信息分析人员的创造性的智力劳动得出有关事物与问题的正确性认识,发现事物的运动规律,揭示问题的本质。所以,信息分析工作具有鲜明的创造性,也正是这种创造性特点使这一工作具有重要的社会价值。

(3) 科学性。信息分析与一般信息用户利用信息进行创造性研究活动极为相似,是一项建立在科学理论与科学方法基础上的科学研究工作,具有科学研究活动的一般特性。只有在信息分析工作中运用科学的研究方法与研究手段才能保证分析研究成果的正确性与客观性,信息分析的结果也要通过科学手段进行检验,并在检验中修正和改进。

(4) 综合性。从事信息分析研究工作就要从研究事物的环境和内部组成开始,弄清与研究课题有关的各种因素及这些因素的作用等情况。从实际情况看,任何事物、任何问题都包含了多方面的因素,受到多种自然因素与社会因素的制约,信息分析研究必须充分考虑这些情况,从总体上进行综合性研究。

2. 信息分析的步骤

信息分析包括以下 6 个步骤:①选择课题;②搜集与课题相关的文献信息;③鉴别筛选所得文献信息的可靠性、先进性和适用性,剔除不可靠或不需要的信息;④分类整理,对筛选后的信息进行形式和内容上的整理;⑤利用各种信息分析研究方法进行全面的分析与综合研究;⑥成果表达,即根据课题要求和研究深度撰写综述、述评报告等。

3. 信息分析的方法

信息分析是针对某课题的需要对有关信息进行定向选择和科学抽象的一种研究活动。这一研究活动是建立在科学的分析研究方法的基础之上的,也就是说,要从已知信息分析研究出更全面、更综合、更适用的高层次的全新信息,必须采用科学的分析方法。信息分析与信息搜集、信息整理的方法是相关而又不相同的。信息搜集与整理是在人们的感性中实现的,而信息分析是研究人员通过理论思维活动进行的。它可以使搜集整理的信息从感性认识上升到理性认识,从现象的直观描述逐渐过渡到规律性的概括,使认识从经验层次深入到理论层次,从而揭示出研究对象的本质和规律。信息分析的过程是多种理论思维方法的辩证统一的运用过程,一般可用逻辑分析方法和统计分析方法。

1) 逻辑分析方法

逻辑分析方法主要是将丰富的现象信息经过思维过程去粗取精、去伪存真、由此及彼、由表及里,形成概念和理论系统。这是一种理论的认识过程,得出的是动态规律性。逻辑分析主要是通过下列方法进行的。

(1) 分析与综合。在认识中把整体分解为部分和把部分重新结合为整体的过程和方法。分析是把事物分解为各个部分、侧面、属性,分别加以研究,是认识事物整体的必要阶段;综合是把事物的各个部分、侧面、属性按内在联系有机地统一为整体,以掌握事物的本质和规律。分析与综合是互相渗透和转化的,在分析的基础上综合,在综合的指导下分析。分析与综合循环往复,推动认识的深化和发展。一切论断都是分析与综合的结果。

(2) 抽象与概括。抽象是从事物属性和特征的总和中抽出其中一种或几种最本质的东西,摒除一切表面的、非本质的内容。在科学研究中常用抽象方法把复杂现象暂时加以简化,使人们能抓住本质。概括是把同类事物中各因素的本质属性抽出来,归纳、概括为一个普遍的、共有的事物本质和属性。抽象和概括是统一不可分割的过程,抽象给概括做准备,概括是抽象的继续和完成。

(3) 归纳与演绎。归纳是从个别事实推导出一般结论的思维方法,是思维从个别到一般的过程;演绎是从一般原理推出个别结论的思维方法,是思维从一般到个别的过程。归纳与演绎的运行方向是相反的,但二者存在着内在的联系。归纳是演绎的基础,演绎推理的前提是一般性原理,一般性原理是通过归纳获得的。演绎也是归纳的前提和指导,任何归纳都是在一定概念和理论的指导下进行的,所以归纳也不能离开演绎。人的认识是不断地从个别到一般,又从一般到个别的过程,这恰恰是归纳和演绎交替使用的过程。

2）统计分析方法

统计分析方法主要是将丰富的现象资料经过统计学的处理找出研究现象中的矛盾及其内在联系,了解运动的趋势,揭示事物发展的规律。

（1）相关分析法。世界上的一切事物都不是孤立存在的,表征事物现象的任何信息都有无数与其相关的信息,相关分析法就是利用事物之间内在的或现象上的本质联系从一种或几种已知相关事物来判断未知事物的方法。

相关关系是事物之间最普遍、最重要的一种关系,人们在分析问题时一般从相关关系的假设入手,经过相关分析判明事物是否真正相关及相关程度。相关分析法包括内容相关分析法、性质相关分析法、结构相关分析法、变量相关分析法和数值相关分析法。

（2）信息预测法。就是利用已经掌握的有关某一事物的信息运用科学的预测方法与技术手段从已知信息推出未知信息,从而对事物的未来发展做出科学预测的方法。人们说无论客观事物多么复杂,它的发展总是有规律可循的,所以人们就可以根据事物过去运动变化的客观过程和某些规律性,运用各种定量和定性的分析方法对事物未来可能出现的趋势和可能达到的水平进行预测。常见的信息预测方法有趋势外推法、逻辑推理法、回归分析法、专家会议法、德尔菲（Delphi）法等。

（3）信息评估法。在对相关信息进行分析与综合的基础上,经过优化选择和对比评价形成符合需要的信息的过程,常见的信息评估法有层次分析、指标分析、可行性研究、投入产出分析、价值工程等。由于信息评估法要对原始信息进行比较评价,这一比较评价的过程往往受评估人主观因素的影响较大,所以信息评估具有相对性。信息评估法的相对性要求人们在评估信息时尽量把定性信息或抽象的概念转换成量化的可测度的评估方法,力求做到评估的客观性与准确性。

（4）内容分析法。对文献内容进行系统的定量分析的一种专门方法,是应用较广、具有代表性的信息分析方法之一。其分析的对象是各种公开的信息资料,其分析的目的是揭示隐蔽性信息内容,弄清或测度文献中本质性的事实和趋势。内容分析法的主要步骤有确定目标、选样样本、定义分析单元、制定分析框架、频数统计、结论汇总。

8.2 学术论文的撰写

学术论文被称为科技论文或研究论文,在我国国家标准 GB 7713—1987 中它被定义为某一学术课题在实验性、理论性或观测上具有新的科研成果或创新见解和知识的科学记录;或是某种已知原理应用于实际中取得新的进展的科学总结,用以提供学术会议上宣读、交流或讨论;或在学术刊物上发表,或做其他用途的书面文件。学术论文应提供新的科技信息,其内容应有所发现、有所发明、有所创造、有所前进,而不是重复、模仿、抄袭前人的工作。同时,该标准对学术论文的撰写和编辑格式进行了统一规范。

8.2.1　学术论文的主要表现形式

1. 期刊论文

期刊论文指作者根据某期刊载文的特点和取向(表现为学科特征及专业特色)将自己撰写的学术论文有针对性地投稿,并被所投刊物采用发表的论文。

2. 会议论文

会议论文指作者根据即将召开的各种学术会议的研讨主题及相关的规定撰写专题论文并投寄给会议主办单位,经有关专家审查通过后被录用的学术论文。这些论文将在会议期间进行大会交流或分组交流,并且由主办单位集合出版,成为一种重要的文献资源,即会议论文集。

3. 学位论文

学位论文指作者为了取得高等学校及科研院所的相应学位,通过专门的学习、从事科学研究取得创造性成果或创造性的认识、观点,并以此为内容撰写成学位论文,作为提出申请授予相应学位时评审用的论文。它有学士学位论文、硕士学位论文及博士学位论文3种层次。

8.2.2　学术论文的选题

学术论文的选题决定了其内容是否具有理论及实用价值,是否具有创新意义。选择课题是撰写学术论文的第一步,直接关系到论文的质量水平,好的选题才是论文写作成功的基础与前提。因此,论文的选题切忌草率、匆忙,应当从以下几方面考虑。

(1) 论文的主题应是当前科技发展的"热点",要针对具有普遍性的社会实际问题及具体实践需求开展研究及探讨,避免选题空泛、与实践脱离;撰写学术论文的目的就是对当前科技发展的规律进行理论上的探讨与总结,最终为科技工作服务。所以学术论文的选题务必新颖、实用。

(2) 选择主题应与自己的知识水平、兴趣相一致:论文有一个好的主题固然重要,但论文是需要作者自己来撰写的,所以论文的选题不能盲目追求新奇,还要与自己的专业知识水平、兴趣爱好相匹配。只有作者对所选课题的背景有深刻的理解、深入的研究才会写出高水平的论文。同时,论文的主题应当是作者自己感兴趣的课题。只有感兴趣才会激发作者对科学研究的积极性。而且,感兴趣的课题往往也是作者专业基础理论比较深厚的课题。总之,课题的选择应当是作者最感兴趣撰写、最有优势撰写的主题。

(3) 课题的选择还应充分考虑完成课题的客观条件:客观条件是指完成学术论文写作所必备的各种资料和实验条件,它们也是撰写学术论文的重要条件。科学研究必须占有资料,如果一个课题非常好,却没有多少资料可以利用,这样会增加科研工作的难度,影响论文的完成;如果是实验科学,缺少必要的实验条件,再吸引人、再前沿的课题也会因为无实验条件而终止,那就谈不上论文的写作了。所以,学术论文的选择除了考虑课题本身、作者的完成能力之外,完成课题的客观条件也是应当考虑的重要因素。

为了能使学术论文的选题具有理论或实用价值以及创新意义,论文作者除了需要不断深入地学习研究、大胆勇敢地实践搜索以外,更需要及时掌握国内外相关问题的研究现状及发展趋势方面的大量信息,只有这样才能避免研究内容的重复、"撞车",也避免浪费宝贵的人、财、物资源及时间。

8.2.3 学术论文的撰写规范与要求

从总体结构看,一篇学术论文一般应当由前置部分、主体部分、附录部分、结尾部分 4 部分内容组成。

1. 前置部分

1) 篇名

篇名(题名)即一篇论文的题目。它应当是以最恰当、最简明的词语反映论文特定的重要内容的逻辑组合。在选取篇名用词时必须考虑有助于文章关键词的选定及编制题录、索引、文摘时可供检索的实用信息的体现,也就是说论文的篇名不仅要很准确地反映论文的主题,同时要有利于读者的识别与判断,有利于其被充分利用。对论文题名的具体要求是准确、简明、醒目。

(1) 准确。要求题名准确地表达论文内容,恰如其分地反映论文所研究的范围与深度。

(2) 简明。要求题名用最少的字数来表达论文主题。当然,多少字的题名才算符合要求并没有统一的指标,一般来说题名不宜超过 20 个汉字,用作国际交流的论文应附外文题名,外文题名一般不宜超过 10 个实词。当题名不能完全显示论文内容时,可以用副题名来补充说明论文中的特定内容。

(3) 醒目。要求题名让人一看就明白、不费解。论文题名的用语要准确、无歧义;同时,题名中还应避免使用不常见的缩略语、代号及公式等。

2) 作者信息

作者信息包括作者姓名、工作单位、地址、邮政编码等,写在论文题名之下。作者信息的作用有 3 个,一是记录该项研究成果为作者所拥有;二是表明作者承担的责任;三是有助于读者与作者的联系。作者可以是单一作者,也可以是多作者。学术论文的作者一般以真名实姓出现;合作者按完成任务时承担内容的主次、轻重排序,主要作者排在前面。

3) 摘要

摘要是对论文内容不加注释和评论的简短陈述,是学术论文不可缺少的组成部分,并且为了国际交流的需要,有些论文还附英文摘要。

摘要的作用是使读者在不用阅读论文全文的情况下了解论文的主要内容,从而决定是否继续阅读。所以,摘要有很强的独立性,可以替代原文独立阅读;同时,摘要又有与原文对应的信息内容,是原文的缩影。

摘要在内容上一般包括以下 4 方面:论文所研究问题的背景或意义;论文研究的主要内容;作者的研究成果;该研究成果的意义。

摘要在字数上一般也有要求。国家标准规定:中文摘要的字数为 200~300 字,外文摘要的字数不宜超过 250 个实词。学位论文为了参加评审,会议论文为了参加学术会议,可以按有关单位的要求写摘要,不受此字数的限制。

4) 关键词

关键词是从论文中抽取出来的能够准确表达论文主题概念的词语。国家标准规定:每篇论文需要选取 3~8 个这样的词语作为关键词,以显著的字符另起一行,排在摘要的左下方。为了国际交流,可给出多文种的关键词。为了提高关键词选取的质量,应当尽量利用《汉语主题词表》一类的工具书上所提供的规范词。我国许多的学术期刊编辑部在征稿启事中都明确要求作者必须利用《汉语主题词表》来选取关键词。

关键词实质上是为了方便学术论文的存储、检索而标出的简单的词语。它的作用是简明揭示论文的内容,便于该论文在检索系统中的组织和检索利用。

关键词或主题词的选择方法:关键词的选择应在作者完成论文写作之后纵观全文,选出能表达论文主题的词汇,这些表达主题的词汇可以在论文题目中选,也可选自论文内容,这些词汇在整篇论文中有较高的出现频率。

2. 主体部分

以上 4 部分属于学术论文的前置部分,即学术论文正文之前的部分,这些内容都是为了方便学术论文的识别与利用而设置的。以下部分是学术论文的主体部分,主体部分是论文写作的核心,无论是哪种类型的论文,其主体部分的内容都应当包括引言(或绪论)、正文、结论、致谢、参考文献。

1) 引言

引言可以说是"开场白",这部分内容需要简要说明研究工作的目的、范围、理论价值和现实意义,并提出论文的中心论点,一般可以包括以下几方面的内容。

(1) 研究的必要性。为什么开展研究,这项研究的意义。

(2) 历史的回顾。简介存在的问题以及前人研究的大概情形,前人研究中存在的缺欠、不足等。

(3) 介绍自己的研究动机,写论文的目的和想法。

(4) 研究结果的适用范围及研究者的建议或研究的特点等。

引言的撰写应当言简意赅,不要与摘要雷同或成为摘要的注释;一般教科书中的知识在引言中不必赘述。引言的篇幅大小需视整篇论文篇幅的长短、论文内容的需要来确定,长的可达 700~800 字或 1000 字左右,短的不到 100 字。

2) 正文

正文是一篇论文的核心,它占据论文的主要篇幅。论文所体现的创造性成果或新的研究结果都将在这一部分得到充分的反映。因此要求这一部分内容充实,论据充分、可靠,论证有力,主题明确。为了满足这一系列要求,同时也为了做到层次分明、脉络清晰,常常将正文部分分成几个大的段落。由于学术论文的选题和内容性质差别较大,分段及写法均不能做硬性的统一规定,但必须实事求是、客观直接、准确完备、合乎逻辑、层次分明、简练可读。

3) 结论

结论是在论题中得到充分证明之后得出的结果。结论是最终的、总体的结论,而非正文中各段小结的简单重复;是整个研究活动的结晶,是全篇论文的精髓,是作者独到见解之所在。但是,由于研究工作存在复杂性、长期性,如果一篇论文不可能导出结论,也可以没有结论而进行必要的讨论。在结论或讨论中作者可以提出建议、研究设想、仪器设备改进意见、待解决的问题等。结论部分的写作要求措辞严谨、逻辑严密、文字具体。

4) 致谢

致谢是作者对他认为在论文写作过程中特别需要感谢的组织或个人表示谢意的内容。一般应当致谢的方面及个人有资助研究工作的国家(或省、市)科学基金,资助研究工作的奖励基金,资助或支持开发研究的企业、组织或个人,协助完成研究工作和提供便利条件的组织或个人。注意,致谢内容要适度、客观,用词应谦虚诚恳、实事求是,切忌浮夸和庸俗及用其他不适当的词句。致谢应与正文连续编页码。

5) 参考文献

参考文献是作者在开展研究活动的过程中亲自阅读过的并对其产生了明显作用或被作者直接引用的文献,故一般也称为引文。

学术论文中参考文献的表现形式主要有以下 3 种。

(1) 夹注。即段中注,在正文中对被引用文句在相应位置标注顺序编号并置于方括号内。在参考文献著录部分其编号与正文部分对参考文献的完整记录内容顺序一致。

(2) 脚注。在某页中被引用文句出现的位置加注顺序编号并置于括号内。同时,在当前页的正文下方编排相应编号参考文献的完全记录。

(3) 尾注。将所有需要记录的参考文献顺序编号,统一集中记录在全文的末尾。

参考文献的记录格式应当严格按照 GB 7714—2015《信息与文献 参考文献著录规则》执行。私人通信信件和未发表的著作不宜作为参考文献列出。

3. 附录部分

附录是对论文主体的补充项目,并非必须记录的内容。在 GB 7713—1987 中对附录内容的规定如下:①为保持论文的完整性,但编入正文后有损于正文的条理性、逻辑性的材料,如比正文更为详尽的信息、研究方法和技术更深入的叙述,以及对了解正文内容有帮助的其他有用信息;②篇幅过大或取材于复制品而不便于编入正文的材料及一些不便于编入正文的罕见珍贵资料;③对一般读者并非必须阅读,但对本专业同行有参考价值的资料;④某些重要的原始数据、数学推导、计算程序、框图、结构图、注释、统计表、计算机打印输出件等。

4. 结尾部分

在学术论文的结尾部分,作者为了让读者能更加方便地在其论文中找到特定的信息,如论文中提到的主题概念、有关的人物及事件等,为了更深入地反映论文所涉及的方方面面,可以为自己的论文编制关键词索引、著者索引甚至分类索引等。但是作为论文的组成部分,这部分内容并非一定要有,只是作者认为有必要时可以考虑编写这部分内容作为结尾部分。

8.2.4 撰写学术论文的一般程序

(1) 明确论文选题,拟定撰写内容。无论是撰写哪种学术论文(投稿、参会、答辩),首先都必须明确选题或研究方向及内容。

(2) 拟定编写大纲,构架论文层次。这一过程实际上是对全文进行构思和设计的过程,是对论文的目的和主旨在全文中如何进行贯穿和体现的通盘考虑和有机安排。对论文的结构进行统一的布局可以规划出论文的轮廓,显示出论文的条理和层次。

大纲的编写一般由大到小、由粗到细,一层层地思考拟定。先把论文的框架安排好,再考虑每一部分的内部层次,然后在各层次下列出要点和事例,最后在提纲的各个大小项目之下记一些需要用的具体材料,以备行文时应用。

(3) 检索文献信息,全面掌握情况。现代科学的发展日新月异,而任何成就的取得无不建立在前人的工作基础之上。如果不及时捕捉最新的文献信息,就不能掌握足够的资料,也就无法进行新的开发、研究。

(4) 综合分析研究,做出相关处理。对搜集来的专题资料进行综合分析、研究整理、去伪存真、去粗取精,筛选出值得利用的部分,进一步吸收、消化,这对于研究活动的深入及学术论文的完成是十分关键的。

(5) 动笔行文成章,修改完善定稿。根据作者的研究、思考,按照拟定好并不断完善的大纲及已经掌握的比较系统全面的文献信息可以撰写出论文的初稿。但是,论文的写作是一个复杂过程,一蹴而就、一气呵成的情况是极少见的,所以论文的修改是一个不可避免的过程。

论文的修改应着重考虑以下几方面的问题:①论点是否明确;②论据是否充分;③论证手段是否正确,推理是否严密,分析是否合理;④条理层次是否清楚,结构是否完整、紧凑,布局是否得当,前后是否照应,各部分的联系是否连贯、自然;⑤题目是否贴切,字、词、句、标点符号是否正确,语言是否准确、鲜明、简洁。另外,对内容上修改完善后的论文还应该检查其形式上是否符合有关规范,避免因论文格式方面的问题导致读者或编审人员对论文水准的误会或不良判断。

8.3 文献综述及开题报告的撰写

8.3.1 文献综述的撰写

1. 综述的概念

综述是对某一时期内有关学科、专业、技术或产品所取得的研究成果、所达到的研究水平以及发展趋势进行的综合叙述。综述有许多类型,按编写目的可分为某一时期内有关学科或专业的综述和解决某一具体任务的综述;按编写周期可分为定期的综述和一次性综述;按发表方式可分为公开发表的综述和内部使用的综述;按用户的需求可分为供科技人员参考的综述和介绍一般知识的科普性综述。

2. 综述的特点

综述的特点就是综合叙述。综述能全面地介绍国内外某一学科或某一专业在某一时期的综合情况,以汇集文献资料为主,辅以注释。它与一般学术论文的最大区别是内容上没有首创性,但它指出了某一学科、某一时刻的发展演变规律和趋势。

综述在纵向上能全面、系统地反映研究成果对象的历史、现状和发展趋势;在横向上能全面、系统地反映国家、主要科研机构或主要科学家、生产单位现阶段的实际研究水平,所以它具有研究成果和服务的两重性。它是一种"述而不评"的报告,只对原始文献、数据、观点作客观分析,不掺入自己的观点,不作评论,更不作预测和建议。所以,它是一种独立的写作体裁,具有一定的文体特点。当然,并不能否认综述中包括作者观点的倾向。因此,综述具有潜在的倾向,是作者的一种研究成果,不是资料的简单罗列,而是一种再创造。

3. 综述的结构

文献综述要求介绍与主题有关的详细资料、动态、进展、展望以及对以上方面的评述,因此文献综述的格式相对多样,但总体来说文献综述的基本结构特征如下。

1)标题

文献综述的标题首先要有一个重要的文体标志,即标题中应出现"综述"或"述"字样;其次标题应力求简短、准确、具体,一般不使用副标题。

2)正文

文献综述的正文应由前言、主体、结束语3部分组成。

前言部分又称引言,主要是说明写作目的,介绍有关的概念和定义以及综述的范围,扼要地说明有关主题的现状或争论焦点,使读者对全文要叙述的问题有一个初步的了解。

主体部分一般按递进的顺序安排,由该课题研究的"发展历史"的回顾到研究的"发展现状"的对比再到研究的"发展趋势",即由纵向叙述到横向对比到探求发展主流和方向。主体的这种逻辑安排容易将时间的长久度和空间的宽广度有机地结合起来,作者起草时能够条分缕析,读者阅读时对该课题研究的理解能够由浅入深,把握脉络。

结束语部分包括文献综述研究的结论,研究本课题的意义,或对未来进行预测、展望等。结束语要写得明确、具体,既要与引言或提要相照应,又不要重复引言或提要。

3)参考文献

参考文献虽然放在文末,却是文献综述的重要组成部分。因为它不仅表示对被引用文献作者的尊重及引用文献的依据,而且为读者深入探讨有关问题提供了文献查找线索,因此大家应认真对待。参考文献的编排应条目清楚、查找方便,内容应准确无误。

4. 综述的写作步骤及要求

撰写文献综述一般有下面几个步骤,即选题、检索和阅读文献、拟写提纲、成文和修改。

1)选题

撰写文献综述通常是出于某种需要,如为某学术会议的专题、从事某项科研、为某方面积累文献资料等。

选题新才具有参考价值,才能引起读者的阅读兴趣。一般综述的选题都是与自己科研有关的学科的新动态,以及近三五年来发展较快、进展较大且切合实际的课题。

2)检索和阅读文献

收集文献的方法主要有以下两种。

(1) 通过各种检索工具(如通过索引、文摘杂志检索、期刊数据库、学位论文数据库)检索含有"综述""评论"等关键词的论文,限定时间范围是 3~5 年。

(2) 用追溯检索法从综述性文章、专著、教科书等的参考文献中摘录出有关的文献目录。

3) 撰写文献综述应注意的问题与技巧

(1) 考虑检索的查全率。

(2) 注意引用文献的代表性、可靠性和科学性。

(3) 引用文献要忠于文献内容。

(4) 参考文献不能省略。

8.3.2　开题报告的撰写

在选题过程中我们已经查阅了大量的资料,为论证该选题的可行性需要撰写开题报告,开题报告主要包括以下几方面。

(1) 课题名称。

(2) 课题研究的目的、意义,可以从以下 4 方面进行阐述。

① 理论意义:对学科发展或理论完善的贡献。

② 现实意义:对经济发展、社会进步、企业转型等方面的贡献。

③ 时代意义:在特定时代解决特定问题的紧迫性和重要性。

④ 方法价值:对特定研究方法的发展和完善的贡献。

(3) 国内外研究现状、水平和发展趋势。了解本课题目前的研究达到什么水平、存在什么不足以及正在向什么方向发展等,了解该课题领域的空白点或发展机会,确定拟研究的问题或假设。开题报告写这些内容一方面可以论证本课题研究的地位和价值,另一方面也说明课题研究人员对本课题研究是否有较好的把握。

(4) 课题的主要研究内容、方法。有了课题的研究目标,就要根据目标来确定课题具体要研究的内容。相对研究目标来说,研究内容要更具体、明确,并且一个目标可能要通过几方面的研究内容来实现,它们不一定是一一对应的关系。另外要把课题进行分解,针对具体问题确定研究内容。

研究方法包括历史研究法、问卷调查研究法、实验研究法、比较研究法、统计方法、模型法等。一个大的课题往往需要多种方法的结合才能充分论证论文的观点。对课题的研究思路应该有较为明晰的概念,以相应的研究方法来论证论文观点。

(5) 研究工作的步骤、进程。课题研究的步骤也就是课题研究在时间和顺序上的安排。研究的步骤要充分考虑研究内容的相互关系和难易程度,一般情况都是根据课题研究的步骤循序渐进、分阶段进行,每个阶段从什么时间开始、于什么时间结束都要有规定。

(6) 参考文献。在这部分应列出引证过的所有文献,证明自己的选题是有理论依据、有资料保证的。所列的参考文献不必很多,但要有一定的分量,要选出具有代表性的文章和著作。并且,在所列的参考文献中要有一定数量的外文文献。

8.4 学术规范与合理使用

学术规范是指对学术研究活动的主客观方面的约束,包括标准和评价体系,其突出特征和追求目标是求真、务实。学术研究活动大体包括学术研究、学术写作、学术评价(包括学术批评)和学术管理等形式。学术规范体现在学术活动的全部过程之中,主要表现为学术道德规范、学术法律规范、学术引文规范、写作技术规范等。

8.4.1 学术规范

1. 学术道德规范

学术道德规范是学术规范的核心部分,是对学术工作者从思想修养和职业道德方面提出的要求。根据教育部《关于加强学术道德建设的若干意见》等规定,学术道德规范的内容主要有以下几点。

(1)增强献身科教、服务社会的历史使命感和社会责任感。要将自己置身于科教兴国和中华民族伟大复兴的宏图伟业之中,以繁荣学术、发展先进文化、推进社会进步为己任,努力攀登科学高峰;要增强事业心、责任感,正确对待学术研究中的名和利,将个人的事业发展与国家、民族的发展需要结合起来,反对沽名钓誉、急功近利、自私自利、损人利己等不良风气。

(2)坚持实事求是的科学精神和严谨的治学态度。要忠于真理、探求真知,自觉维护学术尊严和学者的声誉;要模范遵守学术研究的基本规范,以知识创新和技术创新作为科学研究的直接目标和动力,把学术价值和创新作为衡量学术水平的标准。在学术研究工作中要坚持严肃认真、严谨细致、一丝不苟的科学态度,不得虚报成果,反对投机取巧、粗制滥造、盲目追求数量不顾质量的浮躁作风和行为。

(3)树立法制观念,保护知识产权、尊重他人劳动和权益。要严于律己,依照学术规范按照有关规定引用和应用他人的研究成果,不得剽窃、抄袭他人成果,不得在未参与工作的研究成果中署名,反对以任何不正当手段谋取利益的行为。

(4)认真履行职责,维护学术评价的客观公正。认真、负责地参与学术评价,正确运用学术权力,公正地发表评审意见是评审专家的职责。在参与各种推荐、评审、鉴定、答辩和评奖等活动中,要坚持客观、公正的评价标准,坚持按章办事,不徇私情,自觉抵制不良社会风气的影响和干扰。

2. 学术法律规范

学术法律规范包括国家制定的法律、法规和有关技术标准等。我国目前尚未制定专门的法律来规范人们的学术活动,与学术活动有关的行为规则分散在民法通则、著作权法、专利法、保密法、统计法、出版管理条例等法律法规中。例如,《关于科技工作者行为准则的若干意见》第1条第1款规定:科技工作者应当模范地遵守宪法和法律。《高等学校哲学社会科学研究学术规范(试行)》第5条规定:高校哲学社会科学研究工作者应遵守《中华人民共和国著作权法》《中华人民共和国专利法》《中华人民共和国国家通用语言文字法》等相关法律、法规。

学术法律规范的主要内容可以概括为以下几方面。

(1) 学术研究不得泄露国家秘密和单位的技术秘密。国家秘密是关系国家的安全和利益，依照法定程序确定，在一定时间内只限一定范围的人员知悉的事项。这些事项主要是国家事务的重大决策中的秘密事项、国防建设和武装力量活动中的秘密事项、外交和外事活动中的秘密事项以及对外承担保密义务的事项、国民经济和社会发展中的秘密事项、科学技术中的秘密事项、维护国家安全活动和追查刑事犯罪中的秘密事项、政党的秘密事项，以及其他经国家保密工作部门确定应当保守的国家秘密事项等。学术活动中对涉及的国家秘密必须保密，否则将要承担相应的法律责任。另外，根据《中华人民共和国促进科技成果转化法》等法律的规定，企业、事业学位应当建立健全技术秘密保护制度，保护本单位的技术秘密，职工应当遵守本单位的技术秘密保护制度，在学术活动中必须保守单位技术秘密，不得泄露。

(2) 学术活动不得干涉宗教事务。根据《宗教事务条例》的规定，在出版学术著作时，其中不得含有破坏传教公民与不信教公民和睦相处的内容；破坏不同宗教之间和睦以及宗教内部和睦的内容；歧视、侮辱信教公民或者不信教公民的内容；宣扬宗教极端主义和违背宗教的独立自主自办原则的内容，等等。

(3) 学术活动应遵守著作权法、专利法规定。学术活动涉及最多的就是知识产权问题，因此，著作权法等知识产权方面的法律法规往往就是学术活动应遵守的行为准则。其主要内容是未经合作者许可，不能将与他人合作创作的作品当作自己单独创作的作品发表；未参加创作，不可在他人作品上署名；不允许剽窃、抄袭他人作品；禁止在法定期限内一稿多投；合理地使用他人作品，等等。

(4) 应遵守语言文字规范。在学术活动中应使用国家通用的语言文字，方言、繁体字、异体字只有在特殊情况下(即在出版、教学、研究中确需使用时)方可使用；汉语文出版物应当符合国家通用语言文字的规范和标准，汉语文出版物中需要使用外国语言文字的，应当用国家通用语言文字做必要的注释。

3. 学术引文规范

在学术性文章中，只要直接引用了一本书或一篇文章，或者在作品中采用他人的工作成果，都需要确认其来源。如果没有这样做，将因剽窃行为而被定罪。《高等学校哲学社会科学研究学术规范》对学术引文规范做了以下规定。

(1) 引文应以原始文献和第一手资料为原则。凡引用他人观点、方案、资料、数据等，无论是否发表，无论是纸质或电子版，均应详加注释；凡转引文献资料，应如实说明。

(2) 学术论著应合理使用引文。对已有学术成果的介绍、评论、引用和注释应力求客观、公允、准确。伪注，伪造、篡改文献和数据等均属学术不端行为。

4. 写作技术规范

学术研究中的技术规范主要体现在写作规范中。写作技术规范的内容主要有以下 3 方面。

（1）学术成果应观点明确、资料充分、论证严密；内容与形式应完美统一，达到观点鲜明、结构严谨、条理分明、文字通畅。

（2）学术成果的格式应符合要求。各刊物目前对成果的格式要求并不统一。就学术论文而言，既有执行国家标准的，也有执行自定标准的。不论刊物执行何种标准，论文中都必须具有以下项目：题名、作者姓名及工作单位、摘要、关键词、中图分类号、正文、参考文献、作者简介，以及英文题名、英文摘要和英文关键词等。另外，基金资助项目论文应对有关项目信息加以注明。

（3）参考文献的著录应符合要求。我国现行的国家标准《信息与文献 参考文献著录规则》(GB/T 7714—2015)规定了各个学科、各种类型信息资源的参考文献的著录项目、著录顺序、著录用符号、著录用文字、各个著录项目的著录方法以及参考文献在正文中的标注法。

8.4.2 合理使用

合理使用属于知识产权方面的范畴，是指在特定条件下允许个人和特定组织在未经版权人许可的情况下无偿使用版权作品的法律规范。现在许多国家的著作权法都涉及合理使用，为后续作者创作新作品时利用先前作者的作品提供了法律上的依据。

合理使用的规定实际上是著作权法为平衡著作权人的个体利益与议论自由和信息自由的公共利益而创设的一种制度，这种制度可以理解为是对著作权人所享权利的一种限制。法律在保障著作权人正当权益的同时也要求著作权人为社会承担一定的义务，防止著作权人对权利的绝对垄断，从而有利于智力成果的广泛传播和使用。

随着现代信息技术、传播技术和传播手段的日新月异，人们获取知识的手段更加方便、快捷、先进。原本依法合理地使用作品的方式也会变得不合理，原本著作权人不必控制的使用方式，如果不控制则会使著作权人的利益损失殆尽，因而违背了合理使用对著作权人的利益损害不大的原则，这些导致了合理使用标准的变化。合理使用传统文献和电子文献是新时代大学生和科研工作者的基本信息素质。文献的使用者需正确掌握合理使用的标准，在继承与创新的矛盾中找到平衡点，使自己个人的欲望与整个社会的欲望都得到最大的满足。

8.5 个人文献管理软件

个人文献管理软件是一种用于帮助用户组织、管理与课题相关的参考文献，建立个人参考文献数据库的软件。用户可以在库中查找参考文献，创立撰写论文的参考文献目录，并可以按出版社要求的参考文献格式输出。参考文献数据库中的文献可以直接从一些数据库的检索结果输入或通过专门的过滤器输入，也可以手工方式输入。目前的知名品牌有十几种，国外软件有 EndNote、Reference Manager、ProCite、Mendeley、Zotero、EndNote Web、RefWorks、Biblioscape 等；国产软件有 NoteExpress、NoteFirst、PowerRef、医学文献王、CNKI 个人数字图书馆等。这些软件各具特色，有单机版也有网络版，有收费的也有免费使用的。下面介绍几种使用面较广、技术支持较便捷的个人文献管理软件。

1. 国外个人文献管理软件

1) 单机版文献管理软件

(1) EndNote 的知名度最高,是目前使用面最广、认可度最高的文献管理软件。EndNote 可以在线搜索文献,直接从网络搜索相关文献并导入到 EndNote 的文献库内;可以建立文献库和图片库,收藏、管理和搜索个人文献和图片、表格;可以定制文稿,直接在 Word 中格式化引文和图形,利用文稿模板直接书写符合杂志社要求的文章;可以进行引文编排,自动帮助用户编辑参考文献的格式。

(2) Reference Manager 的功能非常强大,可以实现在因特网上的书目检索并创建适合研究论文写作的专业的书目数据。Reference Manager 可以在多个打开的数据库上检索并提供拼写检查、同义词等功能,特别是其网络版允许多用户对数据进行读/写操作,更适合于研究工作组的集体使用。

(3) ProCite 数据库提供高级检索和排序功能,可以使数据易于存储,是图书馆员和针对特殊馆藏的理想软件。

一般来说,这 3 个软件在处理个人文献目录的功能上基本相同,不同之处在于输入数据的过滤和输出书目格式的差别。由于这 3 个软件由同一公司开发,因此它们在功能上越来越趋近于一致。这些软件的基本功能大同小异,主要有以下一些功能。

(1) 批次输入信息资料。系统提供了各种数据库的检索结果直接转入系统的功能。用户可以将不同数据库的检索结果直接转入系统,使之成为格式一致的资料信息。

(2) 检索查询功能。文献信息输入后可按不同的字段进行检索,例如用 author、title、journal、keyword、subject 等进行布尔逻辑组配检索,并可做排序或增删记录等。该功能可有效地帮助读者写研究报告查阅文献记录。

(3) 查重。当用户陆续汇集许多资料后系统可以自动查重,并允许将重复的记录删除。

(4) 直接搜索网络信息。在不打开浏览器的情况下,系统的 Z39.50 功能可以直接检索提供 Z39.50 网站的信息,并能直接将检索结果下载到自己的信息管理系统中。

(5) 显示文献资料状况。系统提供字段记载某条文献信息是否有全文或正申请复印中。

(6) 可加注个人读书心得。系统提供自定义字段,让使用者随时将读书心得或重点笔记加注在该条书目记录内,方便以后写文章时直接调用。

(7) 利用文字处理系统产生引用资料清单。如使用 MS Word、Word Perfect 等写文章,系统可找出文中引用到的文献在资料库中对应的记录,在文章中直接插入附注,在文章末尾自动产生参考书目。

(8) 自动产生期刊所需的参考书目格式。个人文献信息管理软件提供数百种期刊引用格式以供用户选择。由于在科学领域内没有标准的文献引用格式,在投稿时不同的期刊有不同的投稿要求,该功能极大地方便了读者投稿。

(9) 产生科技写作模板,简化论文投稿程序。个人文献信息管理软件方便了研究人员在针对不同的出版机构写作要求写作论文时,一步到位地建立符合投稿要求的论文格式,节省了大量时间。

2）网络版文献管理软件

（1）Mendeley。一款免费的跨平台文献管理软件,同时也是一个在线的学术社交网络平台,可一键抓取网页上的文献信息添加到个人的Library中,还可安装MS Word和Open Office插件,方便在文字编辑器中插入和管理参考文献。Mendeley还免费提供2GB的文献存储空间和100MB的共享空间。

（2）Zotero。一个免费、易用的Firefox扩展。Zotero可以协助用户收集、管理及引用研究资源,包括期刊、书籍等各类文献和网页、图片等。与EndNote等不同的是,它不是一个独立的软件,而是内嵌在Firefox等浏览器中的插件应用。随着互联网的发展,用户获取文献资源大多是通过浏览器,而Zotero与浏览器的密切结合使用户的工作更加方便。Zotero的最大优点是能够对在线文献数据库网页中的文献题录直接抓取。

（3）EndNote Web。EndNote的网络版,是目前最流行的参考文献管理软件之一。EndNote Web是一款基于网络的文献管理和科研论文写作工具,并与Web of Knowledge和EndNote完全整合。Web of Knowledge用户可以免费登录EndNote Web来标记研究文献和撰写科技论文,这一过程通过整合变得非常容易和顺畅。同时,EndNote Web和EndNote都支持方便地与同事协同工作。学生等可以使用EndNote Web组织和格式化他们的论文和研究中引用的文献。对于专业研究者,EndNote Web是对单机版EndNote的补充,给不在自己的计算机前的使用者提供一种管理文献的方法。

2. 国内个人文献管理软件

（1）NoteExpress是目前国内最知名、使用用户最多的文献管理软件。NoteExpress具备文献信息检索与下载功能,可以用来管理参考文献的题录,以附件方式管理参考文献全文或者任何格式的文件、文档。数据挖掘功能可以帮助用户快速了解某研究方向的最新进展、各方观点等。除了管理以上显性的知识外,类似日记、科研心得、论文草稿等瞬间产生的隐性知识也可以通过NoteExpress的笔记功能记录,并且可以与参考文献的题录联系起来。在编辑器(例如MS Word)中NoteExpress可以按照各种期刊的要求自动完成参考文献引用的格式化。与笔记以及附件功能的结合,全文检索,数据挖掘等,使该软件可以作为强大的个人知识管理系统。NoteExpress具有以下主要功能。

① 题录采集。NoteExpress可以从互联网上数以千计的国内外电子图书馆、文献数据库中检索、下载文献书目信息,软件内置多线程,是同类软件中下载速度最快的;可以从全球最大的在线书店Amazon的资料库中检索、下载题录信息;可以从硬盘本地文件中导入用户以前搜集的各种文献资料题录;可以手工添加。

② 题录管理。NoteExpress检索方便,检索结果可以保存下来作为一个研究方向专题;数据库容易携带、备份。

③ 题录使用。NoteExpress可以快速检索和浏览,以了解研究方向的最新进展。NoteExpress的核心功能之一就是在学术论文、专著或研究报告等的正文中按照国际通行惯例、国家制定的各种规范、期刊要求的各自的规范(可由用户自己编辑规则),在正文中的指定位置添加相应的参考文献注释或说明,进而根据文中所添加的注释按照一定的输出格式(可由用户自己选择)自动生成所使用的参考文献、资料或书目的索引,添加到作者所指定

的位置(通常是章节末尾或者文末)。目前,在同类软件中 NoteExpress 的 Word 插件的性能最好。

④ 笔记功能。NoteExpress 可以为正在阅读的题录添加笔记,并把笔记和题录通过链接关联起来,方便以后阅读。任意格式的附件和文献全文,题录、笔记与附件功能结合,可以把该软件作为个人的知识管理系统。参考文献的全文也是作为题录或者笔记的附件来保存。

(2) NoteFirst 基于 Science 2.0 的理念,倡导共享与协作,结合了客户端和在线管理的优势,集成了文件管理、文献收集、论文中参考文献的自动生成、参考文献自动校对等功能,支持多种其他软件的文件格式,并集成了多语言系统。NoteFirst 具有以下主要功能。

① 文件管理。把阅读过的文献进行有效管理,便于查找、分类、笔记、评级、引用等,支持多语言方案。

② 文献收集。把从中国知网、万方、Springer 等文献数据库上看到的文献转入到文献数据库中,把之前收集的全文文献导入到文献数据库中。

③ 论文中参考文献的自动形成。在论文写作中直接引用文献数据库中的文献,根据不同期刊引文格式的要求在文稿中自动形成引文标记,并在文后形成参考文献列表。

④ 参考文献自动校对。对形成的参考文献的格式、数据正确性进行校对,并形成校对报告。

⑤ 科研协作交流。帮助与同事、朋友、同行及专家进行在线交流共享,共同寻找、开发和利用参考文献资源,搭建科研社区,实现科研协作。

⑥ 免费科技文献。NoteFirst 网站收集了数以百万计的国内外开放存取科技文献。作者也可以把自己公开发表的论文或者自有版权文献自动存档,提高论文的影响力。

思 考 题

1. 简述学术论文的总体结构及其要求。
2. 简述学术论文撰写的一般程序及其要求。
3. 在论文写作中应如何遵循学术规范并合理地利用文献?
4. 什么是个人文献管理软件?应用广泛的个人文献管理软件有哪些?

参 考 文 献

[1] 汪楠,成鹰.信息检索技术[M].4版.北京:清华大学出版社,2020.
[2] 王立清.信息检索教程[M].3版.北京:中国人民大学出版社,2021.
[3] 饶宗政.现代文献检索与利用[M].3版.北京:机械工业出版社,2020.
[4] 刘波,刘玉玫.信息资源检索与利用[M].北京:中国石化出版社,2019.
[5] 刘伟成.数字信息资源检索[M].武汉:武汉大学出版社,2018.
[6] 邓发云.信息检索与利用[M].3版.北京:科学出版社,2017.
[7] 姚洁,黄建琼,陈章斌.文献检索实用教程[M].北京:清华大学出版社,2017.
[8] 李明伍.信息检索[M].北京:科学出版社,2016.
[9] 李贵成,张金刚.信息素养与信息检索教程[M].武汉:华中科技大学出版社,2016.
[10] 何晓萍.文献信息检索理论、方法和案例分析[M].北京:机械工业出版社,2014.
[11] 叶鹰.信息检索:理论与方法[M].2版.北京:高等教育出版社,2015.
[12] 王冲.现代信息检索技术基本原理教程[M].西安:西安电子科技大学出版社,2013.
[13] 王彪,高光来.信息检索理论方法及问题分析[M].北京:电子工业出版社,2015.
[14] 陈加新.现代图书馆及数字资源利用教程[M].长沙:国防科技大学出版社,2014.
[15] 史春杨.数字图书馆理论与实践[M].北京:光明日报出版社,2014.
[16] 代宏.现代图书馆与数字资源利用[M].哈尔滨:黑龙江科学技术出版社,2015.
[17] 孙荣林.图书馆利用与文献检索教程(社科版)[M].北京:科学出版社,2014.
[18] 金耀,刘小华.图书馆利用与文献检索教程(科技版)[M].北京:科学出版社,2014.
[19] 郭年琴,康忠民,蔡福瑞.文献信息检索与实践[M].北京:中国铁道出版社,2014.
[20] 黄丽霞,周丽霞,赵丽梅.信息检索教程[M].北京:知识产权出版社,2014.
[21] 王建行.现代信息检索技术与应用[M].北京:人民日报出版社,2015.
[22] 王知津.信息检索与处理[M].北京:机械工业出版社,2015.
[23] 李明.科技文献检索与分析[M].武汉:华中科技大学出版社,2015.
[24] 刘湘萍.科技文献信息检索与利用[M].北京:冶金工业出版社,2014.
[25] 孙波,孙昊.科技信息检索[M].重庆:重庆大学出版社,2015.
[26] 朱江岭.国内外专利信息检索与利用[M].北京:海洋出版社,2016.
[27] 郭德华.标准信息资源检索与实用指南[M].北京:科学技术文献出版社,2015.
[28] 郭爱章,张洁.网络应用与综合信息检索[M].北京:清华大学出版社,2016.
[29] 笪佐领,沈逸君.网络信息检索实用教程[M].南京:南京大学出版社,2016.
[30] 张玉慧.网络信息检索与利用[M].北京:北京理工大学出版社,2014.
[31] 李晓明.搜索引擎:原理技术与系统[M].2版.北京:科学出版社,2015.
[32] 李振华.文献检索与论文写作[M].北京:清华大学出版社,2016.

图书资源支持

感谢您一直以来对清华版图书的支持和爱护。为了配合本书的使用,本书提供配套的资源,有需求的读者请扫描下方的"书圈"微信公众号二维码,在图书专区下载,也可以拨打电话或发送电子邮件咨询。

如果您在使用本书的过程中遇到了什么问题,或者有相关图书出版计划,也请您发邮件告诉我们,以便我们更好地为您服务。

我们的联系方式:

地 址:北京市海淀区双清路学研大厦 A 座 714

邮 编:100084

电 话:010-83470236 010-83470237

客服邮箱:2301891038@qq.com

QQ:2301891038(请写明您的单位和姓名)

资源下载:关注公众号"书圈"下载配套资源。

书圈

清华计算机学堂

观看课程直播